吴胜明 著

品读《徐霞客游记》

中国建筑工业出版社

图书在版编目（CIP）数据

品读《徐霞客游记》/吴胜明著. —北京：中国建筑工
业出版社，2013.12
ISBN 978-7-112-16095-2

Ⅰ.①品… Ⅱ.①吴… Ⅲ.①游记—中国—明代
②历史地理—中国—明代③《徐霞客游记》—研究
Ⅳ.①K928.9

中国版本图书馆CIP数据核字（2013）第264898号

责任编辑：李成成　李东禧
书籍设计：美光设计
责任校对：陈晶晶　刘　钰

品读《徐霞客游记》
吴胜明　著

＊

中国建筑工业出版社出版、发行（北京西郊百万庄）
各地新华书店、建筑书店经销
北京美光设计制版有限公司　制版
北京嘉彩色印刷有限责任公司　印刷

＊

开本：889×1230毫米　1/32　印张：9　字数：260千字
2014年6月第一版　2014年6月第一次印刷

定价：

ISBN 978-7-112-16095-2

（版权所有 翻印必究
如有印装质量问题，可寄本社退换

向大家推荐一本有分量的书

《品读〈徐霞客游记〉》，是宣传明代伟大的自然科学家、旅游地学家徐霞客及其著作的一本很有分量的书。本书为我们了解中华民族优秀文化遗产《徐霞客游记》，架设了一座很便捷的桥梁。我十分高兴地向您推荐。理由有四：

其一，本书是当代一位有长期野外实践经历的优秀地学家吴胜明先生所著。本书是他二十余年对《游记》的深入学习、刻苦研究的丰硕成果。作者作为同行，读懂、读透了原著，把原著的原汁原味奉献给读者，使读者乐在其中，陶醉在其中。

其二，本书把《游记》中描述的美丽中国的风景进行了分析，让读者知道中国的山川为何如此瑰丽，为何如此秀美，为何如此神奇。

其三，本书通过具体事例论述了徐霞客先生尊重实践、不迷信书本、不畏艰难险阻、努力探求事物本来面貌和客观规律的科学精神、科学方法、科学态度，值得我们大力提倡和传承。

其四，本书内容丰富，文字生动，语言有趣，使阅读变得流畅。

我作为一位长期在清华大学任教的老师、南昌大学第一任校长，我向您，特别是亲爱的大学生朋友以及热爱科学和旅游的朋友们推荐本书。

中国科学院院士
清华大学教授
南昌大学名誉校长

目录

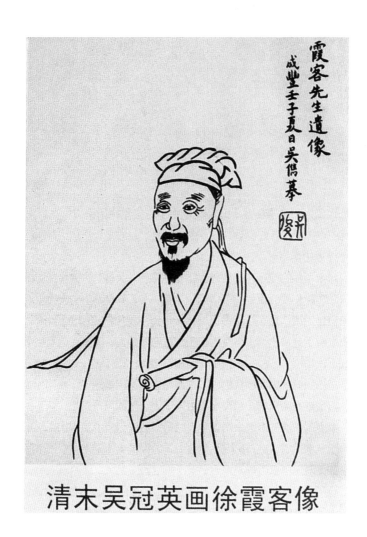

霞客先生遺像

成豐壬子夏日吳儁摹

清末吴冠英画徐霞客像

　　徐霞客（1587-1641年），江苏江阴人，中国17世纪伟大的探险家，杰出的旅游地学家，亦为大地立传的伟人；其60余万字的《徐霞客游记》是一部划时代的科学著作，为喀斯特地貌和丹霞地貌的奠基之作。

序　品味与品读

　　我是武汉人，中学毕业于武昌文华中学。这是一所有着悠久历史和光荣革命传统的中国最古老的中学。让不少人感到意外的是，在伟大祖国的首都北京，这个外地中学居然有一个校友会；至今，一直存在了三十余年，仍在活动。我们同学聚餐的地点，往往选在航天桥的"九头鸟"；为什么？图的就是一个"味"，我们要的就是一个"味"。有一次，我们在原校友会主席、原中国戏剧家协会主席、文联党组书记赵寻家开会，会开完，赵老主动说，今天我们不在我家楼下这家吃了（当时为了照顾赵老年龄大，大多在他家楼下的一家饭馆吃饭），"打的"去平安里的"九头鸟"吃。

　　赵老在吃饭时说，我和我的家人在外吃饭首选就是这家。我问他，您家住崇文门，门口就是烤鸭店，为什么不去？他说，要的就是这个"味"，武汉的"味"，家乡的"味"。北京虽说也有这些东西，但没有武汉的那种"味"，多少土生土长的武汉人或在武汉生活了一段时间的人来到北京，对北京最不满的是饮食的无"味"！没吃过面窝、热干面、豆皮的人，不会体会到武汉美妙的味道，也不会真正了解武汉人；不知道石山、仙人田，梅花的读者，不会欣赏到《游记》精彩的内容，也不能真正了解徐霞客。

　　味是什么？味是有个性的，是独特的，是诱惑您一辈子，是让您铭记一辈子，是那种刻骨铭心的！吃饭要品"味"，喝茶要品"味"，读书更要品味，尤其是读像《徐霞客游记》这种经典著作更要品味。味是越品越有味，越品越有趣，越品越有收获！本书就是笔者品了20年的一些收获、感想、体会，写出来和大家共享。如何去品读《游记》呢？以下提供三个方面，供读者参考。

　　首先，重要的地方，你得一个字一个字地去品、去体会。如书中"童山秃岭谓之髡"一文就讲了笔者为品"髡"这个字的艰难探索、理解的过程，最终品出了徐霞客用这个字的真谛。如果您一看，髡是个不认识的难字，查字典又觉得麻烦，放过了，那么，你就觉得读《游记》十分枯燥、十分无趣。原因就在于您没有去一个字一个字地去品。再如，徐霞客在《游记》中，用不少文字写了"夫"，不少研究者忽略了，从而体会不到明代的社会现实以及徐霞客是如何具体开展野外考察的。您仔细品读"夫"后，发现徐霞客考察途中所经、所历是21世纪的今天无法想象的。感谢徐霞客给我们提供了近400年前中国社会的现状。

其次，一定要在实践中去对照、去观察、去了解。如雁荡山的两个洞，天聪洞和龙鼻洞分别称为（屏霞）嶂左和嶂右第一奇，我看了若干遍也理解不了，找资料也找不到。结果，2007年我去雁荡山考察一下就明白了。读《游记》和读别的著作不同，有机会一定要到实践中去看看。徐霞客所写的山川洞瀑等，大多为现在的国家地质公园、国家重点风景名胜区，很值得您去旅游、去欣赏的。说老实话，我的2009年的天台山之旅，就是在《游记》的召唤下去的。作为一个徐霞客著作的学习者和研究者，连《游记》的开篇之作的名山都没有去过实在说不过去。

最后，一定要不断地开拓自己的历史、文学、建筑、植物等方面的知识。《游记》中涉猎到的知识面是相当广泛的，您不了解也无法品读。如在《楚游日记》中写到"鲁公磨崖，千古不朽"，如果您不知道鲁公是唐代著名的书法家颜真卿，您就无法去理解，去品味。

好了，下面谈一下本书的框架和内容。

本书分四大部分。第一部分，讲了徐霞客本人的一些特点，很少人涉及到的身高、爱好，以及他的野外工作态度、工作方法、人际关系等；第二部分，讲了徐霞客是如何描述具体地方的大自然的风貌，把人们不易察觉的地方生动地描述出来，特别是他用大量生动的比喻把众多的风景呈现在我们眼前，值得我们细细体会和品味；第三部分，讲了徐霞客对特定的自然景物、洞穴、植物和动物、地貌、流水等的关注和描述，不仅为我们提供了一份真实记录，也为今日的环保提供了借鉴；第四部分，详细赏析了徐霞客对黄山、飞天山、嵩山和鸡山的描述。

刚写完本文，去紫竹院散步，听宏声合唱团的百姓大合唱。歌友唱完《鸿雁》后，有一歌友说，味有点不对，仅有几个歌友唱出了蒙古歌曲那种辽阔、沧桑、悠长的韵味。你看，唱歌也要体会歌曲的味道，才能唱出味道，才能理解和被打动，读《游记》更是如此！

前言

如饮醇醪，不觉自醉

　　阅读任何一本书或一篇文章，要了解其精华，体会其魅力，一定要找到，即寻觅到其中的关键和细节。我们对这些关键，要反复地，细细地品味、琢磨，才会有所收获或发现。如果不是这样阅读，我们可能收获不大，甚至一无所获。以《兰亭序》为例，讲一下文中关键，细节插在文中讲。

　　《兰亭序》是"书圣"王羲之留下的"千古第一书法"，不少人看过，不知其好在何处、妙在何处，因为其未找到《兰亭序》的关键。笔者认为作为一个普通的欣赏者，应该有4个关键的数字：324、28、20、7。全篇324字，是极其难得的，著名的宋代书法家的"研山铭"才39字，就拍卖千万。字数少，每个字都值得细细品味，价值就大。全篇28行，计算一下，324字28行，每行平均是11.57个字，你再看原作，大部分一行都是11~12个字。写时，纸上是没有打格子的。看全篇就好像事先经过仔细计算的。放眼看去，全篇很整齐，上下的空白几乎一样。这就是能力。把每个不同字——有上下结构的，有左右结构的等等，写的似一般大小，字字上下左右间隔相似，这是何等功夫！全篇20个"之"字、7个"不"字，各有特点而不雷同。你能回答出这4个数字，就可以断定你对《兰亭序》有所了解。这4个数字就是关键。

　　读《徐霞客游记》（后文简称《游记》）也应如此。《游记》是60余万字的日记体的著作。卷一的17篇日记主要是徐霞客先生的名山游记。从卷二到卷十上是浙游、江右游、楚游、粤西游、黔游和滇游6大地区的游记。这样，就要求我们读《游记》中的每篇日记时，都要寻觅、找到其关键来阅读和品味，以下仅举三例。

绚丽大地

2013年5月19日，国务院根据《游记》的开篇之作规定的『中国旅游日』。我们徐学研究者上百人在徐的家乡『仰圣园』举行了隆重的公祭仪式，纪念『游圣』。花圈和鲜花放满了霞客雕像周围，蓝天如此蓝，大地如此绚丽，真是一个旅行的好日子啊！

1613年5月19日，400年前，《游记》开篇了，这是多么值得一个骄傲的日子啊！笔者是一个从旅行中成长起来的地学家和科普作家，此时站在其出生、成长的故乡的雕像前，心中充满了敬意！我们一定要使新的游记写得更加精彩，使我们的民族和人民生活更加美满和幸福。

第一例，《游雁荡山日记》，一共是5天的日记，其关键就是对两个洞——龙鼻之穴和天聪洞的描述。如果找不到，甚至不好好阅读描述这两个洞的文字，您就无法理解这5天日记中最精彩、最核心的一句话"**锐峰叠嶂，左右环向，奇巧百出，真天下奇观**"！您如果寻觅到，并找到了这关键，阅读并品味后，您会觉得这文章写得真好、真有魅力。关键本意就是门闩，找到关键就是打开了门闩，就能看到门内是多么精彩！

第二例，一六三六年十月初十。这一天，徐霞客主要是考察浙江金华三洞——朝真、冰壶、观龙，并写2000余字的日记。本文的关键就是一句话："**要之，朝真以一隙天光为奇，冰壶以万斛珠玑为异，而双龙则外有二门，中悬重幄，水陆兼奇，幽明凑异者矣**"。你看，一句话就把同是石灰岩溶洞的三个洞的不同之处，讲得何等通俗易懂啊！就像我们欣赏王羲之不同的"之"字一样。朝真以天窗为奇；冰壶以地下瀑布为异；双龙是既有水洞，又有陆洞，以两者兼得为奇异。天窗、地下瀑布、水洞、陆洞是今天地学上的名词。徐霞客用一隙天光、万斛珠玑、水陆兼奇来形容；文字多美：一隙天光和万斛珠玑，就像一副工整的对联。您细细品味，《游记》的文字真是有魅力啊！

在这里，笔者还要强调您在阅读《游记》时，在寻找、品味文章的关键时，一定会寻找、品味文章的细节。这样，您就会感受到双倍的魅力。

如在同一天的日记中，霞客写道"出洞，日色已中，潘姥为炊黄粱以待，感其意而餐之，报之以杭伞一把，乃别二僧"。这一段描述就是一个重要细节，透露了三个信息：一、住洞口的潘姥，实际上就是现在"农家乐"的前身。二、霞客吃饭不是免费的，以杭伞为交易，可以看出明代末期，商品经济是发达的。三、游三洞是有导游的，即二僧。从初九日的日记中可知二僧是鹿田寺的瑞峰、从闻。在初十日的日记中霞客写道："**瑞峰为余束炬数枚，与静闻分肩以从……瑞峰为余借浴盆于潘姥家，姥居洞口。**"从这里感到徐旅游是很科学的，不是蛮干。探洞以前准备火炬，探水洞借浴盆。其文章的写作，滴水不漏，正因为有"**乃别二僧**"，才使我们回过头来找文中二僧，虽说未出现从闻之名，但肯定他也是"导游"。三个信息使我们知道了农家乐、商品交换、导游三个细节，使我们收获了知识，并丰富了文章中关键的内容。

第三例，一六三七年的四月二十八日，徐霞客首次抵达山水甲天下的桂林。这天的日记字数是800多字，不到千字。想想看，徐霞客第一次到桂林时印象如何，有哪些精彩的描写。笔者阅读了N遍也找不出关键。直到2011年，我在深深懂得桂林的喀斯特峰林地貌是因地面流水形成的时候才恍然大悟，原来这篇日记的关键是"**应接不暇**"，而且竟然用了两次。这是因为"**道俱叠水中**"——道在水中，像田埂是叠；"**取径峰隙**"——道又在石峰的缝隙中；又要看景，又要走这水中之道，峰隙中之道，结果"**令人应接不暇**"，"**亦复应接不暇**"。徐霞客把峰林和地面流水给人的感觉写得很生动。文章中还有一个细节，写道："**漓水至是已极汪洋**"。漓江，笔者看过四五次，2011年还看过一次，根本没有"汪洋"之感，可见370多年前，地面流水之大。这个细节，使你更能了解桂林当时的地面流水情况。徐霞客如果给这篇日记起个题目，可能是"桂林印象——令人应接不暇"或"令人尘胃一洗的桂林"，这个题目说明桂林的喀斯特地貌形成过程中，地面流水是起主要作用的。

您如果有这些地学知识，看徐霞客在桂林写的其他日记，也容易找到关键。如一六三七年五月初四，他写桂林隐山有6个脚洞环列后，又写道："**唐、宋时西江之水，东潆榕树门，其山汇于巨浸中，是名西湖。其诸纪淳者俱云'乘舟载酒而入'，今则西江南下，湖变成田，沧桑之感有余，荡漾之观不足矣。**"这是徐霞客对桂林峰林平原上，地面水体的枯竭发表的感慨！也是本文的关键。在唐、宋之时，这里地面水体是很多的，山在水中，榕树门在江岸。现在，都成陆地了，沧桑之感更甚，荡漾之观全无了。

在这儿要强调一点，您要读懂《游记》并且很好地、较快地找到《游记》

中悬重幄

《游记》记述不少地方的景观，既有详细的全面的描述，又有精彩的简短的总结。对于后者，读者应该特别注意，因为这是画龙点睛之笔。如1636年十月初十日，徐霞客考察完浙江的金华三洞后写的有关日记有1200字之多；而其总结就一句。42字。摘引如下：『要之，朝真以一隙天光为奇，冰壶以万斛珠玑为异，而双龙则外有二门，中悬重幄，水陆兼奇，幽明湊异者矣』。笔者2009年专程赴金华，考察了冰壶、双龙两洞，朝真因时间关系未

去。考察后，从内心佩服徐霞客。图片是双龙洞的水洞部分，其主要部分就是图片上半部由石灰岩岩壁形成了一个障幕，徐霞客称为『重幄』，即由岩石形成的帷幕。我们看到的是一个水洞，有一船停在岸边，我们进洞时，是两个人并排平躺在小船上（当年徐霞客是瑞峰为他找洞口的潘姥借俗盘而进），通过岩壁和水面之间，越过『重幄』上岸就是旱洞，洞内突然也明亮了许多。所以，徐霞客同一天，他在考察完金华三洞后，到兰溪途中写了一句话：『坞中居室鳞次，自成洞壑，晋人桃源异乎兵？』看似一句话，却有丰富内涵，意思说，这个山间盆地（即坞）有很多很多的人家，排列得十分整齐，形成了一个很壮观，很有气派的『社区』（即洞墅）。东晋人陶渊明笔下的《桃花源》就可以知道原文：山有小口，仿佛若有光，初极窄，复行数十步豁然开朗。土地平旷，屋舍俨然，有良田美池桑竹之属；阡陌交通，鸡犬相闻。……类似的还有在今湖南郴州的翠江，他写道：『是晚素魄独莹。……苏东坡承天寺夜景，不是过也』。阅读《游记》要注意这些细节，前后贯通。

『重幄』上岸就是旱洞，洞内突然也明亮了许多。所以，徐霞客同「水陆兼奇、幽明湊异者矣」仅仅10个字来形容它说明双龙洞有水洞又有陆洞，同在一洞，是一种奇观，水洞幽暗陆洞明亮又湊在一起，也是一种异观。

每篇文章（日记）的关键，一定要自己好好学习一些地学知识，或者虚心而又真诚地向地学家或地学工作者请教，因为徐是一个地学家，《游记》从本质上来说是一部地学著作。这也是为什么丁文江，竺可桢等地学家在《游记》的研究上做出了杰出贡献。现在有一种观点，任何人、任何专业的人都可研究《游记》，这是不负责任的、片面的。任何领域的学术研究或任何古代经典著作的研究，都是有"门槛"的，都是有"资格"的。在《游记》的研究中，地学家一定是主力军。笔者不否认可以从历史、宗教、文学等方面研究《游记》，但这方方面面的研究也是有"门槛"和"资格"的。不然，您不会从《游记》中得到任何营养，反而发表一些极其不负责任的言论。如有的作者，在书中写道

"徐宏祖……从小就玩……四处瞎转悠，遇到山就爬，遇到河就下……"，他"是中华民族的骄傲。是这样吗？不是的"。"徐宏祖不想考试，不想出人头地，不想青史留名，他只想玩"。为什么作者如此妄加评论，原因就是他根本没有读懂《游记》。

回到关键和细节，关键是文章之魂，是诗歌的"诗眼"，是打开、理解文章的一把钥匙。阅读时，我们一定要千辛万苦地找到它，然后牢牢地抓住它阅读、品味、思考！细节是文章之采，使文章生动、丰富、全面。它好比头上的头饰，脖子上的项链，甚至是脚上的脚链，以及衣服上的钮扣，屋中的一张画，茶几上的鱼缸，细到鱼缸中的鱼和花草。

本书虽然篇幅不大，却是笔者近30年来学习、品味、研究《游记》的成果，发表出来和大家共享。书中有研究《游记》文中"关键"的文章，如"雁荡两洞真奇观"、"地面流水峰林出"等，也有研究文中"细节"的文章，如"天涯何处无山花"，"三个一色白岳山"等等。

本书分四个部分。第一部分为认识徐霞客。讲了徐霞客的爱好、品质、野外工作的态度和经验，还有徐霞客的朋友。通过这部分，让读者知道徐霞客的成功绝对不是偶然的，而是必然的。

第二部分为天涯走笔。分析《游记》中，对中国具体的美丽山川的描述文章，如黄果树、杭州、桂林、腾冲等等，看看这位古代地学兼文学家是如何描述的。从而使今天的游人到这些地方旅游时，可以从中获得新的乐趣和体验。在这两部分中为了帮助读者更好地理解《游记》，还插入了六篇文中文。这种写作方式笔者在《中国地书——中国21个地质公园全记录》中曾经用过，受到读者的欢迎。第三部分为江山如画。这部分介绍了《游记》中对同一类风光，如丹霞地貌中的洞穴、喀斯特洞穴中的钟乳石等的描述，可以看出徐霞客敏锐的观察力及超强的文字表现力。另外有两篇是提醒我们重视生态环境的保护，这两文为"童山秃岭谓之髡"和"虎迹斑斑何处觅"。第四部分为黄山·飞天山·嵩山·鸡山。徐霞客几乎把中国东部和西南部的著名山脉都旅游、考察过，并写下了珍贵的游记。但仔细分析，有4座山，徐霞客是充满了感情，情有独钟。这部分对徐霞客笔下的这4座山做了详细的分析和品读。

一本书中文章的题目以及图片的命名，可以说是一本书的细节吧！但有时，这部分内容会决定书的成败。有些读者看到文章标题不好，不看了；图片的命名不好，觉得书水平不高。笔者本着"要内涵不外露，要新意不落俗套"的两大原则来给文章和图片命名。如"大理奇石废画苑"原来标题为"徐霞客是观赏石家"；有些标题是直白的但有诗意，如"霞客身高高几许"就是受到宋代大文人欧阳修先生的"庭院深深深几许"的影响等。另外，笔者把全书所有标题（文中文、前言、后记、序除外）都统一为7个字，有两个好处：一是阅读起来朗朗上口，二是书显得整齐、干净。现在，不少书的图片命名太直白、浅显，如黄山迎客松，嵩山少林寺等就像给小学生看的"看图识字"。笔者本着要内涵，要新意的原则，对本书图片的命名是下了一番功夫的，如黄山的九龙瀑，原来走老路，命名"九龙瀑"，太俗太对不起读者，现改为"泉声沸然"。这四个字是徐霞客先生对九龙瀑的描述中的；用这个标题，就使读者注意到九龙瀑的声音，耳边也会有感觉。杜鹃花用"血艳夺目"更有视觉震撼力，同时与笔者在野外见到时感觉一致。本书是品读《游记》的，尽量用《游记》中精彩文字，如"千条万缕"、"绝似行廊"等。为了一目了然、整齐，图片名一律四个字。本书图片是正文的补充和延伸，说明文字都在数百字，请读者不要轻易放过，里面有许多内容。

我为了写这本书，包括文字和图片，都是一次又一次品读《游记》的文章，寻找每篇文章的关键和细节。在这个过程中，我感受到了《游记》的无穷魅力，也得到无穷的乐趣。本书《游记》的引文以上海古籍出版社1980年版为准。

我读《游记》，不禁想起了三国时代，吴国大将程普说的一句话"与周公瑾交，如饮醇醪，不觉自醉"！我套用这句话，就是：与《游记》交，如饮醇醪，不觉自醉！

《游记》就是一大坛陈年醇酿（原作完成距今整整400年了）需要我们细细的品味，有"万斛美酒慢慢饮"之意。这本书，正是笔者30年来品读、品味《游记》的成果，拿出来和读者分享。由于篇幅限制，只品味了《游记》内容的十分之一吧！但愿本书，对读过《游记》的读者，有所帮助；对未读过《游记》的读者，引起兴趣。

2013年7月26日正值"中伏"，7月24日，北京气温达38.2℃，太炎热了！太火了！我像一个不管三九天还是三伏天耕作的农民，持续写作，希望自己辛勤劳作的成果，能得到读者和市场的认可。

引言

《徐霞客游记》是中华文化的经典著作

《徐霞客游记》（以下简称《游记》）是一部集文学、地学和社会百科的17世纪中华文化的经典著作。

罕见的鸿篇巨作。《游记》保存下来的约有60万字之巨，是一部鸿篇大作！《游记》的体裁为日记，现全书为1070余天的日记。

《游记》的开篇之作写于一六一三年阴历三月三十日（公元1613年5月19日）距今刚好400年。"中国旅游日"定为每年的5月19日，正是根据《游记》的开篇时间设定。但徐霞客的始游是在万历三十五年，即丁未年公元1607年，是年霞客22岁，游太湖，并登太湖中的东西洞庭两山眺望了浩浩太湖。1609年，24岁的徐霞客还游历了齐、鲁、燕、冀等地，不仅登上了泰山，还拜谒了孔林和孟庙三迁故里，登了山等。1613年在游天台山之前还游了浙江省的普陀。普陀是徐霞客在浙江的首游之地。但《游记》中，没有这些地方的游记，原因有二：一是当时未写，一是失落了。这是应该说明的。《游记》现存十卷，以下把第一卷到第十卷的内容进行简单介绍。

第一卷共17篇，主要反映了徐霞客51岁前的主要游历。其中14篇是游名山的日记，黄山、天台山、雁荡山都写了两篇。这样14篇就只涉及到11座名山。它们是天台山、雁荡山、白岳山（齐云山）、黄山、武夷山、庐山、嵩山、太华山（华山）、太和山（武当山）、五台山、恒山。从"游九鲤湖日记"开始，到1620年5月23日，徐霞客考察了浙江著名的丹霞山——江郎山。这样，51岁前徐霞客游历的名山就增加到12座，12座名山分布在今天浙江、安徽、福建、江西、河南、陕西、湖北、山西8个省中。

第一卷中的另外3篇，都是福建之旅：一篇为"游九鲤湖日记"，描写了位于今莆田市仙游县境内的九鲤湖飞瀑即9级瀑布的九漈。一篇为"闽游日记前"，霞客主要描述了考察明代名洞——将乐玉华洞。一篇为"闽游日记后"，描述了考察"仙霞岭"、"浮盖山"、龙洞一线天和永安桃源洞一线天。

卷二包括"浙游日记"、"江右游日记"、"楚游日记"等三篇，时间从一六三六年九月十七日到一六三七年闰四月初七，近7个月。经历了秋、冬、春、夏四季。走过了浙江、江西、湖南三省。这7个月是徐霞客万里西南之行的序幕。到此，霞客对中国东部的名胜山水已经基本考察完毕。一六三七年二月十一日的湘江遇盗是最为惊心动魄的一幕。

《游记》的卷三和卷四上记录了近一年时间内徐霞客在广西的野外考察。徐霞客在广西境内翔实记录了：（1）桂林地区的峰林和峰丛以及不同的地面水文（河流）状况；（2）广西境内多达百余个喀斯特溶洞以及洞内景观即洞内次生化学沉积物，为我们今天的研究提供了宝贵的资料；（3）珠江干流西江上游水系的水文、流向、形态等等。广西之行对徐霞客最大的打击是静闻之死。在贵州的游记只有41天，是西南万里三省行中最少的，只构成十卷中的半卷即卷四下。徐霞客进入贵州实际上是为了进入云南考察一个通道，黄果树瀑布、大象、北盘江、北盘江桥是"黔游日记"中引人注目的4件事物。

《游记》一共十卷，"滇游日记"从卷五一直到卷十上，一共有五卷半，占整个《游记》的一半还要多。"滇游日记"一共十三篇，加上"游太华山（昆明西山）记"、"游颜洞记"、"盘江考"和"溯江纪源"四篇，一共十七篇。卷十下是附编，有徐霞客的诗文、传志、题诗等，最重要的是丁文江先生撰写的"徐霞客先生年谱"。这附编不是可有可无，而是《游记》的组成部分。尤其是徐霞客的一些诗很精彩，包含着丰富的内涵。"滇游日记"主要记录了云南的三美：一是高山峡谷之中水流之美，金沙江、澜沧江、怒江、元江等水流奔腾之美；二是腾冲火山热泉的喷射之美；三是纳西族丽江太守木增以及云南各地各族人民与霞客的友情之美。《游记》能够完成是中华民族的成果，不是霞客一人或一个民族能够完成的。

徐霞客旅游考察30多年，最后4年是不间断地一直在野外，这两项纪录是了不起的。他的行踪遍及中国20个省、自治区、直辖市：河北、山西、陕西、山东、河南、湖北、江苏、安徽、浙江、福建、江西、湖南、广东、广西、贵州、云南；北京、天津、上海、重庆。他最东抵达了东经122度的浙江普陀，最西到达了东经99度左右的云南腾冲，东西跨越了23个经度，有90多分钟时差。最北抵达了北纬40度以北的北岳恒山，最南到达了北回归线以南的北纬22度多的今广西崇左，南北跨越了18个纬度，以及热带、亚热带、温带3个气候带。他考察了23座中国名山：天台山、雁荡山、齐云山、黄山、武夷山、庐山、嵩山、华山、武当山、五台山、恒山、江郎山、武功山、浮盖山、飞天山、龙虎山、衡山、高黎贡山、鸡足山、泰山、珞珈山、罗浮山、盘山（后四座山无游记）以及著名的桂林山水。他探查了长江（金沙江）、黄河、珠江（西江）、元江、澜沧江、怒江、大盈江7大水系。《游记》无论从记录描述的地区之广大、地学现象之丰富的角度而言，还是从社会现实之繁杂、文字量之巨大来说，都是一部名副其实的鸿篇巨作。

优美的文学游记。《游记》是一部优美的文学游记，表现在四个方面：真情实感、特点鲜明、大量比喻、文字贴切。第一，《游记》字里行间，流露出作者的真情实感。读者在阅读时，会和徐霞客先生产生强烈的感情共鸣，始终不会游移于文字之外。如在游天台山一开始写到"**云散日朗，人意山光，俱有喜态**"。看到这样的文字，读者心中喜洋洋的。在福建将乐考察时遇春雪，"**赤足飞腾，良大快也**"，读者不禁从内心发出笑声。第二，《游记》描述各种自然和人文景观特点鲜明，绝无类同感。徐霞客游历了无数的山水洞瀑林，在描写时不是"千人一面"、"千篇一律"，而是各有特点。如在描写浙江金华三洞时，朝真洞是以一隙天光的天窗为奇，冰壶洞以万斛珠玑的地下瀑布为奇，双龙洞则是既有水洞又有旱洞，水陆兼奇。读者阅读后，一下子就把这三个洞的特点抓住了，留下了深刻的印象。第三，《游记》为了让读者明白一些不常见的自然现象或景观，使用了大量的生动的比喻，让读者读起来既扫除了"拦路虎"，又增加了阅读的兴趣。如他把溶洞中的边池坝比喻为仙人田，穴珠比喻为杨梅。喀斯特山中因为溶洞多，千穴百孔，他比喻为丝瓜之囊，筋缕外络，而内部都透空了。河流中的曲流，他比喻为旧时织布机上的梭子在来回地移动，以及蝴蝶在花丛中穿飞，多么生动。第四，《游记》的文字贴切，这是源于他观察的深入和细致。比如在描写云南螳螂川水的运动时有7种方式：横

万世根本

朱元璋领导的农民起义军在14世纪后半期把统治中国的元朝推翻，1368年建立了明朝，统一了中国。从此，农耕文明又得到了相对稳定的发展；尤其是明成祖朱棣，迁都北京后，社会经济虽说缓慢但坚定地往前行。由于经济的发展，科学技术也得到了一定的发展。明代在科学史上，出了两位杰出的人物：郑和和徐霞客。

郑和是在明代朱棣的永乐三年即1405年率领一支多达27000余人、208艘船只的队伍出海航行，前后7次持续28年之久，航行到东南亚、西亚、印度洋、红海、波斯湾和非洲东部，比起1492年，哥伦布航海发现美洲大陆早87年！

明代一共16个皇帝，徐霞客生活在明代最后四个皇帝（万历、泰昌、天启、崇祯）的年代，他从22岁（1607年）开始旅游考察，持续30余年到55岁（1640年），走遍了中国的东部和西南三省区（贵州、云南、广西）写下了60万字十卷的《徐霞客游记》，这是一部经典的著作。其中对喀斯特地形的研究比起欧洲这项研究早一二百年，是世界最早的研究喀斯特地貌的著作。

明代这一头一尾郑和和徐霞客两位伟大人物，时代英雄，说明明代在近300年间还是有所作为的。明代的开国皇帝朱元璋是今安徽凤阳人。笔者去凤阳考察时，在凤阳鼓楼的朱元璋纪念馆拍下了这张照片。徐霞客是明代这个时代孕育出来的，有这样一张照片是想把书这个时代做得有历史感。

凤阳鼓楼

凤阳这座明代的皇城，现在留下的最大遗迹就是明中都鼓楼台基和明皇陵两处。鼓楼早已毁于兵火，现在的鼓楼是人们在古台基上重建的，其高为47米，相当巍峨壮观，是目前中国最大的鼓楼。中国是皇帝一个人单独办一个展览馆，并不多见。《游记》中，徐霞客对朱元璋，持肯定的态度。

冲、直捣、跨、窜、涌、腾跃、连坠。没有细致的观察和深厚的文学功底是很难写出这人人心中有、个个笔下无的描述的。综合以上四个方面，《游记》是一部吸引人的优美的文学游记。

伟大的地学著作。《游记》是一部伟大的地学著作表现在五个方面。第一，《游记》对天气、植物、动物、地貌、水文、矿产六大自然要素的真实而又详细的记录和探求，为今天研究天气变化、生态环境及生物物种的变化等方面提供了真实可靠的历史资料。第二，他为长江之源、珠江之源的探索、研究做出了历史贡献。对盘江之源做了艰苦的考察，精神可嘉。第三，《游记》是喀斯特地貌的描述、分类和命名的鼻祖，具体表现在对地面喀斯特（石山、天生桥等）、负地貌（眢井、磐洼等）、溶洞（干洞、水洞等）、钟乳石（仙人田、石乳等）四大地貌的分类和命名。第四，《游记》对丹霞地貌形态开创性的描述。徐霞客考察了9座丹霞名山——赤城山、齐云山、武夷山、龙虎山、龟峰、飞天山、白石山、都峤山、桃源洞，对它们形态的描述今天仍不过时。第五，准确的数字描述或分类对比。徐霞客对各自然要素的描述尽量给出一个具体的数字，实在给不出来，则分类给一个对比，让读者知道具体的"量"，不使用含糊的语句。《游记》中还有好几个"洞穴排行榜"，这也是一种科学研究方法。正因为以上五个特点，英国著名科学史专家李约瑟评论说，《游记》不像是17世纪的学者所写，倒像是一位20世纪的野外勘察家所写的考察记录。300余年都不过时的科学著作，称之为"伟大的著作"是毫不过分的。

翔实的社会百科。《游记》翔实地记载了17世纪中国社会的政治、经济、文化、军事等各个方面的情况，是一部社会百科全书。现列举4个方面的记载。第一，对宗教寺庙的详细记载和描述。徐霞客对所考察的山川中宗教寺庙的位置、建筑、僧人的情况都作了详细的记载。如湖南衡阳当代恢复重建王夫之的续梦庵和宋代的石鼓书院就参照了《游记》。第二，对明代末期，政治腐败和人民的痛苦生活的记录。他看到被土司叛乱荼毒的州县的群众痛苦生活，提出"诸彝种之苦于土司糜烂"，真是痛心疾首。在腾冲，他还写了政治性的论文《近腾诸彝说略》。第三，大量的民俗民风、节日庆典的描述，如春节、元宵、中秋等节日的民俗，特别记录了云南的鸡足山朝山、青松毛铺地、喝三道茶、大理三月街等等。如困难时霞客用髻簪换饭、觅舆，在云南为解燃眉之急卖自己的上衣、袜子和裙子。由此可见，当时的男子是穿裙子的，并且头发是用髻簪的。在九鲤湖的九仙祠祈梦等。第四，明代的文化活动（琴棋书画）、文人的社交以及明代的通信业等的描述。

综合以上四个方面，《游记》不愧为中华文化中一颗璀璨的明珠，是一部经典著作，值得我们好好地学习和品味。

第一卷

认识徐霞客

为大地立传的英才

第一卷有16篇文章，讲述了徐霞客四个方面的内容：优秀品质；爱好与才能；艰难的生活与勤奋和有效的工作。另外，也指出经典不是没有失误的。

一、优秀品质。①对长辈孝敬，特别是对母亲，"武当榔梅表孝心"，便是一例；②对朋友的热情、真诚、尽心相助，有"霞客之友四进士"、"忘年之交陈继儒"、"木公四子拜师记"等3篇。徐霞客对同行的静闻友谊十分感人，静闻因病在广西南宁去世后，徐霞客一直随身携带其遗骨，经过千里迢迢的跋涉，带到云南鸡足山，拜求悉檀寺僧人，圆满安葬，满足了其生前的夙愿。随行的顾仆逃走了，徐霞客十分体谅，大度说道："追或不能及，及亦不能强之必来。亦听其去而已矣"。

二、爱好与才能。徐霞客有着广泛的兴趣，爱好与多方面的才能。"大理奇石废画苑"讲了徐是观赏石家；"纹枰坐对亦可喜"描写了徐是围棋高手；徐霞客诗、书、画都有相当高的造诣。

三、艰苦的生活与勤奋和有效的工作。描写这方面的有10篇。①工作时间长，"废寝忘食观石梁"仅是一例；②工作环境的艰苦，从"觅人结椑探水洞"

行者霞客

中国各地，特别是霞客先生游过、考察过的风景区，几乎都有霞客先生的雕像算计，笔者所见过的，不下数十处。2013年5月19日，即中国旅游日，笔者在徐的家乡江阴的中国徐霞客旅游博物馆前见到的一座雕像，令笔者心动。为什么，因为99%的徐霞客的雕像都是站立的，这像却为行走的。和徐霞客同一时代的意大利的著名天文学家伽利略，被后人定义为"为天空立法的天文学家"。因为他发现了天体运动的三定律。徐霞客就是一个行万里路的行者。笔者效仿称徐霞客为"为大地立传的英才"，改用毛泽东同志的"英才"。原来不是用"英才"，用"行者"；后来感到评价低了徐霞客的成功，无论如何说，没有行走、没有30余年的行走即实践，就没有徐霞客的成功，所以我选取把这雕像放书上。

在这里，笔者引用毛泽东同志的两段话如下：

明朝那个江苏人，写《徐霞客游记》的，那个人没有官气，他跑了那么多province……我看他一辈子就是这么走过来的，主要力量用在长江。《徐霞客游记》可以看。

——1958年1月28日

徐霞客是明末崇祯的江苏江阴人，他就是走路，一辈子就是这么走遍了，他就

你看，主席的两段话都明明白白、清清楚楚说徐霞客是到处跑，是走路，徐是一个真正的"行者"。

——1959年4月5日

胜水名桥

徐霞客的故乡是今江苏省江阴市马镇南旸岐。现在，马镇和另外两个镇合并为璜塘镇。马镇在今天徐霞客镇的西南，与无锡市的惠山区的堰桥镇相邻。胜水桥就在徐霞客故居的左前方，每次出发和归来徐霞客都要经过此桥，此桥是其旅游点：简单、轻灵，和周围自然水乡的特点的起讫和终点。桥有江南水乡的特点：简单、轻灵，和周围自然环境融合在一起。原来的桥没有栏杆，现在的桥是改建后的，增加了栏杆。

和"洞中生活的13天"两文就可见一斑；③工作环境的险恶，除了登山进洞探险外，更多的是不可知的人为因素，从"挑夫肩夫难觅夫"和"救命微物银耳挖"两文可看出；④巨大的体力付出，"山险路长万里行"中的不少路是在没有路的草莽中、积雪中、陡崖上、洪水中、虎迹中，精神和体力经受了巨大的考验；⑤善于和勇于借助一切人的帮助、支持。这一点是十分重要的，没有朋友、僧人、导者以及一切好心的路人、陌生人的大力帮助，徐霞客是不会成功的。"雁荡僧人好导游"、"嵩山导者故老樵"、"霞客挚友四进士"、"忘年之交陈继儒"等四文仅仅是很少的例证。梅花香自苦寒来，除了徐霞客个人长年（30余年）的坚持不懈的艰苦奋斗和付出外，还有众人的支持、帮助，所以说，徐霞客是一个时代的代表，是那个时代知识分子的代表，他的奋斗绝对不是他一个人，最少有数百位各方人士给了他关怀、支持、帮助。在他最困难时，把褶、袜、裙三件衣物挂在门外出售，以换得饭费。如果不是有一人给二百文把绸裙买去，那一晚上，他也很难很难熬过，因为那天用极大的体力探了石房洞。这个买裙子的人，也直接帮助了徐霞客。这样的例子太多了。

四、经典不是没有失误的。"失误之作盘江考"，讲了这一观点，但太阳黑子是掩盖不了太阳巨大的光芒！

至于6篇文中文，是为了解释、注释前面一文的说明文字。

五、徐霞客的身高一文，可以说是一篇带有研究性质的小文，既引起读者的阅读兴趣，也介绍了一种根据《游记》进行研究的方法。

这16篇文章，介绍徐霞客——这位时代的行者、时代的英雄是不够的，这仅仅是个开始。

武当榔梅表孝心

　　《游记》中写了很多种植物，但给人印象最深的就是太和山（今湖北武当山）的榔梅树和榔梅果。

　　徐霞客游太和山前后三天。在三天的日记中，都有榔梅的记载。1623年3月13日，是霞客游太和山的第一天。他经过紫霄宫、南天门、南岩；就谒榔仙祠（又称榔梅祠）。祠前有特大榔树。榔树就是榆树，当时还未发芽。徐霞客特别写道：**傍多榔梅树，亦高耸，花色深浅如桃杏，蒂垂丝作海棠状。梅与榔本山中两种，相传玄帝插梅寄榔，成此异种云。**在这里，霞客不仅描述了榔梅树的高大、美丽；还指出，是玄帝即真武（玄武）就是北方之神将梅枝嫁接在榔树（榆树）上培育出来的新品种。这样，就把榔梅树和神仙联系上了。

　　3月14日，徐霞客在上琼台观又见到**榔梅数株，大皆合抱，花色浮空映山，绚烂岩际；地既幽绝；景复殊异。**这时徐就开始向上琼台观的道士求榔梅果，观中道士噤不敢答，然后说，这是禁物，有人曾携带三、四枚，就导致破家者数人。徐不信，费尽了很大的功夫，才讨得几枚已经黝烂的，道士还叮嘱徐千万不要让人知道。徐又到琼台，又求之，主管道士很客气地说没有。徐从蜡烛峰返回南岩的途中，中琼台有一小道士叫徐返回。中琼台观主握徐手说，先生为其母渴求，我给你两枚，但无论如何不能泄露，不然，我就有罪。仔细观察，这是两枚在蜂蜜中浸过的，形状很像金桔，且外表似金玉的珍品。徐千恩万谢，才离去。晚上返回太和宫，贿其小徒，又得6枚。徐这一天在太和山从早到晚主要是求榔梅果，在《游记》中用了四个求一个贿：**求，求之益力，余复求之，渴求；贿其小徒，**一共得8枚。

　　15日，徐离开武当山，在日记中写道：**乃依山越岭，一路多突石危岩，间错于乱倩丛翠中，时时放榔梅花，映耀远近。**你看，三天的日记，每天都写到榔梅，特别榔梅花的美丽。

榔梅果何以如此珍贵？原因有三：一真武嫁接的成果，即神果；二武当山的榔梅树本身就不多，而且榔梅不是年年结果，偶尔结果，都认为是奇遇；三正因为其稀少，又产自武当山，榔梅成为贡品，只供皇家享用。为了不使榔梅外流，由明代心狠手辣的司礼监派的镇守太监专管榔梅。司礼监的主管就是权倾朝野的魏忠贤。人假若把榔梅落到这些因生理残缺而内心变态、残忍的太监手中，正如道士所说"破家者数人"。

榔梅如此难以得到，而且又冒这么大风险，为什么霞客还这样执着。原因只有一个就是他对母亲的孝。陈函辉在《霞客徐先生墓志铭》中引其族兄徐仲昭话说，徐霞客"*每游，辄携琪花瑶草，碧藕雪桃归，为阿母寿*"。这次到太和山四求一贿榔梅，就是一个明证。在"游太和山日记"的最后两句。*遂自草店，越二十四日，浴佛后一日抵家。以太和榔梅为老母寿*。这一年霞客38岁，其母79岁，称为老母。3年前的1620年，徐母病重愈后，徐霞客专程前往福建仙游县的九鲤湖附近的九仙祠，为老母祈梦，祈求老母健康、平安。一是专程千里为母祈福，一是千难为母求榔梅；从这两件事就可以看出徐霞客是一位深爱母亲的孝子。

宜兴善卷

徐霞客孝母，徐母也支持他远游。1617年，徐霞客73岁的老母亲到江苏的宜兴善卷洞和张公洞。1624年，徐母80岁了，徐不打算同游了，为了以实际行动支持儿子，徐母提议与儿子同游善卷和张公两洞以及茅山等地。正是这一次又一次的宜兴善卷和张公两洞之游，使徐看到溶洞就会想到宜兴两洞。本图片为作者2013年到善卷洞考察所摄。这里还是『梁祝文化』的发源地，洞前用鲜花摆了一个蝴蝶的造型。

霞客身高高几许

徐霞客先生有多高？是不可能、也不会有一个标准的答案。原因很简单，因为中国古代几乎没有一个人用尺子来量过自己和他人的身高。但这并不意味着，不能够根据有关资料来推断徐霞客的身高。

根据步幅大小推测身高

身高越高的人，步幅越大；身高越矮的人，步幅越小。多大身高的人有多长的步幅是完全可以界定或测定的。

徐霞客先生在考察中是很注重距离的，也注重一个事物的大小。如果可能，他还要走一走，量一量到底有多少步。

一六一三年四月初六日，他考察天台山的寒岩时，写道："岩半有一洞，阔八十步，深百余步，平展明朗。"这里，徐霞客先生准确无误地写出了该洞阔是80步。今天测量结果，该洞的阔即宽为50米，两者一除，计算出徐霞客的步幅为62.5厘米。笔者及其家人朋友，多次测量：身高1.6米的人的步幅为61.2厘米；身高1.68米，步幅为66厘米；身高1.80米，步幅为75厘米；身高1.85米，步幅为75.5厘米。当然，各人走路时姿态不同、体力不同、健康水平不同等等，是不可能完全一致的，但差别也就1～2厘米之间吧。根据走路的步幅，徐霞客的身高应该在1.65米左右，误差在1～2厘米之间吧。当然，这中间有一些"较真"的地方，不去考虑。如近400年前洞的宽和今天是一样的吗？徐霞客走的是今天测量所在的最宽处吗？等等。

根据徐的良师益友陈继儒的描写来推断霞客的身高

1624年，福建人王畸海先生把徐霞客介绍给了当时松江（今上海市）的著名作家、书法家陈继儒。当时徐为37岁，陈为66岁。陈继儒先生在《寿江阴徐太君王孺人八十叙》一文中写了对徐的第一眼外表印象：

梁阔尺余

徐霞客的忘年之交陈继儒先生目测徐的身高6~7尺。这6~7尺，按今天『尺』的标准，那徐的身高应在2米以上，这当然是不可能的。那么，明代的一尺是多长呢？还是从《游记》中找答案。1613年四月初四日，《游记》对天台上的『石梁飞瀑』中的石梁描写如下：梁阔尺余，长三丈，架两山坳间。今天经测量，石梁长于7米，宽30厘米。这样，明代的3丈等于7米，1丈约等于2.33米，1尺约为23.3厘米。按这个标准，以7尺计算，徐的身高应在163百厘米左右。图片上可看石梁的宽，其上刻有『万山关键』四个繁体字。很难找到拍摄角度，从上往下照，时间紧，很难找到拍摄角度；从图片上可看石梁的宽，其上刻有『万山关键』四个繁体字。

"今年王畸海先生携一客见访，墨颧云齿，长6尺，望之如枯道人，有寝处山泽间仪，而实内腴（yu音榆，胖之意），多胆骨。与之谈，磊落嵯峨（cuo e音矬俄），皆奇游险绝事，其足迹半错天下矣。客乃弘祖徐君也。"

以上是一位66岁老人观察37岁时徐霞客的面对面的印象。从中可以看出徐霞客的长相和外表有以下五个特点：一脸面较黑。在眼睛下边两腮上面的颜面骨即颧骨，黑的和墨一样，肯定是太阳晒的。二牙齿又白又好。云一般是指白云，云齿一定是牙齿很白很整齐。三身高中等，明代的六尺。四身轻体健，有道士（即道人）的风范，像一位久居大自然的"地质工作者"。五肌肉发达，有力气。很像20世纪五六十年代常年住帐篷、在野外（大自然）工作的一位中年地质勘探队员的外表。

这段文字指明了徐的身高为6尺。在陈继儒的另一文《答徐霞客》中他写道："置万里道途于度外，置七尺形骸于死法外，任也……"这句话说徐的身高为七尺。这样的目估有差距是正常的。也就是说霞客先生的身高就应为明代的六七尺之间。那么，明代的一尺到底有多长，即明代的一尺是今天的多少长度？这个问题的答案，我们还是从《游记》中找寻吧。1613年四月初四日，徐霞客对天台山的"石梁飞瀑"中的石梁的描写如下："梁阔尺余，长三丈，架两山坳间"。今天经测量，石梁的长为7米，宽仅0.3米。这样3丈等于7米，1丈约等于2.33米，即1尺约23厘米。这个长度也符合"梁阔尺余"。

如果按这个标准，以7尺计算，徐的身高应在163厘米左右。

综上所述，徐霞客的身高在165厘米左右是比较准确的。至于，明代一尺到底是多少，笔者还需要查更多的资料。

注：寒岩和石梁的数据，均取自2006年4月浙江人民出版社《山水探秘——浙江大地精品游》一书。

和合二仙

寒山和拾得民间认为是文殊菩萨和普贤菩萨的化身。清朝雍正十一年，由皇上下旨，封寒山、拾得为和合二仙。他们一人手擎荷花谐音和，另一位手捧盒子谐音合。他们形象为满面春风，笑容可掬，身体健康，没有胡子，作为喜神是非常合适的。在今天苏州的寒山寺的大雄宝殿后有一幢建筑，楼上为藏经楼，楼下为寒拾殿，供奉的就是寒山、拾得金身像。图片是笔者2012年展『中国玩具具展』上摄的『中国和合二仙的风筝。你看，两个漂亮的小孩，谁能想到和合二仙原来是一个和合二仙的风筝』，是一个和合二仙原来的。和表示和谐，和睦，和气等；合表示合作，融和和等等。和合放在一起十分和谐，十分融和，为中国人理想的生活。正因为如此，和合二仙受到中国老百姓的推崇和喜爱。图见9页。

寒山与拾得

一六一三年四月初四日，徐霞客抵达天台国清寺，当即和在路途上认识的国清僧人商量游览天台景观的先后次序。云峰言：**名胜无如两岩，虽远，可以骑行。**这两岩就是明岩和寒岩。其实这两个岩都是火山喷发形成的两个洞，地学名称叫流纹岩岩洞，徐霞客听从了云峰的建议，初五日冒雨骑行五十里，又越过一深过于膝的大溪，抵达明岩。一到明岩，徐霞客就写道：**明岩为寒山、拾得隐身地。**然后又写道：**岩外一特石，高数丈，上岐立如两人，僧指为寒山、拾得云。**当天晚上还在明岩顶上，对之清光溢壁。初六日，凌晨出寺，六七里至寒岩。抵达后，徐霞客特别进入了山腰处的一个岩洞，就是寒岩，不惜时间，用脚步丈量了这个岩洞。这就表达了对寒岩所指的寒山子的尊敬，并说此洞"平展明朗"。也就是从徐霞客的这一数据，笔者推测出徐霞客的身高。

国清僧人云峰说，天台名胜无如两岩，是出于对国清寺的两位名僧寒山和拾得的敬仰。徐霞客也听从云峰的建议，先去两岩；也说明霞客对这两位名僧是认可的。现在；就简介一下这两位名僧。

寒山又称寒山子，天台山的寒岩就是因他的隐居而得名。他经常往返于天台山国清寺和寒岩之间，喜作诗，因无纸就写刻在山石竹木之上，总共超过六百首，现存三百余首，即为《寒山子诗集》。他的诗多描述世态人情、山水景物，不少诗还演说佛理，诗风幽冷，别具境界，现举《杳杳寒山道》为例。

绝妙问答

笔者在国清寺参观时，看到这样一幅文字和图画，十分生动、有趣，又有哲理，马上就拍了下来。这段文字如下：

寒山问拾得：世间有人谤我、欺我、辱我、笑我、轻我、贱我、骗我，如何处治乎？

拾得曰：只要忍他、让他、避他、由他、耐他、敬他，不要理他，再过几年你且看他。

太好了，太妙了。时间过去了千年余，社会上仍然存在着寒山问拾得的七种丑恶现象。我们就要用拾得回答的七种办法去处治。笔者仅说第7种和第6种。现在骗子不少，有当面行骗、还有电话行骗，如何对付？不要理他。现在不少上当受骗的人就是做了不到这一点，不但理他，而且还相信他；在工作中、也会遇到有些人贱我、看不起自己。这时，我们往往针锋相对地贱他，结果矛盾越积越深，导致不愉快的结果。拾得教你敬他。你把自己的姿态放低，别人就不会贱你了。有一次电视上做节目，演员吴秀波就说，在工作中你和别人硬拼，往往双方都很紧张，就如我现在做节目，先给大家鞠一躬，请大家多指教，也就是学习做人处现在'不少人学禅，也就是学习做人处事的道理。特别对弱势人群，这样的处世哲学是可参考的。图见二页。

杳杳寒山道，落落冷涧滨。

啾啾常有鸟，寂寂更无人。

淅淅风吹面，纷纷雪积身。

朝朝不见日，岁岁不知春。

你看，这首诗把寒岩的山、水、风、雪和境、情组织成一幅寒岩冬日画面。这首诗使用了叠字，读起来朗朗上口。寒山被誉为唐代贞观时期的诗僧是名副其实的。还有一首著名唐诗与寒山有关，即张继写的《枫桥夜泊》。全诗如下：

月落乌啼霜满天，江枫渔火对愁眠。

姑苏城外寒山寺，夜半钟声到客船。

诗中的"寒山寺"，相传就是寒山曾住此寺，因而得名。笔者认为是可靠的，浙江的天台与江苏的苏州相距不是很远的，僧人往往也不固定在一个寺庙之中。

拾得原是弃儿，由国清寺僧丰干收养为僧，所以取名叫"拾得"。他不仅有作诗的天赋，而且对人生的理解也很深。他和寒山是好朋友，后人把他俩当作神仙，称为"和合二仙"。

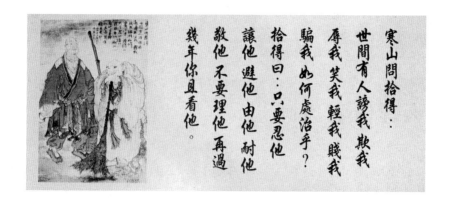

寒山問拾得：
世間有人謗我欺我
辱我笑我輕我賤我
騙我如何處治乎？
拾得曰：只要忍他
讓他避他由他耐他
敬他不要理他再過
幾年你且看他。

传说丰干是丰尚书（相当于部长）的儿子，他是一个放荡不羁的人，后来出家到国清寺当和尚。他也能作诗，有《丰干拾得诗》一卷。

寒山，拾得和丰干又被称为唐代国清寺有名的三位僧人。现在，还得介绍一下国清寺。

国清寺建于隋代，是一座千年古刹。寺庙位于浙江省天台县天台山南麓。寺庙大门上的匾额写着"国清寺"三个大字。在另一个门上，却写着"国清讲寺"。"讲寺"是以研究、宣讲佛经为主要工作的寺庙，和以修行为主的"禅寺"有所不同。原来，这里是一个学校和科研机构啊！唐代天文学家僧人一行（俗姓张，名遂）为了修订立法《大衍历》，遇到数学难题，专程来到国清寺，向精通算法的达真求教。正如少林寺以少林武功闻名天下，国清寺则以学问闻名天下！

2009年10月，笔者去国清寺参观，这里绿树成荫，寺内环境清洁。在寺庙的不少房向还见到了刚刚晒过的稻谷。导游告诉笔者，这里的僧人积极上进，除了日常勤奋学习佛经以外，还坚持着农耕的传统。

大理奇石废画苑

徐霞客常年在大自然中考察，他不仅钟情于祖国雄伟奇特的山山水水，对一草一石也充满了深厚的感情，这从他喜爱大理石中就可见一斑。大理石是中国著名的图纹观赏石，从古至今受到人们的喜欢和收藏。

370余年前的一六三九年的阴历三月十四日，徐霞客到达大理后，对大理石表现出极大的兴致。他在《徐霞客游记》中的"滇游日记八"中写道："观石于寺南石工家，何君与余各以百钱市一小方。何君所取者，有峰峦点缀之妙；余取其黑白明辨而已。"

徐霞客在外旅游考察，路费是很紧张的，而一到大理就以"百钱"购买一块小小的观赏石，可见其对大理石的喜爱。

买完石头后，他与何君就遍游大理的崇圣寺（即三塔寺）。他特地观看了嵌在佛座后的两块大理石。这两块大理石，各方七尺（约2平方米），厚寸许（约3厘米），并详细记述了这两块大理石的图案："北一方为远山阔水之势，其波流潆折，极变化之妙，有半舟度尾烟汀间；南一方为高峰叠嶂之观，其氤氲浅深，各臻神化。"

这两块大理石，一块有山有水，有波流回绕，还有半舟停靠在烟汀间，一派江南水乡的水彩画；另一块则是峰峦叠嶂，云雾升腾，犹如仙境，似云雾山中的真实写照。徐霞客对这两方石分别用了"极变化之妙"、"各臻神化"的极高评价。可见，徐霞客是一位欣赏观赏石的高手。接着，他又写到："此二石与清真寺碑趺（音夫，碑下的石座）枯梅，为苍石之最古者。清真寺在南门内，二门有碑屏一座，其北趺有梅一株，倒撒垂趺间。石色暗淡，而枝痕飞白，虽无花而有笔意。"

苍石即大理石。徐霞客对这一图案是枯梅的大理石也很喜欢。从评价中可

块块皆奇

徐霞客在云南大理，观赏了大理石后，发出『从此丹青一家，皆为俗笔』而画苑可废矣』的慨叹！徐霞客本身也是一个能画几笔，而且画得不错的业余画家吧。他在1637年五月初九日的日记中，写道：上午，南自大街一里』过谯楼，市扇欲书《登秀诗》赠绀谷、灵宝二僧』扇无佳者。从此可以看出，徐的书法不错；书画同源，书画也是宋明文人的基本本领。徐发出废画苑，可见大理石画面多么精彩。当代文人郭沫若先生也赞大理石的图案『相在心胸外』』大理石的图画非人的构思想像能够画出来的，系自然天成。在参观大理石时，得到一块大理石，他称《洱海月》，并作诗如下：

拾来洱海月，上有乌云玷。
黑白两分明，月云不相染。

实际上，图纹观赏石远远不止云南大理石一种。此图是笔者2012年前在贵州天柱奇石市场上拍摄的『草花石』，其图案也是十分美丽，有烟柳画桥，有田园春花，有旭日东升。广西红水河边的草花石、大化石、黔江石是近年来图纹观赏石迅猛突起的生力军，画面清新脱俗，为人喜爱。宋代文人苏东坡就特别欣赏图纹观赏石。他得到一种有白色纹理的墨石，像画水的著名画家孙知微所画的各种各样的水。他请人制作了一个丈八白色大盆装着这观赏石，放在一间屋里，取名雪浪斋，其石名雪浪石。到他那儿观石的人很多，苏也感叹『画师争摹雪浪势，天工不见雷斧痕』。实际上，你如果有兴趣也可以觅几块图纹石，不一定非得大理石，放在家中，陶冶性情，自娱自乐。

笔笔灵异

这也是笔者在贵州的观赏石之乡：贵州天柱县奇石市场上看到的一块草花石。简直就是一幅画，中间主体是一个有着优美曲线的椭圆形湖泊，湖水不深，下面的水草都能见到。湖岸边的树木花草画得好仔细呀，真是笔笔灵异。它综合了笔者看到的杭州西湖之美、武汉东湖之美、北京颐和园昆明湖之美，甚至是南国湛江的湖光岩之美。由于撇运时不小心，摔成了两部分，但摆放在一起就像两幅拼接的照片。摊主见笔者喜欢说，原本要价七八百元，由于摔成了两半，给100元就行。我由于考虑到路途遥远，最终放弃了。现在真有点后悔啊！徐霞客对大理石的纹理用『笔笔灵异』太到位了。

以看出他是很懂书和画的。飞白就是一种特殊风格的书法。笔画中露出一丝丝的白底，像枯笔写成的样子。在中国画中，飞白是一种枯笔露白的线条。他用"枝痕飞白，虽无花而笔有意"就把枯梅的图案活灵活现地呈现在我们面前。

在大理，徐霞客还到观赏石收藏家张顺宁家中观看了他的藏品后写到："新石之妙，莫如张顺宁所寄大空山楼间诸石，中有极其神妙者逾于旧者。……张石大径二尺，约五十块，块块皆奇，俱绝妙著色山水，危峰断壑，飞瀑随云。雪崖映水，层叠远近，笔笔灵异，云皆能活，水如有声，不特五色灿然而已。"

描写得多生动，石头上有山水，有危峰，有飞瀑，有雪崖：云是活的，水是流动的，仿佛能听见流水的声音。他们比上述三块旧石更神妙。徐霞客观后认为："故知造物之愈出愈奇，从此丹青一家，皆为俗笔，而画苑可废矣。"

确实，大自然的造化是出乎我们人类的想象的。大自然的鬼斧神工是比任何画家的画都要高明、生动、灿烂许多。徐霞客对大理石的赞誉居然道出了"丹青一家，皆为俗笔，而画苑可废矣"的感叹！

300多年过去了，今天无数的事实证明了徐霞客先生的论点。在不少宾馆、酒店、大学、单位等的大门处，往往竖立了一块硕大的大理石图纹石，作为该建筑或单位的"门面"，为其增光添彩。在这些地方的室内也可以看到不少大理石的装饰：如在一些宾馆大厅就是挂了大理石画；在人民大会堂云南厅的大屏风上，镶嵌了一块彩画大理石"山河云海图"，气势磅礴，雄伟壮观；作者所在的中国地质博物馆的外宾接待室，就悬挂了三幅大理石画。

大理三塔

1639年3月14日，徐霞客与何君来到大理的崇圣寺旅游与考察。这实际上是一次观赏石之旅。表现在以下四个方面。其一，在寺南石工家中观赏石并购石；其二，在崇圣寺后的净土庵的前殿中发现二方美丽的观赏石，他认为其上图案已经『神化』，认为它与大理清真寺中的碑跌枯梅，为苍石（即大理石）中最古者；其三，在大空山房楼间看到了苍石收藏家张顺宁的诸观石，认为『极其神妙』，并喊出了『从此丹青一家』，皆为俗笔，而画苑可废矣』；其三，他发现净土庵内的一庵，『其殿内外庭除，俱以苍石铺地，方块大如砖，此亦旧制也』，而清真寺则新制以苍石为栏壁之用焉』。你看，约400年前的明代，在大理的寺庙就用大理石来装修庭院的地面以及栏杆、墙壁等，且两种规格的大理石。从这四方面可以看出徐霞客是一位观赏石大家。在崇圣寺，除考察观赏石和崇圣寺外，还注意到三塔、钟楼、雨珠观音殿。他写道：……崇圣寺；前三塔鼎立、而中塔最高，形方、四旁皆高松参天。三塔名为千寻塔，是16层的八角形砖塔，用铜20多万吨，南北两塔高为43米为10层的方形砖塔，高69.13米。塔四旁皆高松参天。主塔名为千寻塔，是16层的八角形砖塔，用铜20多万吨，南北两塔高为43米为10层的方形砖塔。徐霞客认为『楼中有钟极大』，径可丈余，而厚兄尺，为蒙氏时铸，『其声闻80里』。两珠观音殿中的观音立像为铜铸，高三丈。现在，崇圣寺仍保存完好；尤其是三塔，挺立千余年不倒，现在成为大理文化的象征，也是大理的标志元素。崇圣寺内有一铸于公元871年的古钟（称南诏古钟）铜观音仍保千寻塔的西面就是钟楼。徐霞客认为『楼中有钟极大』，始建于唐长庆四年（824年）。塔累十二层，故今名为三塔。

纹枰坐对亦可喜

围棋是中国文人的娱乐活动之一。文人下围棋有着悠久的历史传统，在河南南阳出土的汉代画石中就有这方面的内容，明代也是如此。

徐霞客既是伟大的旅行家，更是一个文人。他不仅爱好围棋，而且水平较高。这可以从其"滇游日记十一"中知道。

一六三九年农历七月初六，云南当地名人马元康受其弟马元中之托第一次在家中见到徐霞客后，第一个动作就是拿出围棋子。徐霞客在游记中写道："元康即为投辖，割鸡为黍，见其二子。"这"投辖"就是拿出围棋子。

七月初七，他在《游记》中写道："雨。与元康为橘中之乐。棋子出云南，以永昌者为上，而久未见敌手。元康为此中巨擘，能以双先让。余遂对垒者竟日。"

这"橘中之乐"就是下围棋。你看，徐霞客和马元康下了整整一天的围棋。马元康为"巨擘"，应该是今天的九段高手，其水平应和聂卫平、马晓春等不相上下。他下棋可以让对方两子，而且还让对方先走。徐霞客能够和这位巨擘下了整整一天，说明徐霞客的棋力也很厉害，不然，这巨擘马先生早就不和他下了。徐霞客写道，在下围棋方面"久未见敌手"，即好久未见到真正的对手，说明徐霞客围棋水平是很高的。他还很识棋子，知道围棋子出云南，以永昌者（今保山市）为上。永昌即马元康家所在地，今天保山市境内。直到今天围棋子仍以云南产为上品，称为"云子"。

在七月初八，他在《游记》中写道："初八日，晨饭，欲别而雨复至。主人复投辖布枰。……"

你看，七月初八，徐霞客又和马巨擘下了一上午围棋。从行文中可以看出是马先生主动要求下的，可见两人是"棋逢对手，将遇良才"。从此，笔者推测徐霞客先生的围棋水平是相当高的，应和马元康巨擘不相上下，应该也相当

烂柯山下

烂柯山位于浙江衢州市。烂柯山名的由来和一则神话故事有关。1400多年前的南北朝时期的文学家任昉，在所著的《述异记》中写道：『信安郡（今衢州市）石室山，晋时王质伐木至，见童子数人棋而歌，质因听之。童子以一物与质，如枣核，质含之不觉饥。俄顷，童子曰：何不去？质起，视斧柯尽烂。既归，无复时人。』

后来，石室山被更名为烂柯山，烂柯山也被奉为中国围棋的发源地，『烂柯』也成为围棋的古称。2002年3月，我到烂柯山考察时见景区内的巨大的天生桥下即桥洞下，『石室』内铺就了一块长宽各20米的特大围棋盘。

棋圣聂卫平和棋王马晓春1993年和1995年两次专程来到烂柯山『朝圣』。自古以来，中国文人就喜欢并且能下围棋。到宋朝十分普及，苏轼在《观棋》一诗前言就写到：『儿子过乃粗能者，儋守张中日从之戏。徐霞客老家位于江苏经济发达地区，也应该是看棋长大的。到云南考察时，下围棋成为他交友的重要手段和主要的社交活动。一六三八年十月初五日至初七日，徐霞客写道：日日手谈于内署。手谈即下围棋。你看，徐霞客一下就是三天，比今天的青年人唱卡拉OK还带劲哦！

烂柯山被誉为道教的第八洞天。这和晋朝王质采樵观弈烂柯成仙的故事有关。唐朝诗人孟郊，就是那位写『谁言寸草心，报得三春晖』的为烂柯山也写了一首诗『仙易草一日内，人间千载穷。双棋末遍局，万物皆为空。樵客返归客，斧柯烂从风』。中国棋院院长陈祖德为此题词『衢州烂柯，围棋仙地』。

于今天的九段的水平。

徐霞客从一六三九年的七月初六开始一直到七月初八连续三天都在下棋。七月初七是下了整整的一天。游记中没有写到马元康和徐霞客谁胜谁负,笔者猜想初七的那一天应该是徐霞客胜多负少,不然,七月初八日,马先生不会主动要求再下。

一六三八年十月初五至初七日在云南昆明南面的晋宁,徐霞客就写道:**"日日手谈于内署"**。"手谈"就是指下围棋。你看一连三天,天天和唐大来等下围棋。如果水平不高,对方早就不耐烦了,然而连下三天,一定是其水平很高,就如同今天的三番棋赛一样。

徐霞客是一个有着多方面兴趣和爱好的人,也是一个多才多艺的人。徐霞客的围棋下得好,仅仅是他的一个侧面。如果你仔细阅读游记,可以知道他的书法写得很好,并且每到一地他都对碑刻的书法艺术充满了浓厚的兴趣,对于重要的有历史价值的还一一拓下来。这项活动在游记中多有记述。徐霞客还对古代的文学有很深的感情,在写游记时随手拈来,如在湖南郴州飞天山旅游时,就很自然地提到了苏东坡的"承天寺之夜"一文。你如果想在任何一方面有所成就,就应该养成多方面的兴趣,培养多方面的才能。现在的大学提倡学生文理兼修,文理交融,是非常有道理的。

山险路长万里行

先念题词

1985年10月5日，时任中华人民共和国主席的李先念，为纪念明代杰出的旅行家、地理学家徐霞客诞生400周年（1987年1月，为徐霞客诞生400周年）的题词：热爱祖国、献身科学、尊重实践。不少人认为，这三句话概括了徐霞客精神，笔者赞同并认为后两句可以细分为四句话：读万卷书、行万里路、思万般理、拜万人师。这四句话讲既要读书，又要实践，又要思考，又要向别人学习即拜师。对于地学、生物学等实践性很强的学科来说，行万里路即尊重实践又是重中之重！照片2007年摄于浙江雁荡山的岩壁上。

徐霞客是伟大的旅行家。他的行主要是步行，即走路。此外，还有骑马、坐船两种形式。他的游记中，几乎每天都记述了他行了多少里路。关于这方面的记载，阅读者往往不太看重，一眼掠过。如果，你仔细看看、想想，就会发现徐霞客"行"的距离、速度；"行"的地方都是古往今来的旅行家、科学家、地理学家、地质学家很少有人去过的。现仅以《游天台山日记》为例。这篇日记是《游记》的开篇之作，距2013年整整400年！

一六一三年，阴历三月三十，行30里。

四月初一日，早上骑马，在山峻路滑中冒雨，骑行25里；在山中舍骑步行15里，在筋竹庵吃午饭；饭后，步行35里抵弥陀庵宿。这一天行75里，其中步行达到50里，路是"山险路长"、"上下高岭，深山荒寂"、"路荒且长"、"路绝旅人"。初二日，午饭后，雨才不下了。他"越溪攀岭"行20里，黄昏时分抵天封寺才休息。

初三日，凌晨起床，登天台山最高处即华顶，中间经华顶庵、太白堂、黄经洞等地，上下约15里。行20里，至石梁。沿涧行8~9里，到断桥；又行里许到珠帘水，最后返回石梁，来回大约20里。当时，徐霞客是26岁的青年，在珠帘水处，还"赤足跳草莽中，揉木缘崖，莲舟（徐霞客同县的僧人，本次出游的旅伴。他的徒弟静闻后来和徐霞客一道远游湖南、广西）不能从"。直到"暝色四下，始返"。这一天，徐霞客是从凌晨大约4时到晚上大约8时，约16小时，都是在野外爬山中度过，共行55里。

初四日，徐霞客看到天气好，心情好，顾不上吃早饭，到最不该行的地方行了一回，即"石梁飞瀑"处。他写道："余从梁上行，下瞰深潭，毛骨俱悚。梁尽，即为大石所隔，不能达前山，乃还。"这不到40个字的描述，实际是一次不可想象的冒险的行动。笔者2009年11月去天台山石梁飞瀑考察，亲眼见了这石梁只有0.5~0.8米宽，长约10米，厚2.5~3.5米；要命的是这石梁并非平平坦坦的一块石板，而是不平，非常不平，似乎是中间高，两边稍低；石梁两边没有任何保护（如栏杆、铁链等）；石梁的下面就是一个落差35米的瀑布。稍一不慎，或者偶尔一滑就会掉下去，只要掉下去绝无生还可能。现在，当地绝不容许任何人（哪怕是探险家）在其上行走。听说，在下禁令前，就有人掉下去过。徐霞客走其上，感到"毛骨俱悚"的恐惧和害怕。他过不去，又走回来，真是大胆啊！他走完石梁，又坐观石梁。早饭后，行15里，抵万年寺。从万年寺到国清寺，又行40里；日暮，才入国清。这天行55里，又是从晨到暮，并且晨起的"梁上行"是惊险的！

初五日，冒雨骑行50里，日记中写道"骑至，雨亦至。……雨止，骑去"。走山路5里到明岩寺。这一天行55里，50里是冒雨骑行，也不轻松。初六日，凌晨出寺，行6~7里抵寒岩。从寒岩至步头15里，步头到坪头潭30余里。这一天走了近60里，还走了10里冤枉路。也是从凌晨走到日已堕。初七日，自坪头潭行30余里进山；又行4～5里，到桃花坞、鸣玉涧、琼台，抵国清寺，结束了天台之行。

徐霞客在天台山一共8天，从三月晦到四月初七共8天，行的路程和天气情况列表如下，读者一览就明了。

从表中可知，徐霞客先生这8天，有6天每天超过55里。最少的两天：一天是为躲避老虎伤人；一天是雨下到午饭后止，下午还冒雨行20里，到暮才止。一天55里以上，又是山路，又吃不饱，又是从早到晚，又无导游（导致走冤枉路），8天中3天有雨等等条件，多么艰难啊！我们可以想象，一个头戴草笠的青年人和一位中年僧人、几位担夫，行走在深山荒寂、路绝旅人、时而涧深流驶、时而峭壁如城、时而涧穷路绝、时而日已堕、无宿处的处境之下，这位带路的青年人需要多么大的勇气、胆量和智慧啊！况且一天是55里以上的行程。笔者2009年去天台山考察，清楚的记得，我坐的小轿车从石梁飞瀑到华顶在平坦又弯曲的山路上跑了约30分钟，至少30里吧。徐霞客四月初三日凌晨登完华顶，就步行到石梁飞瀑（中途越三岭）后，又不顾疲劳步行八九里到断桥、珠帘，这一天，他走了16个小时，真是不可想象！400年前啊！所以，徐霞客的"行"是惊人的。没有超人的付出，就得不到超人的成果。

时间	行程（里）	天气	路况
三月三十	30	云散日朗	有老虎夹道，遂止宿
四月初一	75	冒雨骑行	深山荒寂，路绝旅人，宿弥陀庵
四月初二	20	午饭后雨止	越潦攀岭，暮抵天封寺
四月初三	55	日光烨烨	登华顶抵石梁
四月初四	55	一碧如黛	不吃早饭走石梁，日暮抵国清寺
四月初五	55	冒雨骑行	移渡一涧，两山回曲，抵明岩
四月初六	60	映荫溪色	涧深流驶，逼身而过，游寒岩
四月初七	70	攒峦夹翠	涧随山转，涧穷路绝，回国清寺

挑夫肩夫难觅夫

400多年前，中国只有在通都大邑，有很少很少的馆驿、小店、旅馆接待游人（此时游人不是旅游的，多是出门办事的各类人），而在穷乡僻壤，则是找不到任何接待的地方。徐霞客进行不管是短期的还是长期的旅行都要自行解决衣、食、住、行等问题。这样，徐霞客出行必须随身雇一些担夫、轿夫等把粮食、衣物、甚至书籍带上。这些被雇用的人，在《游记》中，大都简称为"夫"。

对于徐霞客与夫的情况，鲜有人描述。这是不应该遗漏的，只有把这方面的情况写出来，才能把徐霞客的艰苦和成功的不易，更加生动地展现在读者眼前。

《游记》的开篇之作"游天台山日记"中就记载了徐霞客有担夫随行。文字如下：

"适有国清僧云峰同饭，言此抵石梁，山险路长，行李不便，不若以轻装往，而重担向国清相待。余然之，令担夫随云峰往国清，余与莲舟上人就石梁道。"

你看，徐霞客不仅有担夫，而且还是重担呢！笔者不可能，也没有必要把徐霞客在《游记》中，记述的夫的情况全部加以分析和论述。现在就描述1637年十月二十六日至十一月初三日，在今天广西左江流域考察时，徐霞客雇夫的情况以及和夫之间的关系。下面就摘录《游记》中的这八天的有关论述，然后分析、讨论。

第一天，十月二十六日，晨餐后，得两肩舆，十夫。……过水有岐北上山岗，其内为三家村。时日色已暮，村人自岗头望见，俱来助舆夫而代之。

你看，徐霞客雇了两架用肩担的轿子，一共是十夫；可见，其随行行李不少。这是一支"浩荡"的队伍，村民在山岗上一下就看见了，并且都跑过来帮舆夫抬轿。当时是行走在今广西天等县的笼茗镇境内。

第二天，二十七日，没有"夫"的记录。

肩舆与夫

一六三七年十月二十六日，徐霞客在《游记》中就写道：晨餐后，得两肩舆，十夫。你看了这张照片就知道了。它是两个人用肩抬的轿子。现在你到山区旅游时还能看到，如笔者到江西的庐山清山的西海岸景区、江西的三叠泉景区等都看到了肩舆，比这张照片上的要精致得多。这张照片是笔者在福建泰宁古城的群雕中的一张，很传神。实际上，中国不同的地方对肩舆有不同的叫法，四川人叫滑竿。中国当代著名地质学家黄汲清先生1940年3月在四川威远考察时就写道，3月19日，今日天气转晴，早餐后，全团徒步向山中出发，滑竿多乘抬出运行李随行。一直到新中国成立初期，地质工作者野外考察是离不开肩舆与夫，不仅抬人，还可以行李。但主要抬人。不管当时夫的情况如何，徐霞客的成功是离不开夫的劳动。

第三天，二十八日，上午，雾开日霁，候夫与饭不得。夫至起行，已近午矣。

你看，为了等待夫的到来，从上午一直等到中午才踏上行程。

第四天，二十九日，早雾颇重，旋明霁愈甚。候夫不至，余散步寨宅前后，……

这一天，徐霞客因为没有雇到夫，只好在今广西靖西县胡润寨宅的附近进行考察。

第五天，三十日，早寒甚。初雾旋霁，而夫终不来。……下午夫至，止八名。少二名。及各夫又不赍蔬米，心知其为短夫，然无可再待理，姑就之行。

这一天走到南陇村，天色已晚，在路上，他们认识了一位打柴的老人。轿夫和徐霞客同行到了他家中留宿。但老人不准轿夫与轿子进屋留宿。徐霞客强要留之，老人却说，我村里有夫送你，今天晚上就在家里休息等明晨，但你的夫不必留也。徐霞客也无可奈何，只好听夫立去。因为当时徭役众多，作轿夫代替徭役，也算一个美差，造成这里的人争相从事这项工作，从而使得持公家马牌的徐霞客额外增加了许多困难和麻烦。

第六天，十一月初一日，早雾，而日出丽甚。……换夫于罗峒村……复换夫（㵲村）……环堑中村聚颇盛，是曰下埂……乃饭而换夫，日将晡矣。

你看，这一天徐霞客经过了三个村庄，都换夫了。当然这种既费时又费力的事情，肯定不是徐霞客主动为之，而是不得不如此！

第七天，初二日，候夫流畔久之；然腹痛如割。夫至，舆之行……北行三里，有村在路左山下，复换夫行……东北八里，腹痛少瘥。有村在路左右崖之内，呼而换夫。……是为坪濑村……饭后夫至，少二名，以妇人代担。……有村曰六月。候夫甚久，以二妇人代舆。……溪之西，田畦环绕，辟而成坞，是曰飘峒，以石峰飘渺而言耶？换夫……有上控居人移栖于此。复换夫，行已暮矣。……是曰陈峒。峒甚辟，居民甚众，暗中闻声争出而负舆。又东一里，路北石山甚峭，其下有村，复闻声出换。……是日共行三十五里，以屡停候夫至。

这一天从早到暮，徐霞客被迫换夫达9次之多，分别是在河流畔、路左山下的村庄、路左石崖之内的村庄、坪濑村、六月村、飘峒村、上控村北一里、陈峒村、陈峒村东一里石山之下的村庄。平均一个小时左右就要换夫一次。在坪濑村和六月村，甚至出现了妇人代担和妇人代舆的现象。过一村就得换一次，最后两次是"闻声争出而负舆"，这有点强迫的意思了和"闻声出换"。在这一天的日记中，徐霞客写到由于屡次停下来，等候夫至，该日只行了三十五里。

第八天，初三日，天有阴云而无雨。村夫昧爽候行，而村小夫少，半以童子代舆，不及饭，遂行，以为去州近也。

这一天的夫少，一半都是童子，即未成年的少年。他们来不及吃饭，就上路了。从此，可见徐霞客路途考察的艰难。

从十月二十六日到十一月初三日，这8天的游记中，仅有二十七日一天未写到夫，其他7天都写到夫。归纳起来徐霞客的夫有以下3个特点。

　　a　夫的团队不小。一般大约有十名左右，包括两肩舆。

　　b　夫难找。二十八日，候夫与饭俱不得；二十九日，候夫不至；三十日，下午夫至，止八名；初二日，候夫流畔久之。以上描述了夫难找，表现在以下4点：（1）不按时来，只好等候，浪费时间不说，令人操心；（2）少来，夫的人数不够，必然增加了路途的艰难；（3）不来，根本无法启程，耽误行程，增加了出行的成本；（4）夫不合格。初二日，在坪濑村，以妇人代担；在六月村，以二妇人代舆。初三日，在那埂村启行时，半以童子代舆。不合格的妇女和未成年作为夫，不仅行动迟缓，而且效率也低许多。

　　c　多为短夫。主人雇夫，希望长一些，最好一年半载；不行，十天半月也行。而徐霞客雇的多为短夫，多在一年之内；在这一段路程中，初二这天居然换了9次之多。

　　从以上的3个特点，可见徐霞客不仅是一位伟大的旅行家，也是一位杰出的组织者和管理者。西南行的4年山山水水的考察行程中，与这些夫的和谐相处是一门很高深的学问。中国的夫中，什么人都有，少数人还有一些不良习性，管理起来是很难的，徐霞客花费了不少精力。《游记》一六三七年十一月二十一日至二十七日，就记载了这七天的情况。

　　第一天，十一月二十一日，浓云密布而无雾。候夫未至。……既午雨止，日色熹微，夫始至，复少一名，久之乃得行。……得一村，倚东山下，众夫遂哄然去。余执一人絷之，始知其地为旧州，乃结论（今广西天等县结安村）……见余絷其夫，一老人乃出言曰："铺司姓廖，今已他出，余当代为催夫。但都结（今广西隆安县都结镇）须一日程，必明日乃可。"候与上架餐饭，与不得已从之。检行李，失二鸡，乃镇远（今广西天等县进结镇）所送者。仍絷前夫不释。久之，二村人召鸡，释夫去。是日止行十里，遂止旧州。

　　你看，这天中午，夫才到而且又少一名，等了很久才启程。走到佶伦所辖的一村时，众夫逃跑了。徐霞客只好捆绑了一夫，这时，一老人说话了，说此地负责人（铺司）不在，我可以代为找夫，但到都结须有一天的路程，明天才能启程。吃完饭，徐霞客检查行李，发现少了两只鸡。谁想到徐霞客的行李中，居然还有鸡。但你仔细一想，这在意料之外却在情理之中。鸡是食物，并且是营养价值高的食物。丢了两只鸡，不释夫，村人同意找回后才放。从处理这个事件中，可以看出徐霞客不是一个单纯的文弱书生，而是一位有胆识、有智慧的、善于处理突发事件的文人。

第二天，二十二日，早起，天无雾，而云密布。饭后村人以二鸡至，比前差小。既而夫至，乃行。……乃下山得一村，曰陆廖村，数家之聚在山半。其夫哄然去，余执一人絷之，盖其夫复欲委之村人也。……所絷夫遍号呼之，其逃走山巅遍呼村人。久之，一人至，邀余登架，以黍饷而聚夫，余乃释所絷者日午乃得夫。……得数家之聚，曰那印村。夫复委之，其郎头他出，予执一夫絷而候之。……久之郎头返，已薄暮矣。其饷以鲫为供。

这一天又发生了和昨天一样的事情：走到陆廖村，夫又逃走了，照样抓方，解决完了；走到那印村，又不走了，等到村的负责人（郎头）到来，并给了饷才解决。发生这些事件的关键在于当时社会不稳定（处于明朝末年的动荡时期），路上时有贼匪，况且徐霞客所走之路又很荒僻。这样，当地的人只愿意打短夫，到了一个村庄，就得换夫；不然就哄然去。

第三天，二十三日，早雾四塞。既饭而日以东出。促夫至，仍欲从东北坞行。……午抵屯龙村……饭于郎头家。……下午夫至。……及升舆，尚少三人，遍入山追之。比至，日已西入山，余有戒心，竟止不行。

这一天，仅上午是走在路上，中午抵屯龙村后，由于轿夫少三人，一下午未成行，使徐霞客多么无奈啊！

第四天，二十四日，早起，霁色如洗。及饭，反有雾蒙四山，日出而净如故。及起行，……不肯走都结，仍返佶伦。……又一里半至结伦州。……宿于权州者家。是日约行四十余里，皆迂路也。

这简直是和徐霞客开了一个天大的玩笑，从二十一日开始，辛辛苦苦地在和天斗、和人斗了四天后，由于夫不肯前往都结，转了一圈，又回到了佶伦，要从另外的一条路重新开始。400多年前的野外考察，并不是那么容易的！它是既需要强健的体魄，更需要强大的精神力量来支撑的，光行路就如此之难啊！

第五天，二十五日，凌晨，权州者复送二里，至北村，坐而促夫者竟日，下午始行。……得旧州（即结伦旧州）村落。又东南下者半里，时及麓，舆夫递哄然遁去。时日已薄暮，行李俱弃草莽中。余急趋旧州……抵前发站老人家，已昏黑，……老人妇卧暗处……作呻吟声。余恐行李为人所攫，遍呼人不得。久之，搜得两妇执之出，谕以无恐，为觅老人父子归，令取行李。既而顾仆先携二囊至，而舆担犹弃暗中。已而前舍有一客户来询，谕令往取，其人复遁去。余追之，前所遗妪归云："老人旋至矣"。余令其速炊，而老人犹不至，盖不敢即来见余，亦随顾仆后，往负行李也。半晌，乃得俱来。老人惧余鞭其子若孙，余谕以不责意。已晚餐，其子�立，予叱令速觅夫，遂卧。

这天又是倒霉的一天。为了等夫和促夫在北村从凌晨开始一直拖到下午才启程。走了十里路，舆夫又哄然逃走，行李都遗弃在草莽中，此时已是日薄西山。徐霞客只好急忙下山走了半里，又在田间田埂上走了一里，找到了二十一日那位老人的家，但只有妇人在家。徐霞客费了好长时间，找到两位妇女，告诉她们不要害怕，要她俩把老人和其子找到，并取回遗弃的行李。后来，徐霞客又找到一位住此地的客人；顾仆和老人及其儿子以及这位客人加上徐霞客一共5人费了半晌的功夫，才把行李取回。吃晚饭时，徐霞客大声斥责其子，并令他赶快觅夫。

第六天，二十六日，凌晨饭。久之，始有夫两人，马一匹。余叱令往齐各夫。既久，复不至。前客户来告余："此路长，须竟日。早行，兹已不及。明晨早发，今且贯跣者，责令其举夫可也"。余不得已从之。

这一天，徐霞客只好在驻地附近考察瀑布和洞穴。

第七天，二十七日，早起雾甚。既散，夫骑至乃行。……过其东，则都结州治矣。……铺司狞甚，竟不承应，无夫无供，盖宛然一夜郎矣。州官农姓。是日为余生辰，乃所遇旧州夫既恶劣，而晚抵铺司复然，何触处皆穷也。

今天终于抵达了都结州，但铺司（相当于州官的助理或现在的办公室主任之类）狞甚，不接待徐霞客一行。这一天恰逢徐霞客的生日，想到沿途夫的恶劣，晚上好容易到达目的地，铺司也是如此态度，徐霞客不得不发出为什么我所接触到的人都是"穷凶极恶"的！夫是"恶劣"，铺司又是"狞甚"。

从佶伦到都结仅仅一天的路程，居然整整花了6天，主要原因就是夫，不妨简述如下：

21日，抵达佶伦旧州一村庄时，夫哄然逃走；行李中少二鸡；一老人出面调解。

22日，村人赔了鸡，在陆廖村和那印村，又发生夫哄然逃。走了一天，去都结仍有一天的路。此时，徐霞客不知夫欺骗他人生地不熟，实际是在走回头路。

23日，这天从那印村走到屯龙村。饭后，郎头（相当于村长）欺骗徐霞客走回头路，但升舆时少三人，未成行。

24日走回头路抵达偌伦州（离旧州不远）。这一天又在那印村吃饭（23日就在此村住宿）。此时，徐霞客已经知道要返回偌伦旧州。

25日从偌伦州又抵达偌伦旧州时，傍晚发生了舆夫哄然逃走，行李被弃草莽中的"重大事件"。徐霞客严正又果断的处理此事件，不仅保全了行李，还叱令铺司的代理人（老人）的儿子尽快寻找到夫。

26日，准备第二天启程的飞"夫"。一整天只好在偌伦旧州附近考察。

27日终于在徐霞客53岁生日时抵达都结州。徐霞客深深感到所遇偌伦旧州夫的恶劣，以及都结州铺司的狞甚！

从一六三七年十月二十六日到十一月初三日的八天，以及一六三七年十一月二十一日到二十七日的七天，一共15天，即半个月，徐霞客在"夫"的问题上，可以说是经历了一场"惊心动魄"、"无法想象"的战斗。370多年前在中国的大地上进行"旅行"和"考察"是何等的英勇壮举啊！

最后，笔者要说一下，夫的种种不良表现与明朝末年的生产发展水平和社会秩序有关，不能全部归咎于夫的身上。由于当时生产水平不高，夫都是（或大都是）一个家庭的主要劳力，真是一时一刻很难离开。你要他离开一二个小

环保之夫

时间过去了400年，"夫"今天仍然存在。如在山城重庆，他们被称为"棒棒"。生活工具就是一根"棒棒"。在中国有不少旅游名山，都可以见到肩夫和挑夫，抬人上山、下山的是肩夫，挑物地则为挑夫。笔者在中国不少名山考察、旅游时，不时遇到他们。我对他们充满了敬意。他们用自己诚实的艰苦劳动，帮助他人，帮助社会，让社会美好。在江西三清山考察时，在陡峭的山路上不时遇到他们，他们挑的是拆除山上违建的废料。只有他们一袋一袋往山下山要要高度集中精力，脚下的路是一步也不能踏空的奇怪。一根是挑物，另一根是挑人，作时能保持平衡，在休息时作为一个支架，节省了不少脑筋呢！你看挑夫本来就是一件体力活，节省一点体力，又没有缆车，只有他们一步一步在山路上背起的人又叫挑夫，找的地方多好，两个支点（中间为扁担，前后为重物）十分安稳，挑夫手扶扁担得到很好的休息。他们的劳动值得我们尊重。400年过去了，现在的夫不能和徐霞客时代同日而语。他们的劳动值得我们尊重。见29页上图和中图。

泰山之夫

2010年7月3日，我从大红门攀登泰山，中午已过，笔者未吃午饭，又饿又热又累，真难啊！这时几个泰山之夫，即泰山挑山工抬着一块大石头从我眼前走过，赤裸上身，肩上垫厚厚的垫子，脸上身上都是汗珠，太动人了！他们一步一步，齐心合力，协调一致，踏实地劳动、踏踏实实劳动。他们不是弱势的夫，但他们又何尝不是强大的顶天立地的人啊！他们活得理直气壮，他们活得阳光。见29页下图。

奋力工作

中途休息

泰山之夫

时或者半天、一天尚可，长了不行。他们希望越短越好，钱也赚了，家庭的活也不耽误。另外，当时，社会秩序不好，天黑之后是不敢还在路途上的，即不走夜路。这两个原因造成了夫的不良表现。

在广西境内徐霞客雇夫的艰难情况，地方官的一些不作为和狞甚，以及徐霞客身体不时犯病；仅这三方面，就可知道徐霞客的旅行，实际上应该说是长年的野外考察，所面临的艰辛和挑战，是我们21世纪今天还在从事野外工作的同志们无法想象的！写此文不仅让读者了解徐霞客野外考察时"夫"的具体场景和真实情况，而且激发大家在今天这么好的条件下，更应该克服种种困难，去取得优异的成果。

乾隆皇帝妙解夫字

满族出身的清代皇帝对博大精深的中华优秀文化极其推崇，乾隆皇帝堪称其中的代表。他不仅赋诗作画，研习书法，还对汉字潜心研究，理解也独辟蹊径，让人耳目一新。

乾隆皇帝下江南的路途中，有一段解字的趣闻饶有味道。有一天，乔装改变的乾隆在路上见一农夫扛着锄头，就故意跟身边的宰相张玉书开玩笑："这是什么人？"张玉书回答说："他是个农夫。"乾隆又问："农夫的'夫'字怎么写？"张玉书顺口答道："就是二横一撇一捺，轿夫之夫，孔夫子之夫，夫妻之夫，匹夫之夫都是这么写。"不料，乾隆听后摇头说："你这个宰相，这个夫字的写法也辨别不清。"

乾隆皇帝说："农夫是个刨土之人，上写土字，下加人字；轿夫肩上扛竿，先写人字，在加二根竹竿；孔老夫子上通天文，下晓地理，这个夫字写个天字出头；夫妻是两个人，先写二字，后加人字；匹夫是指大丈夫，这个字先写个大字，加一横便是。用法不同，写法有别，不能混为一谈啊。"

这位皇帝这样解释汉字，与他身为满族人始终认为汉字是会意文字有关。他平常接触满文，对汉字的理解角度与司空见惯文字的汉族人产生了差异，在他看来，能称得起一个字，必定与他的职业、身份有关联。而宰相张玉书看来，字就是那个字，用在哪儿，字形都一样，有什么特别的？乾隆却不同，他经过与满文的对比发现了字形与字意的勾边与妙处，反弹琵琶，对一个普通的汉字进行了如此精彩的解析，解释的对不对，暂且无须跟研究语言的学者切磋，仅这样的思维过程就很特别，至于学术上的正与误、偏颇与否，其实显得不大重要了。也许正是钻研，让他在管理江山社稷的闲暇时间，自觉自愿地传承中华文明瑰宝并成果颇丰；乾隆的书法自成一派，诗歌上的创作数量更是惊人，历史上能写四万首诗的皇帝恐怕也只有他一人。可见他对汉民族文化的痴迷和酷爱，其刻苦程度也是一般文人都难以做到的。

废寝忘食观石梁

《徐霞客游记》的开篇之作是"游天台山日记"。"石梁飞瀑"则是开篇之作中最重要的景观，不仅是天台山第一景，也可以说是整个《游记》中的第一景。下面谈谈他是如何观察、考察、记录这一景的。

一六一三年四月初一日，在去天台山的国清寺的大路上，徐霞客在吃午饭时遇到了国清寺的僧人云峰。云峰告诉他（肯定徐向他打听了）从此地到石梁，山险路长，带行李不便，应该轻装前往。徐霞客就令担夫随云峰前往国清寺等待，他和莲舟上人直接奔向石梁。这天又走了30里到弥陀庵住下。初二日因下雨，晚上才行到天封寺。初三日，上午登了华顶；下午走了20里路才抵达石梁，徐霞客观看了两次石梁飞瀑。

他写道：

过上方广，至石梁，礼佛昙花寺，不暇细观飞瀑。下至下方广，仰视石梁飞瀑，忽在天际。

第一次是到达石梁，礼佛昙花亭（向亭中的佛像致敬）后，没有顾得上仔细观飞瀑。他马上走到下方广寺（两地距离很近，大约为10分钟的步行距离），仰视石梁飞瀑，这是第二次。在看完断桥和珠帘这两个景点后，第三次来此观石梁飞瀑，他写道："观石梁卧虹，飞瀑喷雪，几不欲卧。"

这就是他这一天三观石梁飞瀑。1.不暇细观飞瀑；2.仰视石梁飞瀑，忽在天际。这个景观十分高大壮观，像在天上一样；3.石梁如一个卧虹，太妙了。石梁在地学上叫天生桥，而把桥称为虹则是诗人的写法。如李白诗就有**两水夹明镜，双桥落彩虹**。而其下的瀑布，奔流如"飞"，水也粉碎得像天上降下的"喷雪"。他把石梁比喻为"卧虹"，把飞瀑比喻为"喷雪"，多么美丽。他几乎不想睡觉。

初恋情人

这是笔者2009年10月16日，在浙江天台山石梁飞瀑处拍摄的。当我看到这一景观时，有一种多年愿望实现的满足感。《游记》中的开篇景点就是他。当徐霞客心目中永远挂念的山水情人。1632年，即近20年后，他第二次游天台山。写道：又十里，过上方广寺，抵昙花亭，观石梁奇丽。若初识者。此时徐已47岁，第一次为28岁，从青年到中年，徐霞客始终眷念着她。

石梁的奇丽美妙，如同初恋的情人！石梁不奇，奇在瀑布之上有石梁（天生桥），匡庐之瀑浩浩如江河！唯有天台之瀑，雁湫之瀑烟苍苍，中条之瀑雷琅琅罕见。近代学者魏源就写道：瀑不罕见，但瀑布之上有石梁，两个罕见加在一起就十分罕见了。其二，天生桥不罕见，但天生桥下有瀑布罕见，这两个罕见加在一起就十分罕见了。这样的神奇有两点。其一，石梁之瀑的神奇美妙，观其险奇，今人叹观止。

笔者在中国大地上见过的类似景观只有在河北省阜平县的地质公园，但这儿的生态环境远远比不上天台山，但也有自己独特的风韵，有兴趣的朋友，有机会不妨去欣赏一番，离北京市只有大半天的旅程。

第二天，即初四日，徐霞客顾不上吃早饭，来到昙花亭，仔细观察了石梁飞瀑。他写道：

石梁即在亭外。梁阔尺余，长三丈，架两山坳间。两飞瀑从亭左来，至桥乃合流下坠，雷轰河隤，百丈不止。

他观察石梁有四个特点：1.石梁在亭外；2.石梁阔尺余；3.石梁长三丈；4.石梁架在两山坳间。飞瀑有三个特点：1.飞瀑是从昙花亭左边来的两股瀑布在石梁（即桥）处合流而成；2.飞瀑的声音很大，犹如雷声轰轰和河流决堤；3.飞瀑的高度，即落差超过百丈（今实测为35米）。你看，徐霞客观察得多仔细多具体。

第一天（初三日）三观石梁飞瀑，主要是远观，是欣赏，得到的结论是一般游人的感受，是文学上的、美学的，即石梁飞瀑是卧虹加喷雪，红色为主的彩虹和白色为主的喷雪，静静的卧虹和灵动的飞雪。第二天早上第四次的观察就显出了作为地学家的特点。石梁，他写了宽和长的数据及位置；飞瀑，他写了水流特点和声音以及落差。这些内容都是第一天没有的。这就是徐霞客和普通旅游者不同的地方。

更使人佩服的是徐霞客冒着生命危险，在初四日还在石梁上行走了一个来回。他写道：

余从梁上行，下瞰深潭，毛骨俱悚。梁尽，即为大石所隔，不能达前山，乃还。过昙花，入上方广寺。循寺前溪，复至隔山大石上，坐观石梁，为下寺僧促饭，乃去。他只用了"毛骨俱悚"四个字。

作为一个探险家，他真是恐惧了，害怕了。笔者2009年，到石梁飞瀑考察，见到了这一独特的险要的景观。随行的导游小裘告诉我，现在严禁任何人在石梁上行走。因为行人掉下去就没命了，而且也发生过这种悲剧。徐霞客走完石梁后，又到对岸一块大石上面，坐观石梁。这是他第五次观了。1.不暇细观；2.仰视；3.观；4.从梁上行，下瞰深潭；5.坐观。这一次坐观的时间，直到下方广寺的僧人催促他吃饭才离去。徐霞客对于石梁飞瀑一景痴迷到了废寝忘食的地步。晚上不想睡觉；第二天一早起来就又来了，又看又走石梁，直到僧人喊他回寺院吃饭。那时，没有手机，僧人只好到现场喊他吃饭。现在则可用手机发一个短信"徐霞客僧人喊你回寺院吃饭！"

徐霞客对石梁飞瀑考察中的聚精会神、专心致志的精神值得我们学习外，其方法也是值得我们今天的科学工作者，特别是地学、生物学工作者学习的。一是观察的角度。对同一个事物，从不同的角度和方法（不暇细观、仰视、下瞰、坐观）观察才能获得全面的、准确的知识；不然，就会产生"瞎子摸象"的片面的，不准确的结论；二是尽可能长时间的观察。石梁飞瀑，就是花岗岩中的一个天生桥和其下的瀑布，徐霞客前后5次，观察的时间不小于3～4个小时。当然今天，我们不一定要观察这么长时间，因为我们有了不少现代科技的帮助，如照相机、摄像机、录音机等等。但我们对一个事物还是不要走马观花尽量要"下马看花"；必要时也应该停下来，详细细细观察。三是一定要有数据。徐霞客对石梁和飞瀑都有数据，尽管不太准确，但远胜于无。

觅人结桴探水洞

荡映幌漾

徐霞客乘坐的筏很特别，文中写出道：「项间联桴已就，复以岩中大梯架其上，上更置木盆。你看，其筏上架梯，梯上置木盆。霞客只能『蹲坐』。余乃蹲坐盆中，架足梯上』。现在则只能『蹲坐』了。笔者在福建上清溪漂流时，由于峡谷很窄狭，其竹筏只用8根毛竹捆绑，一个竹筏上只坐了3个人，但座位是有靠背的竹椅，相当舒服。由于是峡谷河漂流，不少地段激起的浪花有半米左右，扑进竹筏，我们都穿上了雨衣，但有时还全身都打湿了，但我们感到凉快、愉快，真正体会到了『智者乐水』。在峡谷中不时传来尖叫声、欢呼声。

在1613年四月初五日，去天台山的明岩旅行时，徐霞客对坐竹筏应该是很熟悉的。钱塘江支流曹娥江，水势很急时，他想到了找竹筏过江。但他『四顾无筏，负奴背而涉』。由于『深过于膝，移渡一涧，几一时』。图片上的竹筏是笔者在上清溪乘坐的，为了照这张照片，我和撑筏工都站在照片的后面；图片上的峡谷风光真是『劈翠夹琼』啊！

我考察过不少水洞，都是坐着小船，多半是电瓶船，上面有掌舵的，把握着方向，使我们比较舒适地在曲折多变的地下河中穿行，从而从容不迫地欣赏地下河中、地下河两旁，以及地下河河顶上各种美丽的石钟乳以及石笋。那么，300多年前的徐霞客是如何考察水洞即地下河，以及他乘坐的是何种船呢？带着这些疑问，我阅读《徐霞客游记》，终于在其"粤西游日记二"考察广西融县（今融水县）的真仙岩中找到了答案。我不妨把这一大段文字抄在下面，略作解释：

29日（即阴历1637年的6月29日），晨起余促参慧觅（寻找）结桴（fu音符，即小筏子）者。未行而昨所期樵者（昨天所遇到的砍柴者）群呼而至，谓予曰（对我讲）：'已入洞否？'（是否入洞）余应以待舟。樵者曰：'舟不能至。若联木为桴，余辈从水中夹之（在桴的左右用力）以入，便于舟同'。余令参慧以觅人钱畀（bi音碧，寻找人并给钱来完成此事）之，其人群而负木（背着木头）入溪，伐竹为筏。顷间联桴已就，复以岩中大梯架其上，上更置木盆。余乃踞坐盆中，架足梯上（你看，徐霞客多么潇洒、独特；他是坐的单间——盆中，脚则伸出盆外）。诸人前者牵引，旁者夹篙，后者肩耸（你看，徐霞客一人考察，却至少要3个人才能使小筏前进在地下河中），遇深渊辄（zhe音哲，就）浮水引之，遥不能引，辄浮水夹之。始由洞口溯流，仰瞩（看）洞顶，益觉穹峻，两岸石壁，劈翠夹琼（翠和琼均是代表美玉），渐进渐异，前望洞内天光遥遥，层门复窦，交映左右（指洞内的光线很美丽）。从澄澜迴涌中（澄指地下河的水清澈；澜，水的波浪），破空蒙而入，诵谪（zhe音哲）仙（谪仙，受了处罚，降到人间的神仙，后专指唐诗人李白）流水，杳（yao音窈）然（深远）别有天地，洵（xun音旬，实在）若为余此日而亲道之也。既入重门，崆峒上涵，渊黛下潴（zhu音朱，积水的地方），两旁俱有层窦盘空上嵌，荡映幌漾（小筏来回荡使水面微微动荡），迴睇（斜着眼看）身之所入，与前之所向，明光皎然，彼此照耀（此时可能正在一天窗处，地下河的明亮处，所以徐霞客用了明光皎然、彼此照耀这8个字）。人耶仙耶，何以至此耶，俱不自知之矣！（徐霞客游地下河即水洞的高兴跃然纸上，他仿佛是神仙了）！挟桴者欲从其中蒸（ruo音弱）炬登崖，以穷旁窍（qiao音俏，窟窿，此时驾筏者也来劲了，要举着火把登崖，继续探旁边的支洞）。余令先溯流出后洞以穿穷明窦。及复浮水引桴，遂抵洞门。其门西南向，吸川饮壑。溪破石而下，桴抵石为所格（抵触，如格格不入），不能入溪。乃舍桴践石而出洞，又割（huo音豁，东西破裂的声音）然一天也（注意此'一天'是指别有一番天地，即和水洞的景观完全不同）。（徐霞客出洞观察了一下洞外的景观）……而挟桴者俱候余仍游洞内，乃返而登桴，顺流入洞。仍抵中扃（jiong音镜，门或门扇）。视东两

铁筏漂流

船和铁筏

铁筏漂流

2010年11月7日，笔者去广西南岭下的资源县的国家地质公园的天门山景区考察，主要项目就是资江漂流，乘坐的有漂亮的船或铁筏。我还未考虑选那一种，景区的老板就推荐我乘坐铁筏，他说铁筏观景效果好，为360度都通透。我上了这铁筏，太棒了！它较之传统的竹筏有三大进步：一是筏上有顶篷，雨淋不着，日晒不着；二是筏上有栏杆，十分安全；三是安装了一个马达，工人不用撑篙了，只需掌握马达行驶的方向。这就是400年的进步啊！科技的进步，经济的发展，你就可以深深地感受到。那天，我在蒋局长的陪同下，在资江漂流了半个小时，那资水是那么清，水纹清清楚楚，两岸的树种那么丰富，樟树茶树漆树等等郁郁葱葱，加上红色岩壁，真是万类霜天竞自由

两旁俱有穴可登，而西岩穴高难登。且前游暗洞，已仿佛近之，而东岩则穴竟门纷，曾未一历。遂爇（ruo 音弱）炬东入。其上垂乳成幄（wo音卧，帐幕），环柱分门……，仍引桴下浮，欲从溪中再上，而溪岩亦悬，无由上跻（登）……乃从桴更入洞，其下水口旁洞俱浅隘，无他异。始绝流引桴，还登东崖，诸人解桴撤木运归旧处（徐霞客的环保意识多强啊！）

人耶仙耶

徐霞客笔下的桴和筏是有区别的。"联木为桴"、"伐竹为筏"，桴是木制的，筏为竹制的，但在文中统一为筏了。徐霞客乘筏探水洞十分高兴，发出了"人耶仙耶，何以至此耶，俱不自知之矣！"现在，人们乘竹筏探水洞不多了，主要是进行溪间或峡谷漂流，这是一个十分愉快的旅游项目。笔者在福建的武夷山、福建泰宁的上清溪、江西龙虎山的仙水岩等地都乘竹筏进行了漂流，感觉和徐霞客一样，成为幸福的神仙了！这是有三方面的原因造成的。一是凌波轻筏。竹筏一头贴水，一头挠起，造型古朴。撑排（筏又叫排）人把竹篙斜斜地往水里一点，脚下微微一蹲，竹排便像一条美人鱼，无声地往晶莹的水面滑去，游人便进入了美丽的浪花和水花之中。在前进中，微波细浪拍击着排沿，仿佛在轻轻地唱着一首抒情歌曲。令人陶醉！二是撑排人的技艺和口才。在漂流中水流是不一样，时而水面平静如镜，时而奔突激流，撑排人稳稳地掌控着竹筏，令人竖大拇指。最让人难忘的是眼看要撞上一块礁石，竹篙轻轻一点，就闪过去了，突然又要撞上崖壁了，竹篙又轻轻一点，刚好擦岩壁而过；撑排人技艺高超，专心致志地和激流、险滩、暗礁较量，搏斗时的四两拨千斤的技艺给我们很大的启发啊！人生中再大的困难和艰险，你也要像这些撑排人一样冷静面对，沉着应付。现在的撑排人都很幽默、风趣，他们既能讲古代和现代的各类故事，把游人逗得开怀大笑；还能唱当地的以及流行的歌曲，也令人捧腹。三是游人全新的舒适的浪漫的感受。竹筏漂流就像徐霞客先生所写的四可：可坐、可卧、可倚、可濯。尤其是那跳跃的水花飞溅到筏上，偷吻你的双脚，多么惬意啊！有时，你还可以用手抚摸这柔软可亲的溪水，感知她的温柔。你不用走一步路，两岸的景色就足够令你赏心悦目。这时，笔者就会想到明代（和徐霞客同一时代）举人池显方在《上清溪游记》中所写："转一景如闭一户焉，想一景如翻一梦焉，会一景如绎一封焉，复一景如逢一故人焉。出口不复识，如渔父之别桃源也。"确实如此，竹筏漂流看景，如同走进不同的人家，如同做了一场美梦，如同读了一封热情的信，如同相会了一个知心朋友。

　　人在筏上观溪岸的茂林翠竹，奇花异草，如在画廊观画，有移篙见奇，涉目成趣之感。图片上的画面是笔者2009年考察广西凤山三门海风景区所摄。三门海实际是一个很长很长的地下河通道，也可以说是一个水洞。由于地质作用，中间水洞有三个地段洞顶塌落，形成了水上天坑。这样，我们坐一段竹筏进入水洞，洞内如徐霞客所说：**劈翠夹琼，渐进渐异**！水洞游完了，竹筏就进入另一个水上天坑即无顶的洞，也就是"海"。我们在竹筏上依次经过了三个洞，三个海；这洞仿佛是海的门，所以叫"三门海"。这次旅游考察是笔者最难忘的、最高兴的、最满意的一次经历；尤其是导游小姐在水洞中高歌一曲，当地优美民歌的歌声至今仍在耳边回响；真正感觉做了一回神仙。

三门之海

广西河池市凤山县是世界地质公园所在地。三门海景区是其重要景区。三门海是一个地下水洞，有三个大的天窗，把其分为三部分明暗相间的水体。坐竹筏游三门海是件十分赏心悦目之事，可以体会到做神仙的之感觉。

洞中生活十三天

　　徐霞客旅游、考察、探索住在什么地方？这不止一个答案。徐霞客第一个最常住的地方是寺庙，这从他旅游、考察、探险时随身的两个人就可知道：一个是顾仆，专门给他出力气，背书背行李的；另一个就是静闻和尚，专门为了住宿方便。徐霞客出行时第二个最常住的地方应是船上，在300多年前，出行的主要交通工具应是船，所以住船是最方便的。

　　读了《徐霞客游记》中的"粤西游日记二"后我了解到徐霞客在出行中的第三个住处就是洞穴，我真未想到徐霞客在1637年（即50岁）的阴历的6月25日至7月7日竟在广西融县（今融水县）的真仙岩洞中连续住了13天之久。我不妨把这13天的情况简述如下：

　　6月25日，"夜雨适来，参慧（和尚）为炊粥以供，宿岩中，蚊聚如雷，与溪声同彻夜焉"。

　　6月26日，"憩（qi音气）息真仙洞中者竟日。参慧出市中。余拂岩中题识读之，为录其一二可备考者……"

　　6月27日，"憩息真仙洞中"。

　　6月28日，"既抵岩，……欣然就卧"。

　　6月29日，"仍东南二里抵真仙岩。时适当午，遂憩岩中……"下面徐霞客描述了真仙岩中的情况："真仙岩中明爽可栖，寂静无尘，惟泉声轰轰不绝，幽处有蛇，不为害，而蚊蚋（rui音锐，吸食人畜血液的昆虫，幼虫生活在水中）甚多，令人不能寐（mei音妹）。二十八中夜，闻有声甚宏，若老人謦（qing音项）咳然，久而不绝。早起询之，乃大虫（即老虎）鸣也。头大于身，夜潜穴中，然惟此夕作声，余寂然。"环境多么险恶啊！看来徐霞客先生睡觉时对声音的反应特别敏感，蚊蚋之声以及泉声使其夜不能寐。而面对老虎

天下奇观

徐霞客居住在洞中的13个日夜，工作是相当繁忙的，这其中拓碑这项艰苦的工作占去了好几天。有两天，即七月初一日和初二日是拓黄山谷的，摘引如下：

七月初一日，早起以跌伤故，姑暂憩岩中。而昨晚所捶山谷碑犹在石间，未上墨渖，恐为日烁，强攀崖揖之。甫竟，而参慧呼赴晨餐。余乃去而留碑，候燥，丞餐而下，已为人揖去。

初二日，……乃还洞再拓黄碑。

你看，徐用一晚上和一个上午，带伤工作来拓黄山谷的碑，成果被人揖去。他不灰心，第二天上午，再拓黄碑。从此可以看出，他对北宋大文人黄山谷的喜爱和看重。

黄山谷即黄庭坚，号鲁直，山谷道人，今江西修水人，宋英宗时进士。他是北宋著名的诗人和书法家。他和秦观、晁补之、张耒并称为『苏门四学士』，即宋代大文人苏东坡名下的四大弟子。黄庭坚以诗著名，当时和苏东坡齐名，同列于『苏（东坡）、黄（庭坚）』，他在书法上也和苏东坡齐名，并称『苏黄』，他列于苏（东坡）、黄（庭坚）、米（芾）、蔡（京）宋四家之中。

黄庭坚的『天下奇观』的碑，是笔者在今河南省邓州市古城的花洲书院中看到的。花洲书院是北宋政治家、军事家、文学家范仲淹创办的，脍炙人口的《岳阳楼记》就诞生于此。

则处之泰然，在叙述中没有丝毫的恐惧。

七月初一日，"早起以跌伤故，姑暂憩岩中"。

初二日，"……出洞后知天雨。洞中溪声相溷（hun音混，混乱）晴雨不辨。……下午仍憩岩中"。

初三日，"坐洞中侯拓碑者。……仍从莽中下山一星，由石梁转入岩而饭焉"。

初四日，"而拓者既去，参慧未归，姑守囊岩中，遂不得行"。

初六日，"洞中事完，……而是日雨忽沛然，余不顾，晨餐即行。……再以入洞，反若更生焉"。

初七日，"参慧早赴斋坛，余以衣濡（ru音如，沾湿）未干，自炊自炙于岩中。……薄暮乃返洞取囊，以就城南逆旅……迨（tai音代，等到）夜拥刍（chu音除，喂牲口用的草）而卧，雨透茅滴沥，卧具俱湿。"这天出洞住在茅草屋中。初八日，就住在舟中了。

元祐党籍

这是一个中国历史著名的宋代石碑。徐霞客先生在一个多月前的5月11日，在桂林的龙隐岩已见过此碑，称赞其『龙著者也』。七月初五日，他在真仙岩洞中又见到另一种制式的元祐党籍碑，又拓了。他写道：会拓者以余纸拓元祐党籍，此碑为宋知军沈睟所刻。以其祖亦以名籍而大，故以家本刊此，七月初五日，徐霞客还和僧人、道士一起，精心拓韩忠献王《画鹊行》《老君洞图》与像。

元祐党籍碑，记载了北宋末年围绕王安石变法而引起的『元祐党争』的重大历史事件。崇宁年间（1105年）奸臣蔡京利用宋徽宗的信任，排除异己，陷害忠良，将司马光、苏东坡等309人列为元祐奸党，并在全国各州县刻碑公之于从。元祐年为宋哲宗时代，从1086年至1094年，由于哲宗上台时仅为10岁，由其母高太后掌权，改年号为元祐。这些人虽说反对王安石新法，但由于新法推行后取得的成绩，他们也是认可的，同时对王安石的人品也是认同的。这样，他们与另一保守派、哲学家程颐为代表的集团产生了矛盾，蔡京利用这一矛盾，生了元祐党籍碑。实际上，就是政治上的一份黑名单。第二年，宋徽宗省悟，下令把其以及后代置于死地。全国的元祐常籍碑基本被毁。时隔93年后，1198年，元祐党人梁焘的曾孙梁律出任静江府铃辖，将家藏原碑拓片带到桂林，重刻于龙隐岩。此碑全国仅存两块。徐霞客先生把两块都看了，主要是因为该碑有极高的书法价值和史料价值外，主要是因为当时即明末的东林党人也受到奸臣魏忠贤的迫害；而东林党的重要人物、领袖均是徐霞客先生的故交与朋友。

徐霞客在洞中这么艰苦的环境中住了13天，然而这13天中，他却每天都做了大量的工作，我们也简述如下：

六月二十六日，他抄写并记录真仙岩洞中的摩崖石刻；二十七日，拓碑；二十八日，探真仙洞的旱洞，并为探水洞作准备；二十九日，上午探真仙岩的水洞，下午探刘公洞；七月初一日，带伤强攀崖塌黄山谷（即宋代名诗人黄庭坚）的碑文等；初二日，再拓黄碑；初三日，继续探洞；初四日，一整天和拓碑者打交道；初五日，为拓碑忙碌了一整天；初六日，倾盆大雨，徐霞客冒大雨探铁旗岩和龙岩（前者为新辟，后者高悬）两洞，初七日，冒雨找船。

救命微物银耳挖

一六三七年二月十一日，徐霞客和静闻、顾仆在湘江遇盗后，身无寸丝，根本无法上岸。徐霞客在十二日的游记中写道：

十二日，邻舟客戴姓者，甚怜余，从身分里衣，单裤各一以畀余。余周身无一物，摸髻中犹存银耳挖一事，余素不用髻簪（用来绾住头发的一种首饰），此行至吴门，念二十年前，从闽返钱塘江浒，腰缠已尽，得髻中簪一枝，夹其半酬饭，以其半觅舆，乃达昭庆金心月房。此行因换耳挖一事，一以绾发，一以备不时之需。及此坠江，幸有此物，发得不散，艾行可披发而行，遂至不救。一物虽微，亦天也。遂以酬之，匆匆问其姓名而别。

从上面这段描述中，可知徐霞客对这次漫长而艰苦的西南之行，无论从思想上，还是在物质上，都做了充分的准备，其中就包括小小的银耳挖。湘江遇贼，其跃入江中，能够生还，是和这"银耳挖"有很大的关系的。笔者称其为"救命银耳挖"。

从这里，我从内心佩服徐霞客是一位野外考察的行家。我是一位从事了数十年野外工作的地学工作者，亲身也经历了类似的事情，写在下面希望对读者旅游或出差有些许帮助。

20世纪60年代，我在中科院做研究生时，和我的导师、著名地理学家赵松乔先生，一起去甘肃境内的腾格里沙漠考察。从北京出发时，赵先生随身带了一方形铁盒装的义利饼干。跑野外时，放在越野的吉普车上；住旅馆时，放在房间内，他从来不吃。有一天，我们几位青年小伙子到他房间，请赵先生把饼干盒打开，让我们把饼干吃掉。（当时的中国吃饼干可是件很奢侈的事，所以我们才有这样的要求。）赵先生十分严肃的对我们说，这饼干是"救命饼干"，只有生命受到威胁时才能吃，不到万不得已，坚决不吃。你们要吃，返

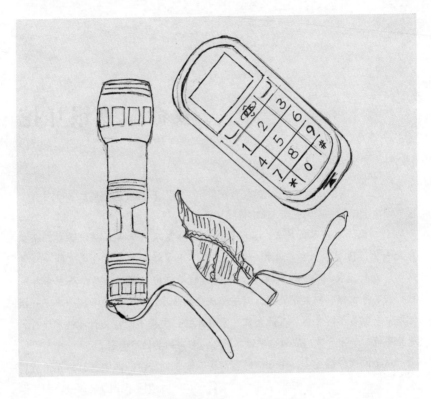

救命三件

徐霞客时代的救命银耳挖现在基本没人用了：一，男人不留长发，不仅不用簪子，银耳挖也很少用；二，银耳挖市场所售很少，购买的人也少，银器很容易生锈，笔者在湖南专门买了一个银耳挖，花费80元，没用多久就生锈了！笔者认为今天出野外或旅游，最需要携带的就是这三件：手机，和外界联系必不可少的通信工具，记住每天都要保持手机充足电；手电筒，很小的装5号电池或6号电池的、带足备用电池；哨子，图上画的是笔者在海边购买的很小很小的海螺制作的哨子，比小螺号还小得多，可声音很响亮。这三件也可称为今天的「救命微物」，实际上不少手机带有手电功能，但手电更好把握方向。当然，这仅仅是装备方面，必要的水和食物是万万不可少的。不怕一万，但要防万一啊！

回北京时到我家里，不仅请你们吃饼干，还请吃饭。我每次都是从北京出发带上，又带回北京。铁盒饼干的完好，表明了这次野外工作的安全、顺利。这"救命饼干"的故事，过去了50年，我仍然没有忘记。这"救命饼干"和"救命银耳挖"提醒我们在进行野外工作，哪怕是登一次泰山，看一回溶洞，都要做好方方面面的准备。

十年前，我和中科院古脊椎所的卫奇先生在河北泥河湾考察。他对我说，他随身携带了GPS定位仪，还有手机，发生了意外都能和外界联系上。确实如此，这两个物件可以清楚地告诉别人，你所在地理位置，意外发生后，有利于救援。

现在不少驴友或青少年到"野山"和"野洞"旅游、探险，有时会因各种意外被困需要救援。但除了手机和GPS还是远远不够的，还应该带上以下物件：哨子、红布（或红绳）、打火机（或火柴）、手电、罗盘、小型铁镐。

哨子，又小又好带，作用最大。有一个真实的故事，南方农村一小女孩迷路了，村里组织了寻找队伍，敲锣打鼓，到山中寻找；到第五天时，小女孩听到了声音，但她此时筋疲力尽了，捡了根棍子（树枝）往石头上敲，但声音太微弱了，外人根本听不见，所以错过了，直到第八天，才被发现。如果此时，她有个哨子，情形就会使另外一个样子。

现在，人们走向大自然、领略大自然的美好风景的愿望和兴奋，与日俱增，但由于思想准备不足，导致物质毫无准备（有人可能就带很少的食物和饮用水，更不要说其他的），匆匆忙忙就上路了。在北京周围的山中，几乎每年都有人被困山中，救援人员很难发现他们。因为他们没有哨子，发不出声音；没有手电和红布，发不出光源；没有罗盘，说不清方位。

好了，徐霞客在讲这件事时的最后一句话**"一物虽微，亦天也"**，值得我们重视。这些小的物件，就是天，就是命。读者可以考虑，回忆一个，在困难和险境中，给你脱险和帮助的，往往就是"银耳挖"之类的微物。

雁荡僧人好导游

徐霞客之所以能成为伟大的旅行家和旅游地学家，有许许多多的因素。在这众多的因素中有一条就是僧人的帮助和支持。现在仅以徐霞客三游雁荡山为例。徐霞客三游雁荡山中第二次未留下游记，所以现在就是以第一次和第三次来描述雁荡山僧人对徐霞客的支持和帮助。

寺庙是徐霞客的旅馆

现在我们到雁荡山旅游，景区内不仅有旅馆，还有宾馆，为游人提供了舒适的住宿。但是，300多年前的明代是没有的。徐霞客旅行，尤其是在山区的旅行是以寺庙为旅馆的。

26岁的徐霞客一六一三年农历四月十一日到十四日，第一次考察雁荡山，4天全都住在寺庙中。徐霞客9年后的一六三二年农历四月二十八日至五月八日，第三次考察雁荡山，除首尾三天外，其余8天都住在寺中。为了让读者印象深刻，笔者特列两个表如下。

徐霞客1613年农历四月第一次考察雁荡山的住宿地

表2

日期	地点	日期	地点
11日	灵峰寺	13日	云静庵
12日	灵岩寺	14日	能仁寺

国清云峰

徐霞客所有的旅行和考察活动，绝大多数时候都是有『导游』的。这些导游不少是寺庙的僧人，除了雁荡山僧人外，《游记》中出现的第一位僧人导游应是国清寺的云峰。1613年《游天台山日记》是《游记》开篇之作，至今整整400周年。在四月初一日写道：适有国清僧云峰同饭，言此抵石梁，山险路长，行李不便，不若夫随云峰往国清。

初四日写道：日暮，入国清，与云峰相见，如遇故知，与商探奇次第。紧接着，『云峰实际作为导游陪同徐霞客游了三天。实际上，僧人云峰既作为顾问又作为导游，使徐霞客的天台山之旅能够顺利完成。国清寺为徐霞客的天台山之旅提供了住宿和导游』

那么，国清寺是一个怎样的寺庙？国清寺的创建人为智者大师，为隋代人，传说他生前寺未建成，只留下『寺若成，国即清』的隐语。公元605年，即隋大业元年，寺建成俗称『隋代寺庙』。到唐代时，已经和济南灵岩寺、镇江栖霞寺，荆州玉泉寺，并称为中国佛教禅林的『四绝』。唐德宗时，日本僧人最澄来寺求法，回国后创立了日本天台教派，也以国清寺为祖庭。国清寺的僧人不仅念习佛，还从事方面学问的研究。更可贵的是他们从事力所能及的劳动生产，直到今天，笔者去参观时，还见到僧人们收藏的粮食堆满了僧房。国清寺是天台山最大的庙宇，是佛教的天台宗的本山。

徐霞客1632年农历四月至五月第二次考察雁荡山的住宿地

表3

日期	地点	日期	地点
4月28日	章家楼	4月29日	灵峰寺
4月30日	净名寺	5月1日	能仁寺
5月2日	凌云寺	5月3日	罗汉寺
5月4日	罗汉寺	5月5日	灵岩寺
5月6日	灵岩寺	5月7日	庄坞
5月8日	大荆		

僧人是徐霞客最好的导游

对于任何高明的旅游者而言第一次所到的地方都是陌生的、不了解的；不要说山脉大势、河川的流向、沟壑的分布等等都是新鲜的，未见过的，就连旅行的道路也找不到；你一个人去摸索，去探寻，往往是事倍功半。这时，最急需的是要寻找一个熟悉并且了解当地山川的向导即导游。专职导游是当代随着旅游业的发展才普及的，在明代是罕见的。徐霞客怎么办？他就是"就地取材"。游山时他的导游就是僧人。僧人有两个特点：一是爱好山水林泉，热爱大自然；二是游踪较广，见识较多，尤其对寺观所在地的山川洞瀑更是了如指掌。徐霞客每到一地除了住在寺观外，更是和寺观的和尚道士搞好关系，争取他们当导游。他在第一次游雁荡山时，同行者就有家乡江阴迎福寺的僧人莲舟。这为徐霞客住寺观以及和和尚道士打交道提供了很方便的条件。

徐霞客第一次游雁荡山的最重要的目的之一就是要登上雁荡山顶的雁湖。他在13日观大龙湫之瀑时，就**"已神飞雁湖山顶"**。可是到雁湖之路如何走呢？必须要请向导。他就想到了住宿地云静庵的道人清隐。清隐身体不好，年老多病，卧床数十年，为了使他为自己当向导，26岁的徐霞客用自己的老庄知识（道教是以《老子》和《庄子》作为经典的）与清隐彻夜交流，竟能把清隐说笑。他在游记中写道，清隐是一个卧床数十年的道人，"尚能与客谈笑"。在《游记》中，"笑"字是罕见的。由此可见，徐霞客的公关能力"非同一般"。

第二天，14日，天忽晴朗，于是请求清隐派徒弟为向导。清隐说，雁湖中现在已经长满了草，成为一片沼泽（湿地）；徒还有事要到其他地方去，但可以把你们送到峰顶。他们每人挂一杖，在深草中攀顶，一步一喘，经过数里，终于到达顶峰。这时，当导游的道人说雁湖在西边的山峰上，还须越过三个山峰。说完他就告退了。徐霞客向西行翻过两个山峰就感觉山势越来越低下，大龙湫之水源地比此山峰还高。他怀疑不对，折返向东行，莲舟和尚以身体不行，先行下山。随行的两个仆人，东越两座山脊，经过千辛万苦才脱离危险，在夕阳西下时返回云静庵。**"主仆衣履俱敝，寻湖之兴衰矣"**。从此可以看出向导的作用。他们离开了清隐派的向导后，徐霞客连路都找不到，发出了**"境不容足，安能容湖"**的疑问。这次未找到雁湖更体现了徐霞客这么伟大的旅行家、探险家也是需要向导或导游。

一六三二年农历四月，徐霞客与远房族兄徐仲昭一起，第三次访雁荡山。

这次，徐霞客的目的很明确就是寻找雁湖。他接受了上次的教训，一定要找一个好的向导才行。这次他找的向导是"年八十余，其相与飞来石罗汉相似，开山巨手也"的卧云大师。卧云约生于1550年，徐霞客请他为导时，已82岁，是罗汉寺的僧人。卧云在万历后期就来到雁荡山罗汉寺，对雁荡山了如指掌，徐霞客称其为师。卧云指出雁湖在罗汉寺西边，走石门寺很方便，并派手下的僧人第二天和徐霞客前往。五月初三日，徐霞客在卧云徒弟的帮助下，顺利找到了雁湖。雁湖实际上是个很大的洼地，又被分隔成至少6个洼地，当时已经是长满水草的湿地，即"积水成芜，青青弥望，所称雁湖也"。这雁湖和大龙湫不在同一个流域之内。徐霞客十分肯定从雁湖的南北流出的水，"皆与大龙湫风马牛无及云"，纠正了过去流传的所谓大龙湫之水来源于雁湖的错误说法。五月初四日，卧云大师带领徐霞客一起攀登常云峰。这天早上云海很盛，从罗汉寺走了五里山路，又到达了20年前第一次游雁荡山住过的云静庵。时光过去了20年，"庵庐与登山径，修整俱异昔时"。这时已是中午，卧云令其徒采笋炊饭。饭后，云气散去，同来的仲昭兄留坐庵中。徐霞客和卧云则又开始登山，走了六里路，终于到达常云峰绝顶。在此，徐霞客把雁荡山的东西层叠的山脉看得一清二楚。东边有5层，从近到远依次为：铁板嶂—灵岩—净名—灵峰—谢公岭。西边也有5层，从近到远依次为：龙湫之对崖—芙蓉峰—凌云—宝冠—李家山。然后，徐霞客又北上二里，到达一山脊，狭如垣墙，从东攀登到西，遇鹿数十头。遥望西边，正是当年寻雁湖之路。而此处，正是20年前的遇险之地。回想到这里，徐霞客觉得此山脊的地方都去过了，没有遗憾了。

从这两次游雁荡山的经历，可以看出寺庙中的僧人对他的帮助。第一次，由于云静庵的清隐道人指派的徒弟，中途告退，徐霞客寻雁湖以失败告终。第二次，由罗汉寺住持年82岁卧云大师所派的徒弟带路，徐霞客顺利抵达雁湖，并且得出了雁湖与大龙湫风马牛不相干的正确结论。

木公四子拜师记

《游记》中有许多真实、有趣的人文方面的内容。木公四子丽江拜师记就是其中一例。它是《滇游日记七》中的一六三九年二月初十日的日记。

其主要内容为丽江木姓土官，即木公相当于今天丽江市市长，为纳西族，为其四子求徐霞客的范文并求徐霞客评改其四子的作文。整个过程分为三部分：接待、写作、拜师宴。徐霞客把三个部分写得十分精彩，现简述如下。

隆重的接待可以从下面的安排看出。1.早饭后，木公的大把事（即大管家）就来到徐霞客的住处等候；2.通事（即翻译，少数民族中既会讲当地民族语言，又会汉语的人）早已备好马匹，相当于今天的小轿车，此时"大把事忽去"；3.把徐霞客送往拜师地——丽江古城南的木家院的"途中屡有飞骑南行，盖木公先使其子至院待余"，而且"又屡令人来，示其款接之礼也"；4.到了木家院，"大把事已先至矣。迎入门"。进门后，市长的儿子四君出迎；5.过两道门，进入内客厅，马上就请徐霞客入座，献茶；6.进入拜师地。从内客厅的西侧门进到西厢房前新搭的松棚，地面上铺松毛。这是当地欢迎客人最隆重的礼节。

严肃的写作是这样进行的：1.大把事主持，搬来两个桌子，徐霞客和四子坐定后，送上纸笔；2.大把事从袖中拿出一信封，说："我家主人（即木公）说四子刚刚学习，也能写点文章，但此地无名师，并不了解中原汉文化的脉络，乞求徐霞客先生赐教一篇，让其了解作文的规范，牢记心间，终身不忘"。作文的题目为"雅颂各得其所"；3.大把事把信交给徐霞客，徐拆后阅，正是大把事所说的内容；4.徐霞客和四子开始写作；5.二把事（即二管家）退出，坐在台阶下，听候吩咐；6.下午，两人写完作文。

拜师宴有好几个内容。1.宴前，院中赏山茶花。徐霞客参加完拜师宴后，

中原文脉

木公四子拜徐霞客为师，主要学什么？大把事说得很清楚：『家主以郎君新进诸生，虽事笔砚，而此中无名师，未窥中原文脉，求为赐教一篇，以为终身佩服』。木公是纳西族，是一个少数民族，对中原文脉，即汉文化是木公十分向往的，才请徐霞客为师，教其子中原文脉。

笔者认为正如徐霞客考察过的，今天图片所示的江西龙虎山世界地质公园大门所书：『千载儒释道』。今天的儒释道三样内容包括哪些内容？

儒家文化就是以孔子学说，《论语》及四书五经等为代表，是中国正统的文化。

道是道教文化，以《老子》和《庄子》学说为经典。即老子庄子之说。

释是佛教文化，是一个庞大的体系，是外来的，但已经融合了许多中华文化。

这三样内容大有讲究。徐霞客写作的题目是《雅颂各得其所》，看来是有很高的儒家学说的作文。徐霞客先生在这三方面，结交的不少人是儒学大家，而且其家乡江阴离东林学院无锡不远，深受东林党人影响。他的佛学修养从撰写《鸡山志略》看出。他的作品评论说：『余从旁参之，觉凡公禅学宏贯，而心境未融；笤公参悟精勤，然山穷水尽中亦不易得也』。你看，他能品评僧人学问高低，可见其佛学修养高。

他在30余年的野外考察中和多份向往一直还未去成的就是中国佛教四大名山之一的峨眉山；他晚年住的最长的地点，就是号称中国第五大佛教名山的鸡足山。道教是中国魏晋时代盛行的文化，徐霞客深受其影响。湘江遇盗后，朋友劝他东归，他坚持西进，说『吾荷一锸来，何处不可埋吾骨耶？』这正是中国魏晋时代笃信老庄之士喜欢说的话。从以上可知，徐霞客是一位传播中原文脉的好老师。

就要离开丽江，请他观茶花，是以此当折柳送人的习俗；2.又进松棚，宴席已摆好；3.四君献款，又有红毡和丽锁之物惠赠；4.肴味美食，徐霞客吃的酒醉饭饱，到晚乃散；5.二把事在阶下另设一席，献酒时"趋而上"，宴席散后，二把事拿走徐霞客的范文交木公，把四君的文给徐霞客，说"灯下乞为削抹，明晨欲早呈主人也"；6.四君送徐霞客出大门，骑马回丽江城府，并派人告诉通事送徐霞客；7.徐霞客当夜就近住在村民家，挑灯评改四君之文。

徐霞客在这一天的日记中把在丽江所经历的拜师宴写得条理清楚，一丝不乱，而且一人一事不漏，每件事都交代完整。如开始写大把事忽去，到木家院发现大把事已先到了。啊！原来为迎接徐霞客，他只好先行出发。再如，沿途屡有飞骑，即飞奔的马是为了让四君早到木家院等候，接待徐霞客。当时的仆人即二把事和主人的界限是十分分明的：作文时，在阶下听候；宴席时，在阶下另设席，但敬酒时一定是快步向前（趋而上）。肴味中特别写了以米饭喂成的只有五六斤的烤柔猪，以及甘脆而又美味的比猪舌大的牦牛舌。

在日记中对四君的描写表现了徐霞客非凡的观察力和很强的文字表现力。他写到："四君年二十余，修晳清俊，不似边陲之产，而语言清晰可听，威仪动荡，悉不失其节。"连标点不足40个字，把四君一个鲜活的小伙子展现在你的面前：1.年龄为二十有余；2.外表有四个特点，即修长高个、皮肤白、外表干净、面孔英俊；3.不像云南边疆人；4.说话清清楚楚，十分动听；5.仪表举止，行为规范都十分得体。徐霞客的描写简短、生动。用现在汉语来说，四君是"官二代"，是"高富帅"。300多年前，徐霞客所遇见的这个"官二代"身上的某些品质，还是值得我们推崇的。

中国著名地质学专家丁文江先生在二十世纪携带《游记》考察云南200多日后，惊叹徐霞客精力之富，观察之精，记载之详且实。我们仅从一六三九年二月初十这天的日记就可看出，丁文江先生的说法是完全符合事实的。

嵩山庐山的导者

徐霞客能够比较顺利，比较安全地完成旅行、考察的原因是多方面的，但导者，即导游在其中是起了重要作用的。

在《游嵩山日记》中，徐霞客对导者的作用作了较为详细的记录。1623年2月21日，浓云如泼墨，山中雾很重，雾开时能见到如展开的绫罗，剖开的玉石般的陡壁重崖，云雾聚合时，则一望茫茫，犹如在大海中航行一样。此时为阳历3月，嵩山山路中的积雪还未融化。徐霞客在这么恶劣的气候和道路条件下，仍然决定攀登嵩山主峰的太室山的最高处，即峻极峰。

为了顺利并且安全地登顶，徐霞客请了导游即导者。在这天的日记中，他四次提到导者，每一次都具体指出了导者的作用和所做的事。下面就分别分析这四次的情况。

第一次走到峻极峰的中峰元龟峰时，导者用手指着十分险峻的地方，说这就是宋真宗（赵恒）修建大铁梁桥处。当时，此桥已不存在，但其是重要的建筑。因为在登山之前，徐就写到："至今绝顶犹传铁梁桥、避暑寨之名。当盛之时，固可想见矣。"导者到此处，不仅说，还用手指铁梁桥，满足了游人的需求。

第二次是走到登高岩洞中间时，崖忽中断五尺，莫可着趾。这时怎么办？这时徐霞客写道导者故老樵；故老樵，三个字太妙了！导游过去是一个非常有经验的打柴的行家里手，故即过去，老即有经验，不是年龄上的老，是老道，行家老手的老，樵即山上打柴的人。老樵犹如今天的登山、攀岩运动的健将，这故老樵"狷捷如猿猴，侧身跃过对崖，取木二枝，横架为阁道"。在这里，导者架木为栈道，既保证游人安全通过这宽五尺的断崖，又让游人能够继续游览和参观。

第三次是走到白鹤观即顶峰附近的一个平台。导者曰："**下可瞰登封，远及箕、颍。**"在这里，导游说，你往下看可以看见登封城（嵩山就在登封城），最远能看到太室东南以山形著称的箕山以及颍水。现在的导游也是如此，到了一个好的观景的地方，总是提醒游人要"一览众山小"，不要忘记了观看，并指出在此能看到什么景物。

第四次是徐霞客登顶并在真武庙吃完午饭后，问下山道，导者曰："**正道从万岁峰抵麓二十里。若从西沟悬溜而下，可省其半，然路极险峻。**"徐霞客十分高兴，原来认为嵩山无奇，是因为没有险峻之处，赶忙跟随导者，拄着手杖向前走。导者为游人提供新奇的路线，满足徐的求新求险的要求。徐霞客是"**从之**"；在这一段极险峻的路上，导者是全程陪同、负责游人安全的。徐霞客则十分兴奋地溜下了十里石峡。

以上四次导者提供了不同的服务，概括为：1.重要景点的详细解说；2.保证游客的安全，让游程顺利完成；3.寻找好的观景之地，让游人有目的观景欣赏；4.满足各类不同的人对旅游的需求。正是有这样一位优秀的导者：故老樵，才使得徐霞客登嵩山太室山主峰峻极峰能够顺利、安全、高高兴兴地完成。徐霞客《游记》中用喜字的地方，是表明他特别高兴。这次他是色喜，即"**喜形于色**"；是很高兴！

徐霞客的成功，在野外并不像现在一些驴友，一味莽干，他登山几乎都请了导游。如1618年8月19日登庐山，出东林寺，走了七里，这时天气雾气很浓，仿佛下着绵绵的细雨。这时，徐看见"**一人立溪口**"，马上向他打听上山道路。徐熟悉庐山石门风景区奇特瑰丽，但道路艰险，很难攀登；所以，决定雇请"**其人为导**"。一六二三年三月初一日，登陕西的华山，徐霞客也是"**觅导于十方庵**"。以上两例加上嵩山，可以看出徐霞客旅游和考察觅导是必需的、不可缺少的工作。

明代有专职的导游吗？结合《游记》的描述和笔者近十余年的野外旅游和考察，回答是肯定。在嵩山时，徐点明导者是故老樵，也就是说他现在不是樵夫了，那么靠什么为生呢？肯定是靠导者即导游。在庐山时，一人立溪口，肯定是专职导者，不然他站在溪口干吗？2007年春夏之交，笔者到庐山旅游考察，早上八点左右就看见在牯岭附近的大道旁有七八位30岁左右的女同志站在路旁，我十分好奇就问，你们站在这儿干吗？她们说，她们是导游。这条道路

天池之路：层烟叠翠

是通往景区的必经之路。游庐山的散客几乎都是自驾车前往，他们如果需要导游就会停下车来请。没有当地人陪同或第一次来庐山的百分之百都会请导游；不然，你连路都搞不清楚。导游是既带路，又讲解，又负责你的安全。现在庐山导游是"七八人立道口"和当年"一人立溪口"是一模一样。现在，你没有导游连溪口都走不到。在华山，觅导于十方庵，说明当时华山的导者大多集中在十方庵。现在，不少景区对导游是有集中管理的。但是，有不少导游也自谋生路，如庐山立道旁，还有的也集中在景区固定的一个如十方庵的地方。

明代的经济已经发展到相当高的水平了，人们为了祈求平安幸福，事业有成，不少人在不同的时候都会进山烧香拜佛，进山求学（不少书院办在山中），进山旅游（清明踏清，重阳登高）等等，都需要导游的。这种客观需要就使得明代在不少名山是有专职导游的。感谢徐霞客，通过**"导者故老樵"**的描写，让我们知道了这一历史的事实。

天池之路：山中灵珠

天池之路

徐霞客在庐山请导游的地方是在通往庐山天池寺的路上。导游为什么会站在此处？一是这里为游人必经的交通要道了，二是此处附近有诸有游人最想游的最重要的景点。《游记》中也是如此写的：『一人立溪口，问之，』由此东上为天池大道，南转登石门』为天池寺之侧径，约二见径至天池相待。你看，导游是站在天池大道，附近有二重要的自然景观石门和明代的庐山最重要的天池寺。现把这两个景观简介如下。

石门实为一个山谷，两旁的山崖对峙，谷中又有溪流，岩石上又有松竹，山岩、溪流、松竹三者构成了一个美妙的世界。徐霞客游后用『耳目为之狂喜』来形容。他用『层烟叠翠』以及『松竹荫映』『无径不竹、无阴不松』等都看出对庐山之松的喜爱。

大天池。相传两千多年前，文殊菩萨骑青狮从五台山而来，见此地山色峻美，唯缺秀水，便施法力，双手插石成池，故名天池。天池终年不温不竭，若见池中有珍珠般的水泡涌出，知山涧云升雾起。古人常以此现象来识别天气，故史称为『神泉』。此处的天池又被称为『火天池』。因为牯岭之北，还有一个小天池。大天池被称为『山中灵珠』。笔者到此处参观后有一个很深的印象，那就是这个天池是非常非常的小，就是一个不到百米见方的小小的水塘，千万千万不要和长白山天池、新疆天池联系在一起。大天池的后面就是天池寺，著名的龙首崖即舍身崖离大天池不远。

天池寺，始建于晋代慧远大师，因院前有天池故名。元末毁于兵火。明太祖朱元璋于洪武六年（1373年）重建寺殿，覆以铁瓦，赐以铜钟、象皮鼓，乌金太子像、铜铸佛像，并敕名『护国寺』。成祖朱棣重敕曰『天池万寿寺』，宣宗朱瞻基再敕曰『天池妙吉祥寺』。故而，有『三敕天池寺』的佳

天池之路：登台远望

话。正德十四年，即1519年9月，著名哲学家、时任南赣金都御史的王阳明，视此寺无比神圣，题山门额『庐山最高处』。清代，此寺毁于大火。20世纪80年代，在旧址上建有纪念性的寺堂。

文殊台，《游记》写道：从天池寺右边攀登到聚仙亭（现已毁）『亭前一崖突出，下临无地，曰文殊台』。这实际上就是一个很小的突起的山岩。现在，下面已经改建为『庐山天池茶场』，供游人休息唱茶。登台远望，湖光山色，交相辉映。

随着天池寺的被毁，徐霞客时代重要的景点，今天已失去历史地位；当然，石门和龙首崖仍是热门景点。今天庐山的导游大多站在牯岭外的大道旁，只为有自驾车的游客服务。今天到庐山旅游，除了参加旅行社、单位组织，庐山有朋友接待外，唯一可选的就是自驾车游。你做一个背包客或像徐霞客两位陪同游是不现实的，原因是庐山一个景区和一个景区，一个景点和一个景点，相隔很远，多在公里以上，步行是不现实的。如笔者到三叠泉旅游，从牯岭坐小火车就近一个小时，下小车又换小火车，才到达景区。自助游游三叠泉，你和导游的来回打的费、小火车费、导游费、门票费、饭费加在一起没有七八百元是不行的。这么昂贵一般人是承受不了的。现在，有些人说『重走霞客路』，仅仅是象征性的。至今，中国没有一个人能够完完全全，真真实实地重走霞客路。这种提法，做法有欠考虑。你若真正走后，你可能在某些方面感到失望和不解。400年了，人文和自然环境发生了巨变，当初，徐霞客看见的景观也有些是看不到了。正如古诗所言：

去年今日此门中，人面桃花相映红。
人面不知何处去，桃花依旧笑春风。

霞客挚友四进士

徐霞客能够成功，重要的条件之一是得到了当时各个阶层的许多人的帮助。这中间特别要提到天启二年（1622年）的四位进士：文震孟、陈仁锡、黄道周、郑鄤。

文震孟，号湛特，长州人，是明初大画家文徵明之后。文徵明与徐的远祖有文字交往，两家是世交。文震孟为官正直，曾任东阁大学士；天启二年的状元学问很好。霞客远游一直把其的笔迹带在身边。文是东林党的主要人物，与魏忠贤阉党作了不屈的斗争，正因为他主持正义被落职。他对徐的高蹈洁行，倾慕不已，并给予支持。1613年5月，徐访文于清瑶屿，文为先生跋黄道周赠诗。在文中称霞客为"真古今第一奇人也"！

陈仁锡，字明卿，也是长州人，是一个学者，1628年官至南京国子祭酒即相当于国立大学的校长。1629年，徐霞客北入京师就拜访过他。陈对霞客很欣赏，称赞他"负奇骨，不与俗同"。

1624年，徐霞客请人画了一幅母亲劳作的《秋圃晨机图》，遍请名人题咏，其中就有文、陈两位进士好友。徐霞客虽然放弃了科举进仕这条路，但其家族的深厚的文化底蕴，对其有深刻影响，对有学问的人是十分尊敬的，"一揖登堂，便相倾倒"徐借请名人为《秋圃晨机图》题咏，结识名人，向他们学习。文、陈两人就把"同年"进士，福建漳浦人，号石斋的黄道周介绍给徐。

黄道周号称"闽中大师"，诗文书画都好。徐霞客与黄的4次见面给徐很大的影响。第一次是在1628年，黄在家漳浦守孝，徐徒步三千里，专程去访，二人深夜长谈，海阔天空，非常尽兴。之后，黄又写了一封手书，把同年进士郑鄤介绍给徐。徐当即入广东，登罗浮山拜访了郑。第二次是在1630年，徐到郑的家乡今江苏常州拜访郑。正好听说黄复官北上，从这里路过，马上驾小舟，

知音知音

徐霞客的成功是和许多多同时代有学问、有志气、有魅力的互相欣赏的朋友的鼎力支持、帮助、扶持分不开的。他们互相之间的关系使人想到知音故事中的伯牙与钟子期。徐霞客是一个渴求知音的人，不惮数千里的跋涉，登门拜访黄道周就是一例。徐霞客还是一个谦逊的人，见到志趣相投、学识渊博的人，一定是『一揖登堂，便相倾倒』。朋友对徐霞客也是十分欣赏的，如黄道周写了一篇赞徐霞客的诗，其诗名就为《读游记知名山幽胜无奇不有不觉手舞足蹈欣赏无已》。这不就仿佛是钟子期听伯牙鼓琴的感觉。陈仁锡在《晴山堂记》中赞徐霞客『负奇骨，不心俗同』。文震孟在《寄徐霞客书》中，说徐的涉历，已大可观。称其为『地行仙人』。

徐霞客在旅游中更是交了许多知音，如广西三里城的陆参戎，云南丽江的木知府，云南昆明的唐大来，临海的陈函辉，腾越的潘秀才，永昌的闪太史兄弟等等。这张照片是知音的源地武汉市汉口江滩公园的一个节日花坛。它用雕塑表示了伯牙和钟子期两位人物，高山流水中的高山用雕塑，流水则用红、绿、黄三色花从高山处一直辅到平地，异常美丽。它把优美的故事诠释得很美丽。

高山流水

高山流水

琴台门票

高山流水

这幅书法是中国岭南派的一位著名书法家所书，十分流畅，把高山流水的韵味表现得很到位。它就在知音故事所在地今武汉市汉阳区的古琴台公园。徐霞客和这些友人的友谊就像高山那样崇高，高尚；又像流水那样纯洁、干净、令人神往。徐霞客的事业，志在高山，他几乎把中国东南部的名山都一座又一座的攀登到顶峰；志在流水，中国三大江河，他探查寻觅其中两大江（长江、珠江）之源。知音故事可以改为：霞客鼓琴——志在登高山。友人曰：善哉，峨峨兮若泰山。霞客鼓琴——志在流水。友人曰：善哉，洋洋兮若江河。徐霞客志在高山流水，也是高山流水的知音。

冒寒急驶200里，在丹阳追上，恰巧陈仁锡也在，徐和两进士沽酒对饮，且饮且题诗。黄写了一首七言古诗赠徐，称赞徐为不可被人驾驭的"天下骏马"，在蛇窟洞底，千山千水中寻觅"真灵"。陈仁锡在跋文中写道，霞客的旅游，石斋的文章是两绝。第三次是在1632年秋，黄因言事得罪，被斥为民，到江南和徐一起泛舟太湖。两人各赋《孤云独往还》诗5首。你看，4年之中3次相聚，有专访，有追访，有同游，可见两人友谊之深，主要是有共同的语言。第四次是在1633年，徐第三次入漳州，拜访黄，同游大峰山。这次相会，黄以陈木叔送徐的"寻山如访友，远游如致身"为韵，作了十首七言绝句和四首五言古风送给徐霞客。

徐霞客1636年万里退行前最想见的人就是黄，他写道："余久拟西游，迁延二载，老病将至，必难再尽，欲候黄石斋先生一晤，而石翁杳无音至。"当夜，霞客乘醉方舟。但他把黄的赠诗一直带在身边，随他一起西南万里行。他在云南，对丽江木守说道："至人惟一石斋：其字画为馆阁第一，文章为国朝第一，人品为海内第一，其学问直接周、孔，为古今第一。"可见徐对黄的崇拜。徐能和这四个第一的黄结为朋友，证明徐也不是等闲之辈，其诗文字画也

东林书院

北宋政和元年（一一一年）理学家杨时在今天江苏无锡市（徐霞客家乡江阴市就属无锡管辖）创办东林书院，至今900余年。杨时游庐山时，爱上东林寺之胜，且有感悟而命之。

明朝万历年间，著名的无锡学者顾宪成、高攀龙等领头捐资重建，成为明末社会的学术和政治活动中心，一度衰微，有很高的学问，坚决的斗争，两人主持正义，和魏忠贤为首的阉党进行了坚决的斗争。这样，顾宪成成为『众射之的』，高攀龙因为揭发贪官，被迫投水自尽。他们培育的东林精神就是『爱国、崇实』；他们的口号就是『不贵空谈，而贵实行』，其实就是『空谈误国』实干兴邦』的意思。图片上的对联为风声雨声读书声声声入耳，家事国事天下事事事关心。此碑刻是笔者在河南邓州花洲书院拍摄，书写者为原北京市委书记廖沫沙。徐霞客的友人，特别是四进士都是东林党人；他们不仅学问好，还有着铮铮铁骨。

应该达到了相当高的水平。你想想当时能有多少人能够认识黄，并结为朋友。一六三七年阴历五月初九日，徐写道："上午，南自大街一里过谯楼，市扇欲书登秀诗，赠绀谷、灵室二僧，扇无佳者。"从此事看出徐的书法相当不错。

黄的诗友及从学的门生很多，徐多次入闽，通过黄的介绍，徐结识了不少福建籍的名士。这中间要提到5个人，一是曹学佺，和黄同年进士，是旅行家，著有《蜀中广记》、《蜀中名胜志》等，流传至今；二是何乔远，著有《名山藏》37卷、《闽书》150卷；三是张燮，著有《东西洋考》，为明末中西交通史的名著。这三个福建旅游学者的著作，对"欲尽绘天下名山胜水为通志"的徐霞客提供了丰富的营养。在徐西游中，随身就带有曹学佺的著作。在某种程度上来说，没有和徐同时代这么多学者的著作，也就没有《游记》，《游记》是一个时代的产物。四是黄的好友，同为漳州人的刘履丁介绍徐结识了明代大学问家钱谦益。钱在撰写的《徐霞客传》中，称徐的《游记》为"古今游记之最"。五是黄的弟子陈涵辉。他对徐的帮助支持也很大。陈涵辉，字木叔，号小寒山子，浙江临海人，1634年的进士，曾任靖江县令。靖江与徐的家乡江阴只有一水之隔。陈协助陈祖授编著《皇明职方地图》，对地学有修养，有兴趣，是徐的好友。1632年，徐再游天台、雁荡后，曾到住处拜访他，"烧灯夜话"向他叙述了自己的游踪。徐的《溯江纪源》，就是靠陈和其朋友的帮助刻入江阴和靖江的县志。这是徐最早保存出版的著作。陈对徐了解很深，《徐霞客墓志铭》就是陈所撰写。

黄对徐的帮助除了知识上的，更在于人脉关系。霞客西南远游归来，听说黄下狱，立即派长子徐屺到北京探望，并赠寒裘。徐屺归家，讲述了黄在狱中之况，霞客"据床浩叹，不食而卒。"正如黄所说"死生不易，割肝相示"的生死之交只有徐霞客。

郑鄤，19岁中举人，29岁举进士，授翰林院庶吉士；后因触怒当朝宦官魏忠贤，不仅被贬官、削职为民，并且投进宦官掌控的锦衣卫狱，惨死。郑是十分有才华的，诗书相当好。徐是通过黄结识郑，徐郑一见如故。在今天徐的家乡的"晴山堂"中，不仅有黄赠徐诗的碑刻，还有郑鄤为黄赠徐诗稿跋的碑刻文字，其字相当清秀。郑鄤的书跋如下：

石斋（黄道周）过毗邻（今江苏常州）为徐言霞客之奇，徒步三千里，访之墓下。当事者假一邮符，却弗纳（不要官方的通行证）。时闻予在罗浮。则又徒步游罗浮。往来海上，真有卓契顺之风。言甫毕，石斋去而霞客来。闻石斋之过，追及之丹阳，得所为之诗而归。予适病痰嗽，榻上一举手而已，亦欲少有结撰，以酬千里罗浮之雅，痰病殊剧，声气不属，竟不能成。初，石斋谓余曰："方墓下时，有笔墨之戒，至今耿耿，不知此逋何日能尝。"故丹阳一见即偿。其云石人急就章，盖已数年之约矣。

上面这段跋，实际上是叙述了黄、郑两人对徐的称赞。黄在常州拜访郑，两人对徐拜见两人深为感动：黄第一次因为有孝在身，未有赠诗，这次在丹阳立刻写诗偿之，而郑因病，不能写，才为黄的诗写了跋；从此可见郑对徐的友谊。

北宋灭亡之后，南宋建都杭州，随之中原文化南迁。明朝时，江浙，福建一带人才辈出。从徐与四进士以及其他文人的交往，可以看见南方大地上是一个璀璨的星空，有许许多多明星，徐霞客不过是其中最为闪亮的一颗，但绝不是孤独的一颗。

黄道周纪念馆

徐霞客平生最崇拜的人就是黄道周。他对丽江木守说：『至人惟一石斋，其字画为馆阁第一，文章为国朝第一，人品为海内第一。』其学问直接周孔，为古今第一！1640年回到江阴后，知黄被诬下狱，即派长子徐屺走京师，到狱中探望，并赠以衣袭。徐霞客以结识黄为傲，徐逝世后，黄不仅到家祭奠，并给徐屺留书写道：『死生不易，割肝相视者，独有尊公』，即黄和徐肝胆相照的友谊。黄为今福建漳州市东山县人，在东山县有黄道周纪念馆，纪念他。

人与梅花一样清

徐霞客除留下了《游记》外，还写了几十首诗歌，其中最著名的是"题小香山梅花堂诗五首"中的一首，《得横字》，全诗如下：

> 幻出烟萝傍玉京，须知片石是三生。
>
> 春随香草千年艳，人与梅花一样清。
>
> 混沌凿开云上下，崆峒坐倚月纵横。
>
> 峰头且莫骑黄鹤，留遍江城铁笛声。

这首有浓浓道教色彩的诗，表述的却是作者高远的抱负，做人的情怀，思乡的情感。作为武汉人，笔者对最后两句是熟悉的。它是源自于唐代大诗人李白的"黄鹤楼中吹玉笛，江城五月落梅花"。但这首诗人们最为看重的是第四句："人与梅花一样清"。它清清楚楚，明明白白表达了作者做人要像梅花傲雪一样，堂堂正正，清清白白。正因为如此，在旅行中，凡是遇到梅花，霞客总是要写进《游记》中，并加以赞美。这就是霞客的梅花情结。下面试举三例。

例一，一六一六年二月初七日，游黄山时，写道：**再循溪下，溪边香气袭人，则一梅亭亭正发，山寒稽雪，至是始芳！**你看，霞客这一句写梅花多么生动，又多么有情感！梅花生长的环境是在溪流之下；其香气浓烈袭人；其姿态是亭亭正发，也就是傲立；其气候是山寒稽雪。当时黄山，石级为积雪所平，一望如玉；徐前行，须持杖凿冰；雪没腰；在这山寒地冻的情况下，梅花却开始绽放。看到此景，写到此处，他满怀深情的加上了一个惊叹号。

例二，1637年11月21日，在考察今天广西的天等县境内时，写道：**浓云密布而无雾。候夫未至。饭后散步东阜，得古梅一株，花蕊明密，幽香袭人，徘徊其下不能去。折奇枝二，皆虬干株葩。南望竹崖间一岩岈然，披荆入之其门北向。由隘窦入，中分二岐：一南向入，一东南下，皆不甚深。还铺舍，觅火**

沈鹏书法

沈鹏书写的为徐霞客的诗二句："春随香草千年艳"，"人与梅花一样清"。沈鹏不仅是中国当代著名书法家，还是徐霞客的老乡，也是江苏省江阴人。本书法摄自《霞印天下》的展览。

炙梅枝。微雨飘扬，拈村醪对之，忘其为天涯岁暮也。徐霞客在广西天等县的考察，由于"夫"的问题，不是很开心，但一见到梅花，他竟徘徊不能去，而后忍不住折了两条奇枝。在南国边疆的小雨中，饮着村民酿造的小酒，闻着火炙梅枝发出的阵阵梅香，他竟忘了这时自己是岁暮天涯的旅人也。梅花用其明密的花蕊和袭人的幽香给了天涯岁暮的孤独旅人徐霞客，多大的精神慰藉啊！徐霞客从内心发誓自己也要像梅花一样，形成了物我相忘的境界。

例三，一六三八年十二月初七日，在考察今天云南元谋县境内时，写道：桥侧有梅一株，枝丛而干甚古，瓣细而花甚密，绿蒂朱蕾，冰魂粉眼，恍见吾乡故人，不若滇省所见，皆带叶红花，尽失其'雪满山中，月明林下'之意也。乃折梅一枝，少憩桥端。又是一个天涯岁暮，徐见到一株枝丛干古，瓣细花密的梅花，使他仿佛看到了故乡众多的亲朋好友。他首先想起的当然是结庐种梅于小香山的雷门兄，因为这里的梅花使徐感受到花香、境香、梦亦乡的"三香"之美景；当然，还有文震孟、陈函辉等等故人。这些故人给徐巨大的精神力量！徐特别欣赏的是雪中之梅，月下之梅，原因就在于其"清"，清正、清白、清廉等等，这正是中国文人志士追求的人生目标。明代民族英雄于谦唱出了"要留清白在人间"，徐霞客也写出了"人与梅花一样清"。这时，徐又折梅一枝，在桥头休息，对故乡故人多少美好情感涌上心头啊！

徐的先祖徐景南也是爱梅之人，并筑梅雪轩；徐的爱梅是有家族的传承的。他们为什么爱梅，更爱雪中之梅，岁寒之梅，下面这首诗可以说明。

梅花傲雪斗霜，誉为花中君子，不仅徐及其先人爱她；更是受到中国人的追捧，在中国的国花评选中，梅花高居前列。

忘年之交陈继儒

　　徐霞客晚年最重要的成就就是四年的西南之行，而此行的最后目的地就是云南的鸡足山寺。徐霞客随行的江阴迎福寺和尚静闻就是想把自己刺血写成"南华经"供奉在鸡足山寺。此行想要顺利成功，一定要得到云南当地的大力支持和帮助才行。在这方面有一个重要的人就是陈继儒。他给予了徐霞客最有力的帮助。

　　陈继儒，字仲醇，号眉公，松江华亭（今上海市）人，比徐霞客大29岁。他是当时很负盛名的文人，年轻时就弃绝仕途，以编纂著述为业，即今天的自由职业者或作家。其书刻印后十分畅销，是个畅销书作家。他书法、绘画、诗歌都好。朝廷下诏多次征他做官，他都以身体不好为由而力辞。1624年37岁的徐霞客请福建人王琦海介绍，拜访了陈继儒，求他为其母亲写寿文。此时的徐霞客正值青壮年，并且已经是一个很有经验的旅行家，这种阅历必然体现在外表的气质上。在陈继儒眼中，徐霞客高六尺，面色黧黑，很瘦，有往来林野寝处山泽的风貌。交谈时，徐讲的都是"磊落嵯峨"、"奇游险绝"的事情。陈看出徐是一个为人仗义、敢作敢为的硬汉子即"多胆骨"；于是，欣然为其母写了寿文。当时陈已经66岁，很喜欢他。从此，他俩成为忘年之交。四年之后的1628年的中秋，陈继儒和徐一起前往今天上海市松江区北的佘山施子野先生的别墅一起观歌舞，度佳节，给徐留下了深深的印象。8年后的1636年，徐在《游记》中写道"子野绣圃征歌甫就，眉公同余过访，极其妖艳"。在《游记》中，用"极其妖艳"四个字，十分罕见。表明了当时歌女的美貌及其打扮，也说明了歌舞的性感和狂热。

　　一六三六年九月十九日子夜，徐霞客乘醉放舟，开始了西南之行。因为此行出游时间长，地点又偏远，遇到的困难是很难预料的，已年近半百的徐霞客

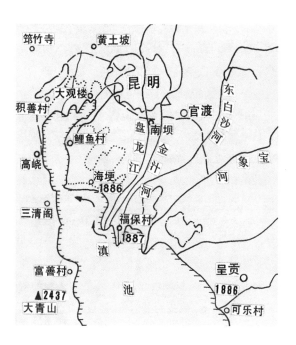

昆明山水

读者可能意外，为什么就一张地图在此。因为此图中的高峣、昆明、滇池、筇竹寺等地都牵涉到徐霞客与陈继儒（眉公）的友谊。先引用

《滇游日记四》中，1638年十月二十三日中的一段话：

唐大来名泰选贡，以养母缴引，诗、画，书俱得董元宰三昧。余在家时，陈眉公即先寄以书云：『良友徐霞客足迹遍天下，今来访鸡足并

大来先生，比无求于平原君者也，幸善视之』。比至滇，道不前，初不知有唐大来可告语也，忽一日，遇张石夫谓余曰『此问名士唐大来，不可不一晤』。余游高峣时，闻其在傅玄献别墅

往觅之，不值。还省，忽有揖余者三人，其一即周恭先也。周与张石夫善，与张先晤唐，唐即以眉公书诵之。周又为余诵之。始知眉公用情周挚，非世谊所及矣。大来虽贫，能不负眉公厚意，因友及友。

从这段话可知以下9个意思：

㈠ 唐大来，即唐泰，是云南著名的书画家。

㈡ 陈眉公给唐寄信（即书），告知徐来滇，希望唐给予帮助。

㈢ 徐此时穷途无钱，也不知唐在何处，因为徐随身携带的眉公之信在湘江遇盗时已经丢失。

㈣ 徐在昆明住在老乡吴方生家中，通过吴认识了张石夫，张告知他一定要见唐。

㈤ 徐此时多想见唐啊。

㈥ 返回昆明时，周来找，告知周与张两人想他很久。周与张是朋友，前往，但未见。人说唐在傅处，前往，今天周见徐，又为徐诵之。即以眉公信诵之。

㈦ 从以上过程知眉公友情的深厚与周到，一般人达不到。同时，也感到唐也是讲义气之人。

㈧ 徐在困境中，终获友人之救，喜出望外。

㈨ 唐是云南名流，经过他或吴方生的介绍，使徐霞客认识了不少当地文人和知名人士，为其云南之行顺利完成提供了重要条件。

正是陈继儒的帮助，使徐霞客认识了唐泰、吴方生等人。

日去南坝乘船横渡滇池，抵达晋宁。由唐泰与晋宁知州唐玄鹤热情接待，并陪霞客在晋宁休养和旅游达近一个月，到10月29日返回昆明。

住6天。11月初七日至筇竹寺，二日抵武定府。

没有忘年之交陈继儒的帮助，就没有徐霞客的西南万里之行的成功。

对这些问题心中是有数的，考虑得很周到的。在从家乡出发后的五天内的主要活动是访亲拜友，不仅是与朋友饮酒作别，并且还请友人写条子给沿途有关官员、名士，予以接待。那时是既无电话又无电报的年代，唯一可行的就是写条子即"作书"。中间最重要的活动就是拜访陈继儒，请他作书。

他在《游记》中写道："急趋眉公顽仙庐。"眉公（即陈继儒）看见有客人来，先逃避；后来知道是徐来，马上又出门，手挽着手的把徐请进家门。他俩边喝酒边聊天，一直到深夜。徐想走，眉公说我还要为你写一封信给鸡足寺的两位僧人，一位是弘辩，一位是安仁，不要走了。第二天清晨，眉公不仅给徐写了给两僧的信，并且还准备了给两僧的礼。眉公不愧为当时的名士，想得多周到。后来，徐霞客到鸡足山寺后这张条子起了很大的作用。

到云南后，徐才知道，眉公还给云南名士唐大来去了一封信，信中说："良友徐霞客，足迹遍天下，今来访鸡足，并大来先生，此无求于平原君者，幸善视之。"唐大来，名唐泰，祖籍浙江，明初戎云南，遂世居此地，能诗，工书画，游踪颇广，为云南名士。他接到书信后，把这一消息告诉了他的朋友。

一天，徐在今昆明郊区，杨慎纪念遗址参观时，忽然有一人问徐："君是徐霞客否？我们的唐先生等待先生很久了！"让徐喜出望外，这个人就是当地名士周恭先。周说，不久前见到唐大来，唐告诉他们陈继儒先生来信说到徐霞客要来的消息。此时，徐对眉公从内心深深感激。

徐霞客从家乡出发之时就随身携带着眉公为丽江土司太守木增写的书信。

以上三张条子为徐霞客的云南之行打开了方便之门。这也是为什么徐在出发后"急趋眉公顽仙庐"的原因。

时间过去了近400年，今天这种办法仍然行之有效。

失误之作盘江考

　　《游记》中有两篇地学论文：《盘江考》和《溯江纪源》（又作"江源考"）。这是徐霞客先生通过自己的实践写出的科学研究成果。《溯江纪源》是探讨长江之源的，纠正了长沙江之源是"岷山导江"的错误，把长江上游从岷江推进到金沙江，是有历史贡献的。《盘江考》，由于历史条件的限制，是徐霞客先生的一篇失误之作。

　　在论述徐霞客失误前，要介绍一下珠江。珠江是中国三大河流之一。它有三个源头：东江、北江和西江。这三源中，西江为正源，即珠江的干流。西江从源头到广西的梧州，其干流分别称为南盘江、红水河、黔江、浔江4个名称。盘江分为南盘江和北盘江；南盘江是珠江之源，北盘江仅仅是珠江干流西江的一级支流。徐霞客探求考察的是南盘江、北盘江之间的关系，以及它们的流向。他在考察中，由于轻信和没有坚持到实地，在《盘江考》中，产生了三个重大失误。

　　1. 把北盘江源头误认为今云南省嵩明县境林的杨林的牛栏江。牛栏江是长江金沙江的支流与北盘江没有任何的关系。北盘江的源头是发源于今云南省曲靖市沾益县的可渡河。产生这个错误的原因在于徐霞客听信了他在沾益投宿时的房主龚起潜的介绍。徐霞客亲自到了牛栏江流经的寻甸县，他见到这条江，误以为是与可渡河相通，是其上源。他没有再往北走就返回昆明了。

　　2. 他以为南盘江最后是经过田州，流入右江，则成为右江之源了。这是错误的，南盘江和右江没有任何关系。南盘江和右江的上游是有山脉阻隔，南盘江的水是流不到右江的。实际上右江是西江支流郁江的上源，而南盘江是西江的干流。造成这个失误有两个原因：一是他在广西的右江流域考察时，只到过向武（即天等县）、隆安等地，离右江上游和源头还相当遥远；二是他把在南

珠江大桥

珠江干流是西江，西江的源头是盘江，这是在徐霞客以前已经清楚。但盘江有南盘江、北盘江两条，它们关系如何，它们又是如何流到珠江的干流西江的，也就是说西江的上源的水系并不是很清楚的。徐霞客从盘江开始探求，考察，但失误了。

徐霞客仅凭匹夫之力，要寻觅中国最长的三条大江河中的两条（长江和珠江）的源流是不可能完成的。今天我们已经把珠江干流西江的情况搞得清清楚楚。珠江的干流西江的源头是南盘江，发源于云南省曲靖市沾益马雄山；东南流到广西乐业县西北的边境和贵州交界处，支流北盘江南盘江汇合，汇合后一直在广西境内向南流，名字称为红水河；红水河流到来宾市东面和式宜县交界处，接纳了从柳州流来的柳江，汇合后就有了第3个名字，黔江；黔江继续东南流，在桂平市，接纳了水量很大的支流郁江，汇合后就有第4个名字，浔江；浔江继续往东流，在梧州市，接纳了桂江（漓江是其上游）汇合后就有第5个河名，西江；西江继续往东流，在广州市，接纳了北江和东江后就称为珠江。实际上，北盘江是西江在干流的上游和东江没有丝毫关系。徐霞客的失误的一级支流，而右江与北盘江没有丝毫关系。右盘江是西江的二级支流，在南宁接纳左江后，称邕江；邕江在横县流入郁江，称郁江。珠江最后流入南海。

看到珠江就应该想到西江、浔江、黔江、红水河、南盘江。千条大江河归大海。珠江的流域面积为45万多平方公里；远远小于黄河的75万多平方公里；可是珠江的径流量（即水量）比黄河大十倍还要多一点啊！水量的丰沛也说明它上游森林繁茂，降水量众多，徐霞客在广西左右江的考察。在贵州、云南盘江的考察也是十分辛苦和艰难的考察。

正因为珠江水量大造就了中国的南国大都市广州市。2004年，我去广州时就看见了广州明代的街道和千年古街。

盘江流域即云南师宗、罗平等地看到的喀斯特地貌和在广西右江看到的地貌联系在一起，写下了一段很有名的话："……而罗庄山森峭东界，皆石峰离立，分行竞奋，复见粤西面目。盖此丛蠢怪峰，西南始此，而东北尽于道州，磅礴数千里，为西南奇胜，此又其西南之极也。"

这样，他认为既然地貌如此相类似，这南盘江应该也是和广西的右江有联系。他还有两点原因：①当地人告诉他，南盘江是经过云南，贵州等地又东南向广西流去。徐霞客想当然认为向南流入右江；根本没想到向东流和红水河相接。②南盘江流经六处的地名，都属于广西右江流域的安隆长官司地，把行政管辖和河流的流向混为一谈了。由于流向弄错又导致了徐霞客先生"盘江考"的第三个错误。

3. 他错误的认为南盘江既然是右江之源，就不会与北盘江汇合。徐霞客澄清了北盘江东下都泥江（即红水河），而不入右江，这是正确的，也是《盘江考》的贡献。实际上，南盘江和北盘江在今贵州省的册亨县境内汇合，汇流后就称为红水河。红水河向下流接纳柳江后为黔江；黔江在桂平接纳了郁江，叫浔江；浔江在梧州接纳了桂江后叫西江。

导致徐霞客"盘江考"中三个失误的主要原因还是实践不到位。说他没实践是冤枉了他，但他实践了90%以上，就差那么一点点，如果他从云南寻甸追踪牛栏江的流程，就不会弄错北盘源了；如果他从贵州的黄草坝（即今兴义）往东追踪南盘江的流程，就不会得出南盘江流入右江以及南盘不与北盘汇合的结论了。我们今天在此说起来很容易，但在当时的交通、经济、政治的条件下，确实是实现不了的任务。我们不能苛求古人，更不能要求古人不犯错误哪怕是伟大的人物。江源的探险，是相当困难的。水往低处流。大多数的江源都是位于山高林密，交通十分不便，人烟十分稀少，有时几乎没有人烟；而这里的气象条件又往往是狂风暴雨频现，毒蛇巨蟒出没，靠一个人或几个人是很难很难完成江源的探查。今天，过去近400年，江源的探查同样还是一项艰巨的任务。从地学上来讲，往往有数条流水成为同一条河流的源地，即一河数源，确定到底哪一条是正源也是要费功夫的。

徐霞客在考察南盘江时已经注意到一河数源的情况。他写道："余已躬睹南盘源，闻有西源更远，直西南至石屏州，随流考之。"为此，他考察了面积达42平方公里的异龙湖，以及建水境内的颜洞。

在此，有两点要告诉读者：1.中国著名的珠江的正源是西江，而西江的正源是南盘江，所以说珠江之源是南盘江；2.贵州著名的黄果树瀑布位于白水河上，白水河是打帮河的上源，打帮河在贵州省贞丰县境内汇入北盘江。可以说，黄果树瀑布的水经过①白水河→②打帮河→③北盘江→④红水河→⑤黔江→⑥浔江→⑦西江→⑧珠江，最后流到南海。2005年9月，笔者到贵州兴义考察，途经南盘江大桥；从桥上往下俯瞰南盘江，深深地感觉到南盘江是云贵高原上一条十分狭窄，险峻的峡谷，使人十分恐惧，十分胆颤心惊。

西江水系（南盘江，红水河，黔江，浔江）流域面积的86％在广西。这就是为什么徐霞客在西南的三年考察之中，有一年是在广西境内而且深入到当时十分荒僻、落后、贫困的左右江流域。徐霞客已经尽力了。我们要求距今400多年前的徐霞客沿南盘江前行到北盘江合流处，是脱离了当时的各方面条件的，是无法完成的。

笔者写此文有两个目的。1.不少人认为"经典著作"是百分百的正确，是完美无缺的！这点认识完全是不符合实际的。《游记》也是如此。在已经出版的著作中，指出这点的很少。原因是他们可能没有通读《游记》，没有读《盘江考》；也是有可能，读了，但不是学地理的，不熟悉盘江之源，没看出问题。读《游记》一定要仔仔细细，才能全面、科学的读懂它。科普不仅宣传科学知识，也担负着捍卫科学知识的重任。2.笔者指出《盘江考》的失误，不是否定实践，而是肯定实践，指出要更进一步的实践；在不能实践时，应多听取各种人的意见，在这方面徐霞客只听取了房东的所谓**"凿凿可据"**，没有听取当地土人的意见，造成失误。徐霞客在《盘山考》写的最后一句话是："**彼不辨端末巨细，悍然秉笔，类一丘之貉也夫。**"这种要求读者深入实践，然后著文写书的坚定又鲜明的立场，是值得肯定和大力提倡的。正如指出太阳有黑子，并不能否认太阳的巨大光辉和璀璨一样。

邕江宾馆

右江和左江在南宁汇合后，称为邕江。邕江是一条大江，从西往东横穿广西首府南宁市的南面。邕江的两岸画有美丽的新型壁画；晚上则有美丽、璀璨的灯光在两岸闪烁。1999年5月的一个晚上，我们参加评审南宁市旅游规划的代表坐船欣赏了美丽的夜景。邕江宾馆是一座豪华的四星级宾馆。南宁的繁华得益于邕江，而邕江和盘江是不可分的，南宁简称'邕'，也在于此吧。

第二卷

天涯走笔

驱山走海置眼前

第二卷有19篇文章，其中18篇文章中的每篇都只写一个具体地点，或一个具体的景观，以此品味一下徐霞客先生独特的观察视角和精彩的描述手法。这18篇文章分为以下5类。

　　1. 主要特点写城市。杭州和桂林在明代时，已是中国著名的旅游城市。那么徐霞客第一次到这两个城市，是如何观察，如何描写的，是个很有意思的事情。"山间石爽杭州城"，"地面流水峰林出"就是讲霞客笔下的杭州和桂林。你看，同样是两座发育在石灰岩上的著名旅游城市；但徐霞客在写杭州时突出了杭州城周山上的岩石的特点：爽，并讲了其人文景观——毕竟是一座历史名城，有古刹和艳女。写桂林是位于平原；突出地面流水多以及应接不暇的峰林以及令人尘胃一洗的田园风光；把两座城市的美丽和特点，一目了然呈现在读者眼前。

　　2. 以小写大描山景。包括5篇文章，写了5座山。"雁荡两洞真奇观"，他通过写"天聪洞"和"龙鼻洞"两个火山洞穴，喊出了雁荡山为"天下奇观"；"三个一色白岳山"，徐霞客对白岳山这座丹霞山中的天生桥，还有水帘洞都有描述，但重点放在了冰雪天登山看见的"三个一色"写白岳山；"不是武夷胜武夷"，他观察了嵩山太室山中的一条山谷——卢岩的潭瀑景观和武夷山的水帘瀑景观相似。由于生态环境的变化，卢岩的水景今天无法和武夷水帘瀑相比，但从此可以看出气候的变化；"自为变幻江郎山"中的江郎山，徐霞客紧紧抓住江郎山是由三个互相独立的山峰来赞美它；"欢若更生一线天"，他只描述了通过浙江福建交界处的浮山盖山中的龙洞一线天，把这座花岗岩山的艰险生动地呈现在我们眼前。我们看过这5篇文章后，至少对雁荡山、齐云山、嵩山庐岩、江郎山、浮盖山会有印象的。我们也会从内心佩服徐霞客这种以小见大，用不同的视点写每一座山的创新写法。这样，每一座山就像每一个人一样都有自己的"性格"。

　　3. 生动比喻叙风景。《游记》之所以成为经典著作，就在于其不仅文笔出众，而且还用了不少生动比喻，把自然景物写得活灵活现，结果就是人人眼中有，个个笔下无，成为读者追捧、学习的范文。有7篇文章都属于这类，而且在写作中，徐霞客都运用了比喻的手法。这7篇文章是"中有斑痕如人掌"、"炫巧争奇玉华洞"、"橘缘枫丹好风景"、"度纬穿丛江流曲"、"烟雾腾空黄果树"、"腾冲喷泉若探汤"、"极奇极险的栈道"。每个比喻都值得我们好好品味，如曲流，过去大多数人都是用唐代大文人柳宗元对柳江的比喻"江流曲似九回肠"，而徐霞客从观察生活中，提炼出了"梭之度纬"、"蝶之穿丛"，多么生动、有趣啊！腾冲的喷泉用7个比喻。徐霞客是比喻大师啊！

4. 同类比较写景观。"不尽苍茫茈碧湖"，把茈碧湖与杭州西湖作了比较；"西南奇胜滇东始"，把湖南、广西、云南三地的喀斯特地形作了比较。

5. 全面描写绘漓江。漓江是一条重要的江，《游记》中不仅有白天的描述，还有晚上的描述，还有生物的描述。"桂林之美在漓江"就是品读这方面的内容。徐霞客对一地的人文景观，特别是摩崖碑刻也很重视。"摩崖碑刻千古胜"说明了徐在这方面下的功夫随处可见。

"读懂游记实践中"是讲要真正理解《游记》，尽可能要到实践中去。

这一卷中18个具体的风景，就是徐霞客先生精心酿制的18杯美酒；您用心品味，品赏，就会知道徐霞客先生用了5种不同的酿制方法，使这些美酒的味道是那么沁人肺腑，那么香醇。

从18个具体风景描写中，可以看出徐霞客的文章既是地学科普文章，又是文学风景散文，用高超的文学手法来描写地学现象；不是那种糖丸式的包了一层，而是两者融合、融化在一起。这点，所有科学家，特别是地学家应好好学习。科学知识，尤其是地学知识本来就是生动有趣的，我们不要把其变为枯燥无味的。所有的科学工作者在品读《游记》中，在这方面肯定会有不少的体会和收获。

雁荡两洞真奇观

浙江温州的雁荡山是一座白垩纪的古火山。它不仅是中国的重点风景区，也是世界地质公园所在地。当地风景区用徐霞客"游雁荡山日记"中的一句话来宣传雁荡山。这句话是：

"锐峰叠嶂，左右环向，奇巧百出，真天下奇观！"

实际上，这是徐霞客于一六一三年四月十二日游完雁荡山灵岩景区的龙鼻、天聪两个火山洞穴后，对这两个洞的高度评价。2007年5月，笔者实地考察了雁荡山，也考察了灵岩景区，更仔细考察了龙鼻、天聪两个洞。现结合我自己的考察经历，谈谈对徐霞客这句话的理解。

我们一进入灵岩景区，就见到像一堵高高的城墙耸立在蓝天之下的一座绵长的长方形的山上，当地称为"嶂"。这个嶂就是雁荡山中著名的屏霞嶂。在屏霞嶂的顶上有一块景石，很像蛤蟆，称为"蟾蜍石"；与嶂相对的一山峰上也有一景石，很像乌龟，称为"玉龟"。据说这个景区叫灵岩，也是起源于这个"玉龟"景石。徐霞客在游记中就写道：

东南为石屏风，形如屏霞，高阔各得其半，正插屏霞尽处。屏风顶有"蟾蜍石"，与嶂侧"玉龟"相向。

碧霞嶂的下面有两个山洞：左边的叫天聪洞；右边的叫龙鼻洞。我在导游小金的指引下，从嶂左的石阶往上攀登，大约向上走了十多分钟，石阶没有了。眼前出现了一道陡坎，走到陡坎前，有一个洞。往里一看，洞中有洞，里面有三个小洞：两个圆洞和一个长洞，并且有天然的光，从穴中射入，把这三个洞照的很亮。但游人是无法进入洞内的；因为这道陡坎约有1米多高，而且越过这道陡坎，下面看不见底；就如同从河岸直接下到河底。我们还是看一下徐霞客先生对该洞的描述：

别有一境

2007年5月，笔者考察天聪洞，走到石阶的尽处，一个一米多高的陡坎，挡在道路上，靠近陡坎（即阈），一看原来前面是一个无底洞。洞外是一个长穴。洞内有两个圆穴，往洞内拍摄，得到这张照片，因为有光射入，洞中的两个圆穴很明显。笔者拿相机，往洞内上大下小，每个洞内可以看到有绿色的树木，正如徐霞客所说「别有一境」。当时由于不是用的数码相机，照片不很理想，如果是数码相机，会理想一些。这种景观，我们在大自然中很少见，洞中有洞不罕见，但洞中之洞中有光，又有景很少见。天聪洞，你越琢磨，越觉得奇怪，洞中有洞（不止一个），而且洞中又能见到景和光，真是天下奇观！

灵岩古寺

灵岩寺是雁荡十八古刹中的第二大寺，仅次于能仁寺。创建于北宋时，宋朝皇帝曾多次赐以御书和经卷。灵岩寺是灵岩风景区的中心。文学家郁达夫称它"是雁荡的中心"，也是雁荡山杰作里的顶点"。现灵岩寺大门两旁的对联是：

一柱擎天地秀
万峰涌地争妍

这里是看雁荡奇峰的好地方。徐霞客写道灵岩寺"背向屏霞嶂。嶂顶齐而色紫，高数百丈，阔亦称之。嶂之最南，左为展旗峰，右为天柱峰"。但灵岩寺景区最精彩的就是龙鼻和天聪两洞。《游记》写道："由展旗右胁……龙鼻之穴也。……是为天聪洞。龙旗侧褶屏霞『嶂之右胁……龙鼻之穴中』。『屏风南去，锐峰叠嶂，则嶂左第一奇也。』从石罅直上……此嶂右第一奇也。'……是为天聪洞，左右环向，奇巧百出，真天下奇观！"所以，徐霞客说灵岩寺这个地方'绝壁四合'，曲折而入，如另摩天劈地，碎一寰界'。

蹬级尽处，石阈限之。俯阈而窥，下临无地，上嵌岈岣。外有二圆穴，侧有一长穴，光自穴中射入，别有一境，是为天聪洞。则嶂左第一奇也。

笔者没有到雁荡山实地考察前，这一小段怎么也读不懂，弄不明白。其一，是这儿怎么还出现了门槛（即"阈"）；其二，有个洞你走进洞内去，不就得了，为什么要"俯阈而窥"。今天来到此处，两个问题迎刃而解。其一，阈就是指洞外1米多高的陡坎，应该是当年火山喷发的流纹岩浆冷却后形成的。

其二，翻过陡坎是容易的，但正如先生所说"下临无地"，洞往下是空的，不知深浅；冒险进去多半要摔伤甚至危及生命。正因为如此，才"俯阈而窥"，用"窥"字太准确了。我仔细看了看这个洞，很像人耳的外形；洞内三个小洞就像内耳和耳蜗。人们常用的成语是"耳聪目明"。人哪有这么大的耳朵，那么这只耳朵就是天的了。耳朵叫"聪"，故名"天聪洞"。原来如此简单明了啊！正因这个洞的构造如此巧妙，加上之前看的龙鼻洞。徐霞客就写了"真天下奇观"这句话。

　　和徐霞客不同，我是先看的天聪洞，后看的龙鼻洞。从天聪洞下来就是新近修葺一新的灵岩寺。从此向碧霞峰的右边走去，大约也走了十多分钟，在半山腰见到一个洞口。导游小金对我说，这就是龙鼻洞。和天聪洞不同，洞口很大，人可以直接走进去。该洞高五六米，面积约50平方米，洞顶有一条浅灰白色的宽约1米的闪长玢岩（火山岩的一种）岩脉（犹如人的血脉一样）贯穿在颜色深灰色流纹岩（火山岩的一种）中，从洞顶一直贯穿洞中，下垂为鼻。因为这岩脉弯弯曲曲又很长，从洞顶到洞底，似龙的鳞爪；那么这鼻子肯定就是龙的鼻子，故名。龙鼻洞最精彩的鼻端却在"文革"时被毁了。原来鼻端小孔内有水一滴一滴向外滴。这一景观，古代僧人如珙写诗赞道："**石龙滴滴鼻中水，二十名泉类莫齐。**"这一奇观，20个名泉都赶不上。可惜啊！这个洞中还有不少摩崖石刻，其中最为有名的是北宋著名科学家沈括的题名以及清代闽浙总督（相当于今天福建和浙江两省省长）苏昌的摩崖题刻："神斧划削露鳞甲，洪涛冲激遗筋骇。"前半句是对的，这龙是大自然的"神斧"造就的；但后半句错了，这"龙"与洪涛无关，是"烈火"炼成的。现在，我们还是看一下徐霞客先生对龙鼻洞的描写：

　　"**龙鼻之穴，从石罅值上，似灵峰洞而小，穴内石色俱黄紫，独罅口石纹一缕，青绀润泽，颇有鳞爪之状；自顶贯入洞底，垂下一端如鼻，鼻端孔可容指，水自内滴下注石盆。此嶂右第一奇也。**"

　　徐霞客先生把这宽一米左右的岩脉称为石纹一缕，颜色为黑里透红的青绀色，洞内的岩石颜色为黄紫色。笔者观岩脉颜色较浅，洞内岩石颜色较深，这是见仁见智的问题。徐霞客看了这个洞后，把其称为屏霞嶂的"嶂右第一奇"；随后，又把天聪洞称为"嶂左第一奇"。两个洞都是出人意料的奇和巧。所以，他在写完天聪洞后，接着写道：

"锐峰叠嶂，左右环向，奇巧百出，真天下奇观！"

你看，这一段话就是写在锐峰叠嶂的雁荡山，有两个洞的位置是左右环向，而洞内的景观（一个是似龙鼻，一个似天耳）又奇巧百出，真天下奇观！这一段话是写雁荡山的灵岩景区中屏霞嶂中的两个火山洞穴的，并不是写整个雁荡山的。当然，把这段话看做对整个雁荡山的称赞，也无不可。因为这两个火山洞，毕竟是在雁荡山中。用局部描写全局也是可以的。

从对这句话的理解过程中，笔者有三点很深的体会。

其一，不到实践中去是很难读懂《游记》，到实践中去后，你会感到《游记》写的真是太好了。如这句中的"阈"，词典上都是解释为"门槛、门"等，百思不解其意；又如龙鼻洞中的鼻端"水自内滴下"也是如此。到了现场不仅一下恍然大悟，而且觉得《游记》用词贴切、生动。

其二，读《游记》一定要"用心"、"存疑"。我1993年读此句就不甚懂，请教了一些所谓专家，也毫无结果。14年后我到雁荡山考察，一切都明白了，真如"拨开乌云见到太阳"。读《游记》不怕有疑问，就怕你不求甚解，放过这些疑问；那么，你的知识就永远得不到前进。

其三，《游记》中的一句话，往往包含了许多奥妙。这句话读懂了，让我知道了火山洞穴中居然还有洞内结构如此精巧的洞穴。我们看洞，一般游人都是看石灰岩为主的溶洞；对火山洞往往是不看的。但《游记》中的这句话，提醒读者一定要看；因为徐霞客先生用了真天下奇观，这样很高的评价。

小金告诉我，屏霞嶂的这两个洞，是不包括在导游路线上的。她很少带游人游览。因为我是来进行地质考察的，她才带我参观游览这两个洞。我感到十分庆幸和高兴。在此，我希望读者到雁荡山旅游，一定要去看，去欣赏一下这两个很奇特的火山洞穴，充分领略大自然的奥秘。

右与左，阃与窥

江西彩车

这是国庆50周年即1999年，江西游行的彩车。彩车突出了两个内容一是景德镇的瓷器，可惜徐霞客到了江西未到景德镇，二是军旗升起的地方即八一南昌起义，也是徐霞客诞生后340年的事。但没关系，徐霞客毕竟在他那时被称为「江右」的江西省考察过并留下了许多历史的宝贵资料。

　　右与左。1613年4月12日，《游雁荡山日记》写道：**龙鼻之穴……此嶂右第一奇也。**后面又写道：**是为天聪洞。则嶂左第一奇也。**这右和左是什么意思啊？是指方向。中国人面朝南，左为东，右为西，即左东右西。上面这段文字就是说，龙鼻之穴是屏霞嶂西边的第一奇观，天聪洞则是屏霞嶂东边的第一奇观。

　　徐霞客用右和左代表方向并不罕见。如一六三七年十一月初二日，在广西考察时写道："北行三里，有村在路左山下，复换夫行。……东北八里，腹疼少瘥。有村在路左石崖之内，呼而换夫。"你看，这村在路左即在路的东边。流传至今徐霞客唯一的手迹《鸡足山赠妙行诗两首》最后的署名为"**江左霞客徐弘祖**"。 徐霞客为江苏江阴人，但他却自称"江左"，即长江流域东边。有人会问，长江由西向东流，从总体上来讲，只有江南江北，并无江东江

大门之阈

这是福建泰宁李春烨宅的大门。李春烨为明代万历年间的兵部尚书，和徐霞客是同一时代的人。照片是其宅的大门。大门的上面有表示身份和官位的匾额，两旁有一对抱鼓石和门墩，两个门墩之间有一条石质的门槛即阈。照片上的阈比较矮的，有的有这2倍高，一般人即使到了门前，也不敢进去。站在阈外向内窥。《游记》中，多次有阈的描述都很精彩。另外，进了大门后，院中的所有房屋都有阈。你要了解每个房屋的内容和精彩之处，一定要跨过这阈，深入进去才行。

西之分。这里的左和右不是指南和北，仍然是指长江的东边地区（或流域）和西边地区（或流域）。《游记》卷二上有一篇名为"**江右游日记**"。这里江右就是专指长江西边的江西而言。虽说今湖北湖南也在长江的西边，但一向称为"**楚**"。所以，徐霞客在今湖南地区的考察日记称为"**楚游日记**"。长江以江西鄱阳湖湖口以东为下游，即为江东或江左。西楚霸王项羽是江苏人，他就说过，如果失败，对不起八千万江东父老。

阈与窥。1613年4月12日，徐霞客在探天聪洞时写道：**有径直上，磴级尽处，石阈限之。俯阈而窥，下临无地，上嵌崆峒。**这阈字不认识，查《新华字典》，念yù，意为门槛或界限。怎么也不明白，怎么出来过门槛，而且还俯阈而窥。我到实地一看，确实在石阶尽处，有一个有火山喷发形成的一个长形的石坎，后面就是天聪洞；就像我们购买火车票时，前面有一栏杆，后面就是售票的小窗。这石坎，徐霞客称为石阈即石头做的门槛十分贴切。门槛，我们可以抬腿跨过去，笔者参观山西祁县的乔家大院时，每个院门，屋门都有阈，一迈就过。这里的阈却限之，即你不可能迈过去。因为俯阈而窥，后面有一个洞，下面看不到底，上面也是空空的。这阈、石阈用的多好，像门槛的一个石坎，而且是一个障碍限制了，是迈不过去的；只好趴（即俯）阈而窥。这窥字也用的好，从缝隙、小孔或隐蔽处偷看。

我见过的北京一重点高校中文系的博导不认识阈，另当别论；但读《游记》，一定要认识并了解这个字的意义；否则，你就读不懂，也品不出《游记》的味！1637年7月13日，徐在广西柳州抵达王氏山房，到房后参观时，又用了阈，他写道："逾东阈而出……壶中之透别有天，世外之栖杳无地。"你看，跨过阈就是另一番天地。1637年11月18日的日记，徐写考察今天广西天等县百感岩时，又用了阈。他写道："水洞之内，陷处径丈五，周围如井。……井外即门，巨石东西横峙，高于洞内者五尺，如门之阈。由井东践阈，踞门之中，内观洞顶，垂龙舞蛟，神物出没，目眩精摇；外俯洞前，绝壁搏云，重渊破堑，骨仙神耸。此阈内井外峡，亦架空之梁，第势极崇峻，无从对瞩耳。阈东透石隥东北下……通之则翻出烟云，塞之则别成天地。西来第一，无以易之。"你看，百感洞下有一水洞，水洞下陷处有一井，井外有一门（没有门板的）但有一巨石如门槛一样，高5尺，翻过阈则进到一个洞穴大厅中。钟乳石像神物一样出没，眼睛看得发花；洞前则峭壁穿空仿佛和云搏斗，使人有成为神仙的感觉。最后从阈的东边下山，徐霞客十分感动，说出了越过阈是翻出另一番烟云；不越过阈也是一番天地。他说，此洞西来第一，是名副其实的。这一小段话中用了四个阈，在阅读时，一定要越过这四个门槛进入，不要被关在阈外。阈外肯定另有一番烟云，在《游雁荡山日记后》中，徐霞客就越阈，进入了天聪洞考察。

三个"一色"白岳山

徐霞客的旅行和考察是常年在外,不分四时,往往还在冬季出游。在其游记中还记录了雪中游的乐趣。一六一六年的安徽休宁的白岳(今齐云山)之游就是雪中游。他于正月二十六日抵休宁,一直到三十日,都是大雪。下面看看这雪中的五天,徐霞客是如何度过和描写的。

第一天　二十六日,他"借庙中灯,冒雪蹑冰",大约走了三里,入住榔梅庵。在路上,"闻树间冰响铮铮"。入庵后,大霰作,即雪粒很大,他一个人睡在庙的山房之中,"夜听水声屋溜,竟不能寐"。这一天,他是听冰、雪(霰)、水声,一晚上未睡。他享受了听雪之美。

第二天　二十七日,他早起,看见"满山冰花玉树,迷漫一色"。他不仅坐楼中欣赏雪景,还冒雪到达了舍身崖、罗汉洞、天门、珠帘等景点。

第三天　二十八日,这天的大雪,弥山漫谷,徐霞客勉强睡觉休息。但到了巳刻(上午9时至11时),他又同道士伯化,穿着木屐,走了二里路,又一次来到文昌阁。他"觉地天一色……更益奇观"。在大雪中的齐云山,比平常更加好看(更益奇观),原因就是地和天是一种颜色。只有在雪中,地和天才为一色吧。

第四天　二十九日,早上云开,太阳升起在树梢之上。徐霞客急忙穿衣起床,见"青天一色",雪后的万里无云,使他发出"半月来所未睹"的兴奋和感叹。但天气十分寒冷,饭后,"大雪复至,飞积盈尺"。他只能在楼内散步观景,并听楼后的道士程振华谈九井、桥岩、傅岩的景观。这是雪中第四天了,也是惟一一天没有冒雪游,因为雪太大了。

冰花玉树

1616年正月二十七日，徐霞客写道：起视满山冰花玉树，迷漫一色。对这种景观，他是喜欢的。我们可以用他的另一段日记来注解。1637年正月十三日，他在湖南茶陵考察时，写道：『峰脊冰块满枝，寒气所结，大者如拳，小者如蛋，依枝而成，而坠。⋯⋯庵中山环峰夹，竹树蒙茸，荥雾成冰，玲珑满树，如琼花瑶谷，朔风摇之，如步摇玉佩，声叶金石。偶振坠地，如玉山之颓，有积高二三尺者，途为之阻。』正月十五日，他又写道：『冰雪层积，身若从玉树中行』。从以上可知迷漫一色的冰花玉树是令人向往的。图片上的景观是长白山冬季的冰花玉树，我想能够表现出徐霞客笔下的味道吧。

第五天　三十日"雪甚，兼雾浓，咫尺不辨"。徐霞客和道士伯化一起到舍身崖在雪中饮酒观景，多么惬意。我们现代人是没有这种乐趣了。他见到了"冰柱垂垂，大者竟丈"的冰雪奇观。他又见到了"峰峦灭影，近若香炉峰，亦不能见"的奇景。

这五天中的第二天，徐霞客见到了雪后的冰花玉树的迷漫一色。第三天又见到了大雪中的地天一色；第四天又见到了雪止云开日出的青天一色。他的三个"一色"：迷漫一色是美，地天一色是奇，青天一色是喜。从这三个"一色"，也可见徐霞客文笔的高超，以及三个一色带给他的雪中之情。

徐霞客这五天有雪中听水声屋溜，有雪中游珠帘等地，有雪中聊天谈景，有雪中饮酒。他并不是一味地在庙中等待好天气。他的旅游考察不管是风雨，还是冰雪都是不可阻的，并能在不利的天气条件下，自得其乐。

不是武夷胜武夷

徐霞客先生在写游记时，往往会用比较的方法，指出哪个风景更好、更精彩。我们在读《游记》时，也可以根据自己的亲身经历把这些风景来进行比较；如果是地学工作者还可以赋予一些现代科学知识来进行比较。这样，读起来会更加有趣，有"味"。下面，我们来看一下徐霞客先生对两个峡谷和武夷山的比较。

1. 河南嵩山卢岩。1623年2月20日他写道：

"入东华门时，日已下舂，余心艳卢岩，即从庙东北循山行，越陂陀数重，十里，转而入山，得卢岩寺。寺外数武（古人以六尺为步，半步为武），即有流铿然（有流是指瀑布），下坠石峡中。两旁峡色，氤氲成霞。溯流造（到达）寺后，峡底矗崖，环如半规，上覆下削；飞泉堕空而下，舞绡曳练，霏微散满一谷，可当武夷之水帘。盖此中以得水为奇，而水复得石，石复能助水，不尼（阻止）水，又能令水飞行，则比武夷为尤胜也。徘徊其下，僧梵音以茶点饷。急返岳庙，已昏黑。"

卢岩位于嵩山中岳庙附近，传说为唐代诗人卢鸿乙的故居。卢的诗画在唐代与著名的诗画家王维齐名，唐玄宗拜他为谏议大夫，他固辞不受，隐居嵩山。其故宅后称卢岩寺，其读书处在寺南，后为卢岩下寺。卢岩的这种文化背景，使其名声远扬。徐霞客先生"心艳"即从内心十分羡慕卢岩，虽然是夕阳将落的傍晚"日已下舂"的时间，仍然赶往卢岩游览。

他对卢岩总的评价是："两旁峡色，氤氲成霞"；是一个"霏微散满一谷"的峡谷。他对卢岩的水景作了重点描述并作了两个对比。一是瀑布水即飞泉。他写道飞流的泉水自空中直泻而下，好像丝绸凌空飘舞一样，细雨般的水珠洒满山谷，和武夷山的水帘洞外的水帘瀑布不相上下；二是山谷水，他写道

瀑潭相连

徐霞客心艳的卢岩，就是今嵩山世界地质公园中太室山的卢岩瀑布风景区。这是一条长约2000米的石英岩的峡谷，传说这里为唐代书画永兼诗人卢鸿乙的隐居之地。这条峡谷中居然有12个瀑布，12个瀑布之下都有潭。在国内我是第一次见到12个瀑和潭都处在一个峡谷之中。瀑布是没有名字的，由潭名来代表瀑名，如黑龙潭就包括了它上面的瀑布。照片中的潭为聚宝潭。我是2004年6月17日下午去考察的，未到两季，卢岩瀑布的流水很细小。你从照片石壁上的黑色条带，可见水大时瀑布的壮观。徐霞客时代是中国历史上的多雨时代，卢岩的瀑布称「飞泉坠空而下，舞绡曳练，霏微散满一谷，可当武夷之水帘」。从此可知，每个时代的人所看到的景观是不一样的。但今天，这12个水潭仍然存在，瀑布的痕迹依然清晰可见。

此山因得水为奇（一般的说法是山得水则"活"，他用"奇"，别具一格），而水又得到岩石的映衬、推动，岩石非但不阻挡流水，还能令水"飞行"，大大胜过了武夷山的九曲溪。

卢岩、武夷山的水帘瀑布、武夷山的九曲溪这三个地方我都考察过。读了这段文字中对这三地的比较，深深体会到徐的文字简练、优美、上口，他用短短的一段写了卢岩峡谷的三个特点：地形、瀑布（飞泉）、流水（水），今天也很少有人能做到。由于受时代和考察时间的限制，徐文有两点不足或不妥，应该指出。

a 卢岩中的瀑布和武夷的水帘，相似的仅仅是徐霞客那时（阴历二月）所看到的水堕空而下的形式，其它的方面都很难相比。卢岩全长3千米，有12级瀑布和12个水潭。其形成是地壳的抬升和冰川的共同作用，12个水潭是岩石在冰蚀的基础上受流水侵蚀、以及风化作用而形成的。这样多的瀑潭相连的景观，集中在一条不长的峡谷中，在中国十分罕见。2004年6月17日，我也是在夕阳西下时刻到达卢岩，用2个小时，考察5～6个水潭和瀑布；估计徐霞客当年最多只考察了2～3个瀑布（因为当时交通条件即山路远非今天这么好！）。卢岩的精彩和奇妙实不在瀑而在其下的潭；并且潭的形状、大小各不相同，瀑是没有名字的，由潭的名来代表上面的瀑布名，如黑龙潭上面的瀑布叫黑龙瀑布。写卢岩不写潭是不准确，写卢岩之瀑不写12级也是不全面的。

　　b 卢岩峡谷的水，不能和武夷九曲溪相比。前者是山间的溪流，一年之内水量变化很大，根本不能搞竹筏漂流；后者一年之内水量比较稳定，能坐竹筏进行水上旅游。卢岩中山溪水的流动的湍急是常见的。当然远远胜过九曲溪。这两者虽说都是峡谷，但放在一起对比，欠妥当。笔者指出这两点，丝毫没有批评徐先生的意思。这完全是时代的局限。举一个例子，卢岩有12级瀑布，我也是看了航空摄影照片才一目了然的；如果没有这些照片，我也不清楚。最后要指出，卢岩是属于变质岩的石英岩地貌；武夷山则是沉积岩的丹霞地貌。石英岩地形是以白色、灰白色为主；丹霞地形是以红色为主色调；两者的岩石成因也是不同的。不过，徐霞客文中的两点对比对读者还是有启发的。把瀑布以及武夷水帘，用"舞绡曳练"形容很好；把卢岩中水和石的关系写得入木三分。

　　2. 山西恒山山麓处的峡谷。一六三三年九月初十日，徐霞客考察这个峡谷后写道：

　　　　循之抵山下，两崖壁立，一涧中流，透罅而入，逼仄如无所向，曲折上下，俱成窈窕，伊阙双峰，武夷九曲，俱不足拟之也。……三转，峡愈隘，崖愈高。西崖之半，层楼高悬，曲榭斜倚，望之如蜃吐重台者，悬空寺也。

　　这个峡谷有两个特点：一是狭窄，人几乎不能通过（无所向）；二是曲折，成窈窕。徐霞客说，就连河南洛阳的伊阙双峰之间的峡谷和福建九曲溪，两者都不能与之相比。这3个峡谷放在一起比较谁更窄更曲，是有道理的。因为，武夷山和伊阙是名山，到那里去过的人比恒山多，用武夷山和伊阙来比喻恒山，读者更易理解。退一步讲，这3个地方都是名山，你只要去过一个地方，就会理解其它两个地方。

　　这个比较也有不妥，因为恒山为石灰岩山即喀斯特地貌，伊阙和其是一类山；但武夷山属丹霞地貌。把恒山和武夷山中的峡谷放在一起比是不妥当的。如它们之间岩石的颜色就大不一样。

　　笔者举这两个例子首先是肯定了他这种观察景观的比较方法的可行的。它可以举一反三，融会贯通。但由于受时代的限制，徐霞客先生在比较时，也有些不妥之处，我们在阅读时，也应该注意到。这样，我们在阅读《游记》时，既有继承的一面，更有发展的一面；而发展的一面现在往往被忽略了。

水帘洞与大观

把水帘洞写得最精彩的，笔者认为还是徐霞客先生。1616年2月23日，他在《游武夷山日记》中写道："半里，即水帘洞。危崖千仞，上突下嵌，泉从岩顶堕下，岩既雄扩，泉亦高散，千条万缕，悬空倾写，亦大观也！其岩高耸上突，故岩下构室数重，而飞泉犹落槛外。"

上突下嵌，是水帘洞的最大特点；千条万缕，是水帘瀑的最大特点；飞泉犹落槛外，就是水帘洞与水帘瀑加在一起的景观。

徐霞客评价水帘洞的风景为"大观"。《大观》出自《易经》："大观在上，顺而巽。中正以观天下。夫大观者，为众人所敬仰者，君子也。谦谦君子，独具柔顺而谦逊之美德，观人待物，始终把握全局，通达人情，洞晓利害，干细微处着手，以至中至正之态度观览天下之物。"

从本义上解读，大观为君子，为众人所敬仰的君子。把水帘洞称为风景中的君子；可见，徐霞客对这类景观的看重。在考察中，他对水帘洞是不会轻易放过的。

祝融峰之高、藏经殿之秀、方广寺之深、水帘洞之奇称为"南岳四绝"。一六三七年正月二十一日，他一到衡山就找水帘洞瀑，写道："东北三里，有小溪自岳东高峰来，遇樵者引入小径。三里，上山峡，望见水帘布石崖下。二里，造其处，乃瀑之泻于崖间者，可谓之'水帘'，不可谓之'洞'也。"你看，徐霞客对这名不副实的"水帘洞"是不满意的！

中国最有名的水帘洞是贵州黄果树的水帘洞。笔者考察后很有收获，洞中有好几个天窗，洞外的雄伟壮观的水帘看得震撼人心，又分外美观。徐霞客把黄果树瀑布，写的很到位。当时由于交通不便，他无法绕到瀑布后面，进入此洞，十分遗憾；不然，肯定会写出比描写武夷山水帘洞还要精彩的文字。

悬空倾泻

水帘洞瀑是一种山水组合。这里的水帘洞是丹霞地貌中常见的「额状洞」。「额状洞」就是上突下嵌，犹如额状。在洞外有瀑布下泻，是很难得。整个丹霞岩壁雄伟而且扩展，映衬着瀑布更加壮观。；因为落差大，观其瀑水是千条万缕的，写得多么具体。徐霞客先生情不自禁地称其为「大观」，并加上一个惊叹号。徐霞客先生在考察安徽白岳（即齐云山，也是丹霞山）以及嵩山时，都提到了水帘洞瀑。可见他对这类景观是非常关注和喜好的。这张图片为余泽岚先生拍摄。

　　水帘洞一般发育在丹霞地貌（如武夷山等）、喀斯特地貌（如黄果树瀑布等）、花岗岩地貌中（如湖南衡山）。图片为笔者在考察河南云台山的喀斯特峡谷中所拍摄，水帘和洞还是比较清楚的。

中有斑痕如人掌

　　仙掌岩是武夷山的著名景点，徐霞客游武夷山是不会放过的。在1616年阴历二月二十一日的《游记》中，他写到：

　　临口北崖即仙掌岩。岩壁屹立雄展，中有斑痕如人掌，长盈丈者数十行。

　　短短的32个字，他写了仙掌岩的6个特点：a 它是一个岩壁；b 屹立，高耸而稳固的立着；c 雄，这个岩壁给人以雄伟之感；d 展，岩壁是平的展开，没有一点弯曲；e 岩壁中有斑痕，如人的手掌，这也向读者交代了该岩壁为什么叫仙掌岩的原因；f 斑痕的长度和数量，长为盈丈，比一丈还长，数量有数十行。

　　清代著名文人袁牧，在《游武夷山记》中对这一景观，也作了描述。他写道：

　　六曲而至晒布崖。崖状斩绝，如用倚天剑截石为城，壁立戍削，势逸不可止。窃笑人逞势，天必夭阏之。惟山则纵其横行直刺凌逼莽苍，而天不怒，何耶？

　　晒布崖是仙掌岩的另一名称。袁牧用了68个字，比徐霞客多一倍还多，写

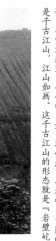

千古江山

看到丹霞山晒布崖这张照片，就使我想到了两位文人的两首词。一是辛弃疾写的《永遇乐》。这岩壁的陡峭，岩壁上顶天立地的柱状沟槽，多么大气啊！真是千古江山，又是雨打风吹的结果；片状流水的倾泻又如金戈铁马，气吞万里如虎！一是苏东坡写的《念奴娇》，这红色的赤壁和三国周郎赤壁真是异曲同工啊！它的形成过程也和乱石穿空、惊涛拍岸，卷起千堆雪类似啊。这赤壁，这江山真是如画，赤壁（晒布崖）前的红黄彩叶，使人想到小乔初嫁了，雄姿英发，羽扇纶巾，谈笑间，樯橹灰飞烟灭的壮歌！徐霞客想到了『仙』，刘白羽忆起了『神』，中国的江山真是千古江山，江山如画。这千古江山的形态就是『岩壁屹立』。

神庙廊柱

终于找到了古希腊神庙的廊柱的这张图片。神庙的石柱除了色彩和形状稍和武夷山的仙掌岩相似外，其它的都不似。其最大的不似有两点：一仙掌岩的一条条的岩石被侵蚀后形成圆形柱状，不是如神庙石柱这样分开的，而是如人的手掌中的手指，相连在一起的；二仙掌岩名为『仙人之掌』，把其成因归为『仙』，也就是大自然的鬼斧神工。古希腊雅典的巴特农神庙，叫『神庙』，却是人类建筑的文化遗产。从这里也说明，对同一个自然景物的审美，每个人由于经历、知识、心情等方面的不同和差异，都有自己的结论和答案。所以，审美没有标准答案，也就没有对与不对；但却有是否贴切、是否通俗之分。笔者认为，徐霞客《游记》中的比喻是生动的也是通俗易懂的，值得我们写作时借鉴和学习。

这一景观。这68个字对于景观的描写，相当于徐霞客的"屹立雄展"四个字；后面两句话，是袁牧发出的感叹。

最后，我们再来看一看，近代著名的军旅作家刘白羽先生对这一景观的描写。

刘白羽先生在《武夷颂》一文中，他写道：

但真个使我整个神魂为之震颤的是游到五曲。在岸上凌空飞来一座平坦的，浩荡的巨崖，它上凌青天，下临碧水，这就是仙掌峰。而奇特惊人的，是在这一半铁青一半赭红的崖壁上，冲激出数十道均匀齐崭的圆形棱柱，仿佛在天风飒爽中，如见古希腊神庙的廊柱。我再细看，这峰崖倒映水中，那些圆柱就像千万条游龙在随波荡漾，真令人有虎跃龙腾之慨！

他用了156个字，写了高、色，然后是两个比喻"廊柱"和"游龙"。其中矛盾之处是"数十道"和"千万条"，美中不足不仅没有一个字和"仙掌"联系；更没有长度，抽象的"柱"、"龙"和斑痕是不同的。

任何东西，包括文章，有比较就会看出谁写得更好，写得更具体，更精练。文章用比喻很重要，比喻一定要浅显，易懂，且风趣、幽默。把这景观的斑痕，比喻为人掌以及一匹匹布既生动，又形象；而把它比喻为古希腊神庙的廊柱，既不贴切，也显生僻。古希腊神庙的廊柱，大多数读者是未见过的，笔者仅仅是从照片上看见。把已有约定俗成的比喻换成一个人们不熟悉，也不比原来好的比喻，是不妥的。

从上面叙述中，可以看到徐霞客先生在野外观察事物的仔细、周到、全面，而其描写更是精练、精彩。这正是我们要向霞客先生好好学习的地方。

武夷山笔于1993年去考察了3天，仙掌岩也仔细看了。岩壁上的斑痕实际上是由流水侵蚀和冲蚀岩壁上的砂砾岩形成的沟槽，在武夷山这种丹霞地貌的地区是比较常见的一个景观。无独有偶在广东韶关丹霞山，有一个几乎和武夷山相似的景观，也叫"晒布崖"。

徐霞客先生是信仰道教的。他在描写景物时，往往不自觉地用了"仙"，如仙掌岩、仙人田等等，但并不妨碍他对具体事务的描写。不要因为他用了"仙"，而贬低他对自然景物的描述。

自为变幻江郎山

2002年3月，在浙江省国土资源厅办公室陈良富主任的陪同下。我由常山经江山回衢州，于29日抵达江山。当天下午考察了江山的一民营萤石矿企业，好家伙，这么大、这么完整、这么美丽的萤石，让我这个中国地质博物馆的研究员也大开眼界。在场的江山市国土局的陈局长说："明天带你们去看江郎山，比这还精彩，一定会让你们惊喜。"

第二天一早，我们从江山市内的交通宾馆驱车向江郎山驶去，40分钟就到达了山下。在山下遥望江郎山，在蓝天白云的映照下，赫红色的三峰挺拔并立，十分醒目，加上藤萝倒垂，野花盛开，一片美景。这三峰依次为郎峰、亚峰、灵峰。在进山前，陈主任告诉我，这座山徐霞客来过3次，对它有很高的评价，说它的景致好过雁荡山、黄山、鼎湖。我们一行3人在导游的带领下来到了山中的《霞客亭》，亭前的石碑上镌刻有"游九鲤湖日记"中，对江郎山的描写。全文如下：

"二十三日，始过江山之青湖。山渐合，东支多危峰峭嶂，西伏不起。悬望东支尽处，其南一峰特耸，摩云插天，势欲飞动。问之，即江郎山也。望而趋，二十里，过石门街，渐趋渐近，忽裂为二，转而为三。已复半岐其首，根直剖下；迫之则又上锐下敛，若断而复连者，移步换形，与云同幻矣！夫雁荡灵峰、黄山石笋，森立峭拔，已为瑰观，然惧在深谷中，诸峰互相掩映，反失其奇；即缙云鼎湖，穹然独起，势更伟峻，但步虚山即峙于旁，各不相降，远望若与为一，不若此峰特出众山之上，自为变幻，而各尽其奇也！"

读完徐霞客这段227个字的文字，使我倍感意外！笔者万万没有想到徐霞客将江郎山形似"山"字的三片石描写的惟妙惟肖，神韵兼备，并称赞其景超过了**"已为瑰观"**的雁荡山和黄山以及**"穹然独起"**的缙云鼎湖风光。因为这些

一线天光

江郎山一线天长295米，高312米，宽约3.5米，人行其间并不感到狭窄，但两边300多米高，使人有一种压迫感。由于光照和雨水影响，靠近亚峰的一边（照片的左边）光秃秃寸草不生，靠近亚峰的一边则植被葱翠，令人称奇。在住房和城乡建设部评中国重点风景名胜区时，江郎山很难通过，后丹霞地貌专家、中山大学教授黄进先生说江郎山的一线天的长度是中国丹霞地貌中的第一名即『中国之最』，才获通过。一个风景区一定要有一项（多项更好）镇得住游人和官员的景观。

景观均没有江郎山"特出众山之上，自为变幻，而各尽其奇也"的风姿。

我站在石碑前，再看看刚刚游完的雄伟的江郎山，思潮澎湃。在考察前我万万没有想到在浙江西南偏僻的江山市有这么一座美丽的并且被徐霞客高度称赞的江郎山，更没有想到这江郎山是一座丹霞山，这三峰实际上是丹霞地貌发育到中晚期的标志之一——三个石柱。丹霞地貌在我的地学考察中并不鲜见，但这次却是意外的，深深地打动了我。原因有二。1.江郎山本身形态的特殊。在中国的名山中，独峰较多，双峰也不少，惟三峰并立之景观罕见，形成特殊的视觉印象。江郎山最著名的景点是灵峰和亚峰之向险峻的"一线天"。2.徐霞客的高度评价，没有想到江郎山的丹霞地貌竟在徐霞客的心目中有如此高的

天峰相映

这是江郎山一线天出口处与郎峰。这张照片是笔者最得意之作，至今还未见有人从这个角度拍，这就是地学家的眼光，可以称为『真正的一线天』。图片右边的山就是江郎山的最高峰，海拔360米的郎峰了。它石壁很陡，近90度，现已修了栈道，游人可以登到顶峰，眺望大好江山。因为江郎山在浙江江山市境内，景区有一大幅标语为『江山如此多娇』！郎峰上的摩崖题刻为明代理学家湛若水写的『壁立万仞』四字。

地位（虽然他不知道江郎山是一座丹霞山）。他受感动主要是因为自为变幻，各尽其奇。唐代诗人祝其岱、白居易，宋代的辛弃疾，明代的徐渭都称赞过江郎山，不妨把辛弃疾写的一首《游江郎》引在下面：

"三峰一一青如削，卓立千寻不可攀。正直相扶无倚傍，撑持天地与人看。"

辛诗更由山的卓立谈到人要"正直"！"正直"这两个字包含了多少的内涵啊！

浙江江郎江和广东丹霞山等6处丹霞地貌景观，已批准为"世界自然遗产"名录。

炫巧争奇玉华洞

我考察过许多石灰岩的溶洞，特别想着一下徐霞客是怎么描写溶洞的。徐霞客一生考察过近400个溶洞，描写精彩又仔细的仅有数十个，玉华洞就是其中之一。下面就引用他1628年3月20日对福建将乐玉华洞的叙述：

"初入，历级而下者数尺，即流所从出也。溯流屈曲，度木板者数四，倏（shu音叔）隘倏穹，倏上倏下；石色或白或黄，石骨或悬或竖，惟'荔枝柱'、'风泪烛'、'幔天帐'、'达摩渡江'、'仙人田'、'葡萄伞'、'仙钟'、'仙鼓'最肖。沿流既穷，悬级而上，是称九重楼。遥望空漾，忽曙色欲来，所谓'五更天'也。至此最奇，恰与张公洞由暗而明者一致。盖洞门斜启，玄朗映彻，犹未睹天碧也。从侧岑仰瞩，得洞门一隙，直受圆明。其洞口由高而坠，弘含奇瑰，亦与张公同。第张公森悬诡（guī音鬼）丽者，俱罗于受明之处；此洞炫巧争奇，遍布幽奥，而辟户更拓；两洞而异，正在伯仲间也。"

这段260个字的文字把玉华洞描得活灵活现。①该洞是个竖洞，且为水洞。"历级而下"表明是个竖洞；"流所从出也。溯流屈曲"，表明洞中有水。②对洞内石钟乳，石笋的描写用了8个比喻。"仙钟"、"仙鼓"、"仙人田"（即边石坝），这3"仙"表明了徐霞客的道教信仰。钟和鼓应该是石钟乳。仙人田即边石坝，这是长年流水对石灰岩的侵蚀，滴到地下沉淀形成了"石灰华"，围成了一个个"堤坝"，然后在这堤坝中储存了水，好似南方一块块的"水田"，徐霞客称之为"仙人田"。这不禁使我回想起30年前，考察某个溶洞后，有位专家称边石坝为"仙人田"。我当即反对说，这种叫法不妥；这位专家说，徐霞客也这么叫，我不语。确实，边石坝的叫法太专业化，"仙人田"虽有点宗教色彩但却容易为大众明白、理解。不读《徐霞客游记》，难免会碰到这种尴尬的场面。"葡萄伞"和"荔枝柱"，太形象化了！石柱上长满了"荔枝"，石伞上挂满了"葡萄"，这"荔枝"、"葡萄"主要

曙色欲来

徐霞客在《闽游日记前》对玉华洞描写：「遥望空蒙」「忽曙色欲来，所谓五更天也」「至此最奇」。玉华洞中最奇的就是『五更天』，这实际上是一个洞穴天窗。洞穴天窗是很难拍的，要有三个因素绝妙的结合在一起：①白天，②白天的天气要好，最好是有太阳的晴天，③有光照射进洞。正好是光线照进洞内的最佳时间。一般来说，不管专家或游人，进洞的时间都是不固定的，是随机的。这样是很难很难拍到的。笔者手头有一张十分珍贵的照片是玉华洞的，放在此处，读者就可以知道徐霞客为什么把这一处称为『至此最奇』。

鸡冠巨石

十分凑巧，在洞穴天窗即五更天景点的旁边，有一块崩塌下来的巨石，似雄鸡的鸡冠，现在用一束红色的灯光打在巨石上，称为『鸡冠石』，和洞穴天窗结合就是『雄鸡一唱天下白』，真是炫巧争奇，又巧又奇。

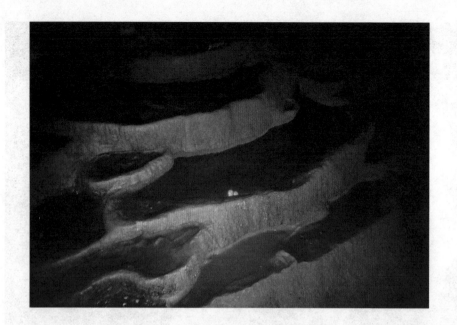

塍叠波平

边池坝是池水的沉积物。它是洞穴中很吸引人的一种'景观'。《游记》中，把其称为『仙人田』或『仙田』。这个名词就是在《闽游日记前》描写玉华洞中，第一次出现『仙人田』。仙是道教的称号，有人称呼徐霞客为『霞仙』。仙人田确实很巧，洞中的仙人（大自然）把田弄的多么精致，把塍（田埂）一层一层的水波，十分平静。这洞中的一切都使徐霞客感到惊奇。

是指钟乳石的大小不同。"幔天帐"，则是面状流水形成的石幔；还有风泪烛，特别突出了这石笋上的"泪"，真是描写得细致，让我们感叹！"达摩渡江"则是流水在洞壁上沉积而成，这流水当然是变化无穷的啊！徐霞客是描写石钟乳、石笋、石柱、边石坝的高手，多么形象化，尤其是"仙人田"。③总结用了13个字。"此洞炫巧争奇，遍布幽奥，而辟户更拓。"

玉华洞的景观真像一个艺术殿堂，争奇斗妍，洞室开阔，尤以"巧"取胜，炫耀的是"巧"。这个"巧"字用的出乎我们的意外。想想我们对一个建筑的夸耀、炫耀的最高境界就是一个"巧"字，称之为"巧夺天工"；对能干的妇女称为"巧妇"；对杰出的手艺大师称之为"能工巧匠"。巧是聪明人的外表的体现，成语"心灵手巧"，就是指只有心灵的人手才巧。徐霞客认为大自然的鬼斧神工也是值得炫耀的"能工巧匠"，福建将乐玉华洞就是其杰出作品之一。

手持火炬

这是玉华洞洞口广场上的徐霞客手持火炬的雕像。整个雕像看上去是不错的，尤其是手上还持有一支火炬，表明其在探洞在工作。现在绝大多数徐霞客雕像（全国总的数量应当近百了）均为站立像有千篇一律之感。但笔者要指出的恰恰是这雕像的手中持火炬是个失误，因为徐霞客探玉华洞，手中是没有拿火炬的。读者会问，那徐霞客手中探玉华洞呢？《游记》中是这样的记载的。1628年3月二十日

《游记》中写道：

『饭于庵，仍下至洞前门，觅善导者；乃碎研松节置于竹篓中，导者肩负之；手提铁络，置松燃火，烁辄益之。』

你看，写得多明白。找到一个导游，竹篓中装有许多砍碎的松树的小木节；手中提一个铁网，中间放松节燃火，一节烧完了，就添加新的。徐霞客手中根本没有拿火炬。1636年十月初十日，徐霞客考察浙江金华三洞时，《游记》中写道：『鸡鸣起饭，天色已曙。瑞峰为余束炬数枚，与静闻分肩以从……』这次虽说拿了火炬，但是由鹿田寺僧瑞峰和一直陪同他的僧人静闻两人『分肩以从』，徐霞客也未手持火炬。正如现在我们游洞一样，游客是不拿手电的。手电由导游拿。从这一细节，古人的手电由导游拿。

探洞不仅仅是手持火炬一种形式啊！您又增加了知识。阅读一定要仔细啊！

玉华洞·杨龟山·"程门立雪"

龟山题名

杨龟山，即杨时是中国古代最好的学生。这从『程门立雪』成语中就可看出。时间过去了千年，这种尊师的传统还是要继承的。杨龟山的学术在日本的影响是巨大的。他虽说是宋代人，但在明、清两代在其家乡福建将乐还是受到广泛的尊敬和景仰。下面引两则文字。其一：『崇有武夷而兆朱氏，将有玉华而生龟山』，海内名山必有英人，地以人灵，人以山杰；从来天降大圣大贤执谓偶然也哉！』。其二：『龟山天资高迈，宽大能容，而沉浸经书，务极旨趣者，玉也；乃其立朝排和议，辟异端，毅然不挠，是又玉之华而精神见于山川者也』。今天，我们能越过千年的历史在玉华洞口，见到著名的宋代哲学家杨龟山的题名，倍感亲切。

游玉华洞不是徐霞客的一时兴起，而是早有计划。他在1628年3月13日抵福建浦城后就写道："余亦久蓄玉华之兴"。游玉华是他"蓄谋已久"的愿望，兴趣和旅游目的地。为此，他从福建浦城到将乐，整整走了7天的时间。将乐，至今还是一个人们比较陌生的福建西部的小县城，为什么徐霞客还要如此不辞辛劳，千里迢迢到此旅游？还是看《游记》吧，3月19日，一到将乐，他就写到"至将乐境，乃杨龟山故里也"。

"地以人灵，人以地杰"。中国人相信，有孔子泰山才更加雄奇，有孟子峄山更加险峻。福建人认为武夷山为朱夫子（朱熹）之面目，玉华洞为杨龟山之肺腑。赋山水以人文情结，这就是中国山水的人文内涵。欧美各国讲山水主要讲科学原理，中国讲山水还要讲人文神话。两者没有谁对谁错，谁好谁坏之分。还是回到杨龟山。徐霞客的玉华之兴和杨龟山有关。

杨龟山是宋代的理学大师，"闽学鼻祖"；名杨时，号龟山，其家乡就是福建省将乐县。著名的理学大师朱熹，号晦庵，是其三传弟子，即杨时是其祖师爷。杨时对我们是陌生的，但成语"程门立雪"却和杨时有关。1092年的冬天，杨时和另一位学子游酢，顶风冒雪，翻山越岭来到今天河南洛阳向儒学大师程颐家中拜师求救时，程正在午睡。为了不打扰程师，他俩站在屋檐下伫立恭候，等程师醒来，门外积雪已有一尺多厚。充分表现了杨时尊师、爱师。这也是杨时能成功的原因之一。另外，有人说杨时号龟山，好像日本人。其实反了，杨时的理论和学问，在宋代传入日本，对其国人民影响巨大，为了崇拜杨时，日本不少人给自己家人或后代起名龟山，正如中国人崇拜李白等，叫李白等的人也不少。杨时还是无锡东林书院的创始者，徐霞客对杨时怀有深深的敬意。

可见，玉华洞，将乐县、杨龟山三位为一体。如果没有杨龟山，将乐和玉华洞也不会这么有名，徐霞客或许不会"久蓄玉华之兴"。这也充分体现了中国的人文山水。正因为如此明代举人林兆兰发出了"有杨，玉华益灵"的感叹！徐霞客的玉华洞之游也应是在杨时的召唤下成行的吧。

读懂游记实践中

《炫巧争奇玉华洞》一文，是我考察玉华洞之前写的。2007年9月5日我专程考察了玉华洞。考察后，我又一次学习徐霞客对玉华洞的描述，对游记中描述玉华洞的这段文字，有了进一步更深刻、更具体的了解，从中感受到徐霞客的观察细致、全面，提出问题的深刻使人不由得从内心发出对徐的敬仰和佩服。以事实说明。

首先，该文中我忽略了"五更天"。玉华洞最奇的景观就是"五更天"。"五更天"实际上就是洞中的一个天窗。游人先看到洞顶上仿佛有一颗明亮的启明星在天空中闪烁；往前走，启明星又变成一弯新月；更为奇妙的是这一景观，离出洞口不远。游人渐行渐亮，似长夜将晓，"曙色欲来"，此景命名为"五更天"。在玉华洞内没有电灯光照明的漫长年代，这一景观更为明显突出；当时的游人都熄灭了火把，来观赏这一奇观。巧上加巧的是这一景观的旁边，

玉华洞口

下面三张画都是取自福建省将乐县旅游事业局、将乐县地方志编纂委员会编的《玉华洞志》中的插图（一共80幅）。图画是1715年画的，应该和徐霞客时代差别不大，放在书中，会有一点明代的感觉。当时的玉华洞是有游人的，游人中有骑马、有步行来的。洞外还有一个亭子，供游人休憩。从古代开始，不少旅游洞穴，是很重视洞外景观建设的。当然，无法和今天比较。

洞后景观

徐霞客是这样写洞后景观：「忽两山交脊处，棘翳四塞」中有石礤齿齿，萦回于悬崖夹石间。」

你看这张图多么写实啊！让我们对近300年前的这位画家致敬。

骑马挑担

这是游人游完玉华洞后，离开的情景，应该和徐霞客当年的情景差不多吧。尤其是山路上有「明台庵」；徐霞客正是借庵僧的话，说不少游人知洞而不知峰，提醒读者要知洞又知峰，因为发育在峰中的，同时山峰「石骨棱厉，透露处层层有削玉裁云态」。笔者正是接受了徐霞客先生的忠告，考察玉华洞，观山峰有半天时间，而游洞只花费了3个小时。观山才能更全面，更深刻的了解和看懂洞。

黄猄天坑

徐霞客在出玉华洞后的山上，写道：……得星窟焉。三面削壁丛悬，下坠数丈，窟旁有野橘三株，垂实累累。笔者原来对『星窟』不理解，到实地看后，知道是一个比较大的喀斯特漏斗。现在，地学家把巨大的喀斯特漏斗叫『天坑』。图片上的黄猄天坑，就是号称中国『天坑之都』的广西乐业县中的一个天坑。黄猄天坑最大深达到161米，平均深140米，比黑龙江省老黑山的火山口（最大深136米）还深，其容积629万立方米。杭州西湖的库容为593万立方米，把西湖所有的水倒进黄猄天坑也填不满啊！在《游记》中没有天坑的记载，说明科学总是有新的发现的，新的事物层出不穷。

有一块崩塌下来的巨石，似雄鸡的鸡冠，现在用一束红色的灯光打在上面，称为"鸡冠花"，现为玉华洞的洞标。两者相结合就是"雄鸡一唱天下白"。徐霞客对此景赞不绝口，他写到："至此最奇"。可是，我在《炫巧争奇玉华洞》文中并未提到。任何风景，只有你到实地去，才能感受得更到位。现在，不少写徐霞客文字的作者，既不到实地，又不懂地学，是写不好的！我的意见是能写好徐霞客的一定是有相当文学修养，又有丰富实践经验的地学专家。这里，就不深入讨论了。

其次，该文中我省略了徐霞客对玉华洞的洞外景观的描述。一个洞是否美丽，洞外景观是相当重要的。玉华洞之所以能被专家和群众认可为"中国最美丽的溶洞"之一，和其洞外景观的靓丽是密不可分的。其洞发育在天阶山中，洞外就是"天阶山国家森林公园"。当年，徐霞客对洞外景观是这样描述的：

"拾级上达洞顶，则穹崖削天，左右若青玉颊肤，实出张公所未备。下山即为田塍。四山环锁，水出无路，泓然中坠，盖即洞间之流，此所从入也。复登山半，过明台庵。庵僧曰：是山石骨棱厉，透露处层层有削玉裁云态，苦为草树所翳，故游者知洞而不知峰。"

徐霞客描述玉华洞外景观的三个特点：1穹崖削天，石灰岩的山峰，尖锐挺拔，像一把刀剑，仿佛要把天切削；2石头表面光润，颜色好看，像绿色和红色的玉石；3张公洞是没有天阶山这样的山。

徐霞客又借明台庵（我去考察时，该庵已经修复）的僧人说出了天阶山的草长得很高，很盛，树也很繁密，把这石灰岩的美丽山峰都遮住了，掩盖了，所以游人只知道玉华洞，而不知道天阶山及山峰。实际上，徐强调了在游洞时，不仅要知洞，还要知峰，即洞外景观，多么深刻的认识啊！徐在写完玉华洞的洞内景观后，又特意写了洞外景观。今天，站在玉华洞洞顶眺望山下，红亭、曲桥、水池、广场等分布错落有致，十分和谐；近处的山上更是郁郁葱葱，一片欣欣向荣的景象。我用半天时间游洞，半天时间登山，更感到游人一定要知峰才能更知洞。

最后，明白了"星窟"。徐霞客在写玉华洞外景观时，还写了下面一段话。

"遂导余上拾鸟道，下披蒙茸，得星窟焉。三面削壁丛悬，下坠数丈。窟旁有野橘三棵，垂实累累。"

我是学地学的，来之前把徐霞客写的"星窟"看了好几遍，并请教了许多专家都不知这"星窟"是什么地貌。今天走到实地，陪同的导游小吴说，这就是"星窟"啊！恍然大悟，实践出真知，原来是一个喀斯特漏斗。看懂了"星窟"，真令我十分兴奋，深深体会到既要读万卷书，又要行万里路，两者缺一不可。从这一细节，你就可以知道徐霞客的伟大。

如果我不到实地，很难读懂徐霞客游记中的"五更天"、"知洞而不知峰"、"星窟"。我，一个300余年后的地学工作者，到实地后更觉徐霞客的杰出。

鲁公摩崖千古胜

摩崖石刻和各种碑刻，是徐霞客先生野外考察中的重点内容之一。从中不仅可以欣赏到中国书法的美妙，还能找寻到各种地理信息和资料。

徐霞客先生在考察中特别注意和观察的是那些正面人物、英雄人物和人民大众思想感情息息相关的人物的摩崖石刻和碑刻。下面仅举数例。

一六三七年三月初十日，在考察湖南今永州市的浯溪时，写到："溪北三崖骈峙，西临湘江，而中崖最高，颜鲁公所书《中兴颂》高镌崖壁，其侧则石镜嵌焉。"

同年四月十五日，徐霞客又写到"浯溪最胜。鲁公之磨崖，千古不朽；石镜之悬照，一丝莫遁。有此二奇，谁能鼎足！"

你看，徐先生把颜鲁公的磨（今天用"摩"）崖与自然风光的石镜并列，认为其"千古不朽"，发出了"谁能鼎足"的评价。为什么如此？

颜鲁公即颜真卿，唐代开元年间进士，在安史之乱中抗贼有功，入京历任吏部尚书、太子太师，封鲁君开国公，世称颜鲁公。他被后人认为是继"二王"之后中国书法大家。"颜体"对后世影响巨大，其代表作为"颜真卿多宝塔帖"。徐霞客对颜的书法崇拜是理所当然的。下面要讲的是对陆游书法的重视。

陆游，中国南宋时期著名的爱国诗人。他的传诵千古的《示儿》诗："死去原知万事空，但悲不见九州同。王师北定中原日，家祭无忘告乃翁！"感动了无数中国人。徐霞客在游浙江兰溪的智者寺时见到了陆游所撰碑刻，顿生敬意，写下了下面一段文字（一六三六年十月初九日）："得智者寺。寺在芙蓉峰之西，乃北山南麓之首刹也。今已凋落，而殿中犹有一碑，乃宋陆务观（陆游字务观）为智者大师重建兹寺所撰，而字即其手书。碑阴又镌务观与智者手牍数篇。碑楷牍行，俱有风致，恨无拓工，不能得一通为快。"

你看，徐霞客先生对陆游的碑刻，很欣赏，称为"俱有风致"，即十分风流，潇

大气磅礴

颜真卿（708年-784年），字清臣，别号应万，京兆万年（今陕西西安）人，祖籍琅琊临沂（今山东临沂）。曾做过平原太守，官至太子少师，封鲁郡公，世称『颜平原』或『颜鲁公』。颜真卿经历四朝，在官海中屡遭排挤仍忠于朝廷，晚年遭奸臣陷害，被叛将缢死。颜真卿的书法丰腴雄浑，气势恢宏，道劲有力，刚劲浓厚，大气磅礴，表现出一种大唐的盛世风貌，气宇轩昂。他被誉为中国书法史上的楷书四大家（柳公权、欧阳询、赵孟頫）之一。《颜勤礼碑》《麻姑仙坛记》、《多宝塔碑》等为后人仰慕。

颜真卿安史之乱时以匡扶社稷为己任，以忠烈之名闻于天下。正因为如此，徐霞客在《游记》中特别记下他的摩崖石刻。颜真卿的主要活动是在今天的河南省，直到今天，他活动过的地方对他仍然十分尊敬。笔者系河南驻马店的遂平县境内的嵖岈山国家地质公园考察时，公园大门的嵖岈山三个骨力道劲的大字就出自颜真卿之手笔。用古代名人的书法作为国家公园大门的书法并不多见，此处用颜真卿的书法更令人喜爱。唐末，公元783年，颜鲁公奉诏赴李部宣旨，被禁。在李希烈亲兵监督下，颜游嵖岈山，触景生情，书写『别有洞天』手迹，至今犹存于白云洞石壁上。

洒！但是十分遗憾，当地没有拓工，没法拓一通。兰溪的智者寺，笔者2007年去时正在重修之中。读者若前去，可以注意一下还有没有这碑刻。

五岳独尊

泰山是一座文化底蕴十分深厚的山，其山中的摩崖石刻是中华文化的宝贵遗产。山中保存的摩崖石刻时代久远，从秦始皇时代至今二千多年；分布广泛，从山脚一直到山顶；数量众多，有上千通，内容丰富，包括宗教、历史、风景、文化等等。其中影响最广的就是这通刻于清代光绪年间，距今100余年的『五岳独尊』。四个大字是方方正正的楷书，遒劲有力。现在流通的五元人民币的背面就有这一摩崖石刻。这通石刻在泰山之顶，每天在此照相留影的人是要排队的。这一景观成为泰山元素之一吧！

徐霞客一六三七年从闰四月到六月，在今广西桂林、柳州等地考察期间，洞穴考察和拓碑成了他"工作"的两个重点，尤其是对摩崖石刻的欣赏和拓碑。从五月二十八日到六月初七日，日记中每天都有这方面记载。特摘引如下：

二十八日，觅拓碑者，所拓犹无几，急促之；二十九日，碑拓尚迟，甚怅怅也；三十日，令静闻一往水月洞观拓碑者；六月初一日，惟陆务观碑二副先拓者，尾张少二字，令彼再拓；初二日，令顾仆促拓工；初三日，抵拓工家，坐候其饭；初四日，令顾仆再往拓工家索碑；初五日，冀得所补碑；初六日，抵拓之家；初七日，令静闻、顾仆涉水而去索碑拓工家。

好了！你看，这连续十天，每天都和拓碑有关，可见徐霞客对摩崖石刻是着了"迷"！拓工把陆游碑刻拓漏了两个字，他要求一定要重拓，多么认真。

在柳州，徐霞客见到了宋代文学家苏东坡（字子瞻）和唐代柳宗元的拓片马上就买。在一六三七年六月十八日的日记中写道，购买了**"市所拓苏子瞻书韩辞二纸"**以及柳书《罗池题石》一方。苏东坡、柳宗元都是书法大家，欣赏他们的书法不仅有书法艺术之美，还体会到了他们文章之妙。

徐霞客对摩崖石刻和碑刻的喜爱给我们很大的启发。我们现在到每个著名的风景区去旅游一定要注意这方面的内容。只要留意了，你就会获得很多的知识和快乐！如泰山中就有许许多多优秀的摩崖石刻，如"五岳独尊"四个大字就在泰山顶，写得刚劲有力，又是方方正正的楷书，现在流通的五元人民币的背面就有这一图案，泰山还有"天下第一山"、"虫二"、"观止"等等。在北京北海公园中有"琼岛春荫"碑，其上的四个字是清代乾隆皇帝的御笔，写的多么工整，多么耐看，作为一个少数民族的政治家是多么不简单啊！在北京颐和园转轮藏的前面立着一块巨大的石碑，正面镌刻着乾隆御笔"万寿山昆明湖"六个刚劲有力的大字。人们认为颐和园的铜亭即宝云阁和这个石碑，象征着一金一银。

读者朋友们，摩崖石刻是非常重要的一项旅游资源，一定要充分利用和欣赏！

乾隆御笔

乾隆是一个多才多艺的少数民族的皇帝，对汉族文化从小进行了认真刻苦的学习，并广为传承。今天北京著名的皇家园林颐和园和圆明园的总设计师就是乾隆皇帝。其书法艺术达到很高水平。

"琼岛春荫"碑，位于北京北海公园内；"天下奇山"题刻位于河南驻马店市遂平县的嵖岈山。这碑刻和题刻都是乾隆御笔。

官员及到此一游

　　徐霞客在旅游中对摩崖石刻、碑刻是十分关注的。它们不仅提供了不少信息，大多数内容好，书法也好，是不可多得的文化瑰宝。对于优秀的、有价值的摩崖石刻和碑刻，徐霞客或临摹，或抄录，或觅工榻之，绝不失去这种学习的机会。但对某些官员的胡乱题刻，是十分憎恶的。

　　1638年12月28日，他在对云南鸡足山的华首门考察后写道："天台王十岳，士性，宪副诗偈镌壁间，而倪按院大书《石状奇绝》四字，横镌而朱丹之。其效颦耶？黥面耶？在束身书《石状大奇》，在袈裟书《石状又奇》，在兜率峡口书《石状始奇》。凡四处，各换一字。山灵何罪而受此耶？"

　　这段文字，徐霞客对当朝的官员倪按院乱刻乱画，四处书刻类似"到此一游"的文字，进行了严厉的抨击和质问。你是模仿王十岳（明代著名学者），而又没有那个水平，正如模仿西施皱眉头一样。你这是像往犯人脸上刺刻涂墨，给美丽的风景上了刑？这么美好的青山究竟犯了什么罪，要受到这种黥面之刑？徐霞客是十分痛恨、十分鄙视这种不文明行为的。他认为这好比在一个人最重要的、最应该保护的脸上刺刻涂墨，把大自然的"脸面"刺伤了，刺破了。300多年过去了，今天读来仍然十分警醒，十分有现实意义。

　　2013年5月，媒体报道一个名叫丁某某的14岁男孩，在埃及国的3500年前的卢克索神庙的浮雕上用中文刻下"丁某某到此一游"，激起国人的关注和批评。紧接着又曝香港文汇报高级记者宋寅在甘肃敦煌壁画留下"到此参观考察"并注明为2000年立夏；以及河南农民一家6口到武当山旅游，连刻6个"到此一游"，被称为"史上最强的到此一游"。看着这些报道使人难过和痛惜！但此问题的根本在官员，上行下效。笔者考察过国内不少著名的风景区，几乎都能看到从中央到地方官员的题刻。其中最不能容忍的是张家界黄龙洞洞口有

雁荡题刻

2007年，笔者去雁荡山考察，在灵岩景区的一些岩壁的高处裸露的石壁上，陆陆续续见到一些当代党和国家领导人（即部长以上的官员）的摩崖石刻。不少游人仁立抬头观望，并议论纷纷。笔者见到只有在雁荡的摩崖石刻下有不少游人拍照，我也照有一张。从书法上来讲，看上去是流畅的。

天下奇观

这是笔者2010年7月登泰山时拍下的。这是明朝隆庆（其后就为万历）年间，户部员外郎（相当于今天司长吧！）河南沁阳人杨可大书写的天下奇观碑。选这张照片有三：其字中规中矩，和徐霞客同一朝代；二为明代的，写的内容与景色相符，三奇字今天为大可与题写景色者名相近，碑上的奇写为立可。

几十位官员的题刻，有一些歪七扭八的字，让人十分反感，不禁使人想到徐霞客"黥面耶"。2003年，在此召开全国洞穴学术会议，笔者在大会上公开批评了这种官员题刻，赢得了与会者的支持。我们在张家界主风景区游览时，一进大门，左边的山崖上更是让人意外，从中央官员到地方官员，从文人到三教九流的摩崖题刻麻麻密密，不仅污染了环境还污染了视觉，张家界美丽的山川有何罪，而受此耶？

2007年5月，笔者到徐霞客被誉为"真天下奇观"的浙江雁荡山考察，一进入灵峰景区，在高高的雄伟的山峰上，又见到了不少的我们熟悉的首长的题刻，且不说内容，仅从书法的水平就不敢恭维，引起一些人的议论。确实，中国的古代官员，尤其是文人也摩崖题刻，但这些人从小就练字，并且有较高的文学修养，他们的题刻是有历史价值和艺术价值的，是文化的瑰宝。如泰山石刻"五兵独尊"，现在还被印在5元的人民币的背面。他们的题刻也是慎重的，也不是到处题刻的，不管是名山，名寺，甚至街道。我们要克服少数中国人题"到此一游"的陋习，应该从官员，特别是高级官员自律开始；情节严重的，不管涉及谁，都应该受到惩罚。

橘绿枫丹好风景

　　2002年3月，笔者为考察浙江常山国家地质公园，到了浙江的衢州。衢州我是第一次去，这个城市是江西、福建、浙江三省的交通要道。它最著名的景区有烂柯山、孔式南宗家庙等。徐霞客3次由浙江江山市入闽，1次由常山入赣，都经过衢州。在《徐霞客游记》中1636年10月14日对衢州的杨村是这样描写的：

　　"江清月皎，水天一空，觉此时万虑俱净，一身与村树人烟俱镕，彻成水晶一块……。"

　　衢州的村野之美，如诗如画。徐霞客把自然之纯、之洁、之美（江清月皎，水天一空，万虑俱净）与人文之美（村树人烟）融合在一起，"彻成水晶一块"呈现在我们面前。这就是写自然风光的高手，我们不佩服不行。这短短34个字（包括标点符号）就是一首诗、一幅画。如果我不来衢州，可能永远不会注意到《徐霞客游记》中这段精彩的文字。这段文字是写自然风光和人文山水的高度精炼和融合！任何自然风景中，没有了人文——村树人烟等，山水失去了感情，失去了活力，失去了亲和力。任何写山水的大家，都是这方面的高手。一些山水文章，尤其是一些所谓地学家的山水文章即旅游文章显得干巴巴，毫无味道，就在于他们有意无意地排斥"人文"，而且其写自然也缺乏应有的文学修养。我们要向徐霞客先生好好学习。

　　第二天，徐霞客过衢州是产橘区，在《游记》中写道：

　　"两岸橘绿枫丹，令人应接不暇。……橘奴（用以售卖果实的橘树）千树，筐篚（fei圆形的竹筐）满家，市橘之舟鳞次河下。"

　　这和上段一样也是34个字，一幅明代橘乡衢州的繁荣画面跃然纸上。前一句描写色彩，绿的橘子和红的枫叶，多么鲜艳的颜色，给人以视觉冲击！紧接着为了加强这种冲击，写橘的数量，这树是千株！想想1株树就有上百个橘子，

第八洞天（中国衢州烂柯山游览券）

第八洞天

徐霞客在《游记》中，对浙江衢州市充满了赞美之情。"物成水晶一块"、"两岸橘绿枫丹，令人应接不暇"（徐霞客在描写山水甲天下时）也用了令人应接不暇"）。"西安多橘，常山多山，则山树黯然矣"（这西安就是衢州市）。2002年3月，笔者专门游览了这座城市。衢州的自然风光最著名的就是烂柯山。这是中国围棋的发源地。烂柯山是和浙江江郎山一样的丹霞山脉，巨大的天生桥是其代表性景观，古代道教把其定为"第八洞天"。传说王质观仙人下棋的地方就是一个丹霞洞内。衢州的人文景观，就是一座孔子的家庙，除山东曲阜外，这是全国仅有的一处。给人印象最深的是购门票的参观者，都会得到只有小学生橡皮大小的《论语》，至今我们仍在珍藏和学习。衢州市我去时不是橘绿枫丹的秋天，而是春末夏初，只记得夜市的大排档很旺，最有名的是《三头汤》，即鹅头、鸡头、鱼头，吃的人不少。今天衢州由于城市的发展，已经不是徐霞客笔下那座十分干净的城市，最令人遗憾的是绿化还要下功夫。当然，衢州火车站广场，居然一棵树没有。当然，衢州还是有江南秀丽的一面，在城郊就有一个水清鱼跃的水库。

10株、100株、1000株有多少橘子啊！大概至少10万个橘子，10万点红，多么壮丽！家家户户都是满筐满筐的橘子；家里如此，街上如此，以至于装运橘子的小船"鳞次"河下。这舟就像江中的鱼一条接一条，一条挨一条！回头看景就是两岸有千树绿的橘和千树红的枫，江中有数不清的鳞次的舟，家里有满筐满筐的橘，从岸上、江中、家里，徐霞客观察当地风物何等仔细啊！

这段描写不禁使人想起了苏轼的一首诗《赠刘景文》：

荷尽已无擎雨盖，菊残犹有傲霜枝。

一年好景君须记，最是橙黄橘绿时。

读完以上两段文字，如同看见了两幅画。前一幅画是以画自然风光为主，以静为主，有清江、明月、村树、人烟，并且是"夜景"十分的宁静，环境也十分的干净。后一幅画是以画人文景观为主，以动为主，有数不清的船、数不清的人家、数不清的筐筐，人们为出售橘子而忙碌，是一幅热热闹闹、人声鼎沸的场面，和前一幅画正好相反，而且时间在白天。人们的忙碌都是在"橘绿枫丹"的风景下进行，300多年前，我们浙江衢州的环境多美好啊！作为现在的地学家，写文章（包括一些学术论文）应该让读者看得见，摸得着，那就应该好好地向前辈学习，好好地观察。

度纬穿丛江流曲

梭之度纬

2003年11月15日，笔者去湖南湘西的凤凰古城参观，有一位大妈正在旧式织布机上演示；我拍照时，大妈十分配合。没想到10年后，这张照片用上了。徐霞客讲曲流来回的弯曲度如梭之度纬，青年人很难明白。这大妈的右手就拿了一个梭，织布时，她要把这梭来回横向移动，才能织好布。你一下就明白了梭之度纬。

河流中的曲流，加上河中奇石、岸边青山、舟行其中，颇有诗情画意。我国的漂流也大都在这样的曲流中进行。如给笔者留下深刻印象的是两处。这两处都在福建，一为武夷山九曲溪的漂流，二为泰宁大金湖风景区的上清溪漂流。但如何把这种美景、体会写下来，而且达到出神入化的地步，这种文字并不是多见的。1637年9月26日，徐霞客先生《粤西游日记中三》中对郁江支流左江杨美（地名）到新宁州（即广西扶绥）的这一段曲流景观的描写，把左江曲流之美、江中石之美、岸边山之美，淋漓酣畅地展现在读者面前。读完后，令人拍案叫绝，久久品味，越品味越精彩。现引在下面：

"于是舟行石峰中，或曲而左，或曲而右，旋背一崖，复溁（ying音莹）一嶂，既环乎此，转鹜（wu音雾）乎彼，虽不成连云之峡，而如梭之度纬，如蝶之穿丛，应接不暇，无过乎此。"

资江曲流

霞客先生把曲流比如为梭之度纬，蝶之穿丛是一种创新。过去对曲流的比如有两种比较盛行。一种是九回肠。其实它源自唐代诗人柳宗元先生的一首诗《登柳州城楼寄漳、汀、封，连四州刺史》中的第5、6两句：『岭树重遮千里目，江流曲似九回肠』。柳州城其实就在柳江的曲流处，徐霞客称为『壶城』。第二种比如就是蛇曲，像蛇一样的弯曲流的照片一般是很难拍的，因为它要求拍摄者站在高处，而且要有好的广角相机才行。这张照片拍的是资江曲流，地点是在广西资源县的天门山景区。为了拍这张照片，笔者上到对面的一座山上，上山下山花费了个小时，你看这座山，当地叫桃花山，它使河流转了一个180度的大弯。曲流处山清水碧啊！

曲流是时而左，时而右；刚刚回旋过一崖，又回旋一嶂；一会曲折如环，一会平直奔放。我们不仅看到水的曲折，更看到岸的弯曲；在曲折中又有平直奔放的河岸，这就是真实的曲流。最精彩的是最后18个字，徐霞客说他乘坐的舟行曲流之中就像织布机上的梭在纬线（纬线是东向西的，也就是横向的，和曲流的左和右是相呼应的。从此看出徐霞客客用词的讲究和科学。）上来回穿梭，多么形象，舟像穿梭在一片纬线上行走；舟又像蝴蝶在花丛中飞来飞去，多么美丽，舟像美丽的蝴蝶，而两岸的精致又像花卉一样绚丽多彩，使人应接不暇，美好的景色也不过如此吧！

徐霞客又把左江的这段曲流两旁的石岸进行了详细描述：

"且江抵新宁，不特石山最胜，而石岸尤奇。盖江流击山，山削成壁，流回沙转，云根进出，或错立波心，或飞嵌水面，皆洞壑层开，肤痕縠（hu音胡）绉（zhou音昼）。江既善折，岸石与山辅之恐后，益使江山两擅（shan音善）其奇。"

上面对石岸、石山、江流互相之间的关系讲得多符合现代地质学。流水的侵蚀（江流击山）使山变得陡峻形成峭壁（山削成壁），加上流水中的沙子的挖掘侵蚀（流回沙转），山根露出（云根进出）。这些石头或者屹立在江流的波涛之中心，或者露出江面，这些石头上布满了洞穴，像皮肤上的皱纹和丝绸的缬（xie音斜）。江流既然如此曲折，而江岸边的石头和山也怕"落后"（多么幽默啊！），这样使江流和石岸两者的"特长"得以发挥。

最后，徐霞客把这段曲流与桂林阳朔的漓江、福建的建溪（即武夷山的九曲溪）、长江的三峡进行了比较：

"余谓阳朔山峭濒江，无此岸之石；建溪水激多石，无此石之奇；虽连峰夹嶂，远不类三峡，凑泊一处，促不及武夷，而疏密婉转，在伯仲之间。至其一派玲玲通漏，别出一番鲜巧，足夺二山之席矣。"

你看徐霞客高度评价左江这段曲流以及山、石，它以"一派玲珑通漏，别出一番鲜巧"的景观，足可以夺取武夷山和三峡两个著名景点在中国的席位！

烟雾腾空黄果树

黄果树瀑布是中国最著名的瀑布，从古到今，有许多人描写过，但描写得最好的还是徐霞客。一六三八年四月二十三日，他在"黔游日记"中写道：

"一溪悬捣，万练飞空，溪上石如莲叶下覆，中剜三门，水由叶上漫顶而下，如鲛绡万幅，横罩门外，直下者不可以丈数计，捣珠崩玉，飞沫反涌，如烟雾腾空，势甚雄厉；所谓'珠帘钩不捲，匹练挂遥峰'，俱不足以拟其壮也。盖余所见瀑布，高俊数倍者有之，而从无此阔而大者，但从其上侧身下瞰，不免神悚。"

他对黄果树的第一印象就是八个字：一溪悬捣，万练飞空。一条溪流（不写一瀑）挂在半空（悬），不停地向下"捣"（李白的诗句，万户捣衣声中的捣，帮我们理解）；其结果就如一万匹白绢（练）在空中飞舞。他对黄果树瀑布三个"如"字的描写，充分体现了他深厚的地学修养和文学修养。

三个"如"很工整，都是八个字：（1）如莲叶下覆，中剜三门；（2）如鲛绡万幅，横罩门外；（3）如烟雾腾空，势甚雄厉。

第一个如，讲溪上石以及水流形态。黄果树是发育在石灰岩上，长年的流水在其上形成了"钙华"，其上又长着茂盛的绿色的苔藓植物，犹如一片巨大的莲叶。由于黄果树的水是分三股（当时徐霞客所见），就像莲叶中有三个巨大的缺口，即中剜三门。

第二个如，讲瀑布以及其巨大的宽度。水由叶上漫顶而下时，像一万幅宽的绸子，横（和幅对应，可见徐霞客客用词的准确）着罩在绿色钙华形成的三个石门之外。这第二个"如"和第一个"如"相呼应，用了"叶"上，"门"外。把"瀑布"比喻为鲛绡，是对瀑布中布的最好理解。鲛绡还有一个美丽的传说。在中国古代南海外，有一种鲛人，他们像鱼一样在海中生活。鲛人在悲

幻境之美

徐霞客在望水亭旧址，正面观看黄果树瀑布，写下了『奔腾喷薄之状』，令人可望而不可即也』。这可望而不可即是徐霞客对黄果树的又一评价。可望而不可即是什么意思？在『游庐山日记』中，徐写道『竹林为匡庐幻境』，可望而不可即』，也就是说可望而不可即就是一种幻境。黄果树的幻境就是奔腾喷薄、奔是水流奔跑，腾是跃起，有一种飞的感觉，喷是喷雪，薄是突然日出。我欣赏黄果树时，最大的感受是瀑布下方和半空中那万练飞空形成的水雾，在阳光下照射形成的美丽的彩虹，彩虹不是长时间存在的。黄果树是壮观之美，也有幻境之美。我们现在虽说能够从瀑布的后面的水帘洞看见瀑布的缕缕绝的水流，甚至瀑布水还能打湿我们伸出的双手和脸庞，但一见到黄果树的奔腾喷薄也会感到大自然是一种幻境。你说，对吗？

伤哭泣时，滚落的眼泪是美丽的珍珠。唐代大诗人李商隐在"锦瑟"一诗中写的"沧海月明珠有泪"就是指此。鲛人还善织一种极薄的丝绸，叫鲛绡。

第三个如，讲流水的气势。在如之前，写了"直下者不可以丈数计，捣珠崩玉，飞沫反涌"，使人更加理解如下的8个字。烟雾之大用"腾空"；水势是又雄又厉，并且前面还加了"甚"，十分雄壮又十分厉害。

莲叶下覆

鲛绡万幅

　　三个如，24个字把黄果树瀑布写得生动无比、有声（捣珠崩玉发出的多么美妙、清脆之声）有色（莲叶的绿色，鲛绡的白色）；既有科学（从莲叶体现），又有文学（从烟雾体现）。由此，我们不得不佩服徐霞客，不得不说他是一个伟大的旅游地学家。他写出的三个如字中的第一个如，不是学地学的人是不会明白的，更不会理解其中的奥妙。看了三个如，我们不禁会为徐霞客的文采拍案叫好。不少读者和作者在谈到和写到瀑布时，往往只知道李白的"飞流直下三千尺，疑是银河落九天"。这种情况应该改变了。

　　徐霞客先生对黄果树瀑布的评价是8个字"俱不足以拟其壮也"。中心是一个"壮"字，用此来说明黄果树瀑布太妙了。"风萧萧兮易水寒，壮士一去兮不复回。"人们对刺杀秦王的荆轲的评价是"壮士"。这壮是人们感受得到的。因此，又生发出"燕赵多慷慨悲歌的壮士"。"壮"用来描写自然景观最有名的是唐代诗人李白和北宋文人苏东坡。李白在《庐山谣寄卢侍御虚舟》一诗中写道："登高壮观天地间，大江茫茫去不还，黄云万里动风色，白波九道流雪山。"写出了中国长江的壮观。苏东坡写道"八月十八潮，壮观天下无。"他用"壮观"来描写阴历八月十八日的中国最有名的"钱江潮"。"壮"是一种从内到外都能显现出来的力量之美，更多的显在外部。"壮"和"雄"是不同的，雄侧重的是内在的东西，外表可能显露一些。我们把曹操和荆轲来比较，曹操一出来就很有威严，但外表并不很显现出来；荆轲则从脸上就显露出一股杀气。黄果树瀑布的壮是从其水量和落差显现出来。作者2003年9月去桂林市考察，在17日晚观看了桂林大瀑布酒店外面宽72米、落差45米的人造瀑布后写道："深深体会到72米宽的瀑布如果全部都有水是很壮观的，黄果树宽81米，应该更壮观。"

最后，徐霞客先生对黄果树瀑布的评价比现在的某些人更加客观、准确。他说，比黄果树瀑布"高峻数倍者有之"，明确说明黄果树不是中国落差最大的瀑布。"无此阔则大者"，由于徐霞客先生受到历史条件的限制，这个评价在今天看来是过时了。黄果树瀑布宽81米，而比81米宽的瀑布也有不少，如九寨沟中的诺日朗瀑布宽270米；黄果树瀑布的水量要远小于黄河壶口瀑布。从落差、宽度、水量以上三方面讲，黄果树瀑布远远不是中国最大的瀑布。

这篇文章看似不长，可是我反复读了无数遍原文，并且在2005年9月亲自去考察黄果树瀑布后，才读懂并且写出来。原来，我写此文时，把注意力放在了"两万"——万练飞空和鲛绡万幅、"两捣"——一溪悬捣和捣株崩玉、"两飞"——万练飞空和飞沫反涌。现在看来，完全理解错了。读懂徐霞客的游记，读一遍是万万不行的。

奔腾喷薄

山间石爽杭州城

上有天堂，下有苏杭。这是中国广泛流传的一句话。浙江山水之美也是众所周知的。徐霞客作为大旅行家，十分钟情于浙江山水。《游记》的开篇之作就是写的浙江天台山；而且徐霞客是三次登浙江的天台山和雁荡山。但令我们奇怪的是他没有留下一篇文章来专写杭州以及西湖，现在能找到写杭州城的文字只有一六三六年十月初一日的日记。

这篇日记写了杭州城北的山川大势、杭州城的爽透岩石、杭州城的寺庙奇遇3个方面。

徐霞客站在杭州城的宝石山顶，向四面眺望，西面是怪石耸立，南边是湖光江影，北边是皋亭和德清境内的山峰，东面是杭州城的万户人家，都清清楚楚呈现在眼前。有人说，徐看不见江影即钱塘江，我不这么认为，理由有三：这时为深秋，树木大都落叶，视野可以比春夏看的更远，这是一；当天西北风很大，把天上的乌云都刮走了，空气透明度好，这是二；370多年前，杭州是没有楼房的，都是平房，可以一望无际，这是三。杭州的周围是多样的，有山有石，有湖有江，更有那万户人家，也就是说杭州是丰富多彩的，更是地理位置优越的繁华城市，不然，他不会写"杭州万灶"。

杭州城的地质基础应是灰岩。徐霞客用了"山间石爽"四个字来形容其风化的形态，山峰嵌空玲珑，而且有透露穿错的溶洞。山上的石头也是透、漏、瘦，且十分的"爽"。这个爽字用得很传神，即清爽、清洁。徐霞客用了两个"洗"字：山洗其骨，天洗其客。山和天都不能洗；山洗其骨，是指风化作用把山的骨即岩石裸露出来；天洗其客，是风化作用把山的岩石雕刻成千姿百态，呈现出美丽的容貌。我们可用《闽游日记前》的两句话来理解，即是山石骨棱厉（山洗其骨的结果），透露处层层有削玉裁云态（天洗其客的结果）。徐霞客跨坐其上，

绉云奇峰

徐霞客描写杭城的山石用了『嵌空玲珑、山间石爽，独擅灵秀、骨态嶙峋，肤色清润』等美好的词汇；并且认为是山洗其骨、天洗其容的结果。笔者认为现在陈列在杭州西湖岸边的绉云峰最能代表杭城山石这些特点。

你看，它骨态嶙峋，石中的孔穴遍布，形态优美，赏石界把其列为中国四大太湖石之一。杭城山石实际也为太湖石。

不减群玉山头也；简直是和西王母的居住地一样的人间的仙境！

在杭州城著名的灵隐寺，徐霞客还不惜笔墨写了两件奇遇。一为"有一老僧，拥衲默坐中台，仰受日精，久不一瞬。"一为"丽妇两三群接踵而至，流香转艳。"并为此发出感叹"与老僧之坐日忘空，同一奇遇矣"。徐霞客把丽妇的流香转艳和老僧的坐日忘空，归纳为"同一奇遇"。徐霞客对不出家的人即红尘之人和出家的人即看破红尘的人，是平等看待的。但他的内心是不平静的。他看完这奇遇不仅加了矣，而且还"徘徊久之"。他来回地走，肯定是在思考人生！

最后，徐霞客又写了"三生石"，骨态嶙峋，肤色清润，并说这个地方非常灵秀。此文归结为杭州城的山石之美。

把杭州写的最美、最好的文字，当数北宋著名词人柳永写的《望海潮》。据说，柳永写的杭州美景，竟引起金主完颜亮对杭州的神往，促使他下了投鞭南渡的决心。柳永的这首词分上下两片，上片是写杭州，下片是写西湖；由于徐霞客没有写西湖，现在把该词的上片摘引在下面：

东南形胜，三吴都会，钱塘自古繁华。烟柳画桥，风帘翠幕，参差十万人家。云树饶堤沙。怒涛卷霜雪，天堑无涯，市列珠玑，户盈罗绮，竞豪奢。

岳王之庙

尽忠报国

岳王之庙

徐霞客在《游记》中写道：『过岳王坟』。岳王即南宋杭金英雄岳飞，死后埋在西湖岸边。徐霞客去时，还没有岳王庙。现在岳王庙已经是游人如织的地方，其主题就是爱国主义。有一面墙上就写有『尽忠报国』四个大字，十分醒目。为表人们的义愤还铸了两个代表秦桧的奸臣跪在岳飞面前。为此有一副对联为：『青山有幸埋忠骨，白铁无辜锁奸臣』。

　　开始三句指出了杭州的地理位置的重要，同时又是三吴最大的城市，钱塘江畔的历史名城。东南、三吴、钱塘江以宏大的气势让读者关注。紧接着叙述杭州的繁华，烟柳画桥，家家户户的帘幕十分美丽，密密麻麻的民居，有10万户人家。城外钱塘江的堤上有高入云天的古树巨木，江水奔涌着流向大海，激起了怒涛，似卷起了千堆雪，河流就像一条巨大的鸿沟。城内则珠宝店无数，丝绸店满街；这珠光宝气，绫罗绸缎呈现出一派奢华的气氛。

　　和徐霞客的文章相比较，柳文确实更加华丽，更加热闹。柳文上片讲了杭州的沿革、杭州的风貌、钱塘江、城内风光4个方面，徐文讲了杭州的区位、岩石、寺庙。前两项区位和岩石则是地质学家关注的。从此，也可以清楚看出《游记》从本质上来说是一部地学著作，不是一部文学著作。如果是文学著作，徐不会如此描写杭州。我们说《游记》是文学著作，是指其在描述自然景观时是"真文字，大文字，奇文字"。但《游记》又绝不是一部单纯的地学著作，如写杭州时，他除了写区位、岩石外，还写了寺庙，写了寺庙的僧人和丽妇；把自然和人文的东西都写了，所以《游记》才如此吸引读者。

　　徐此文的核心应该是"两洗"。他生动得写明了流水的物理冲蚀以及化学溶蚀作用，是成石皆嵌空玲珑，灵石攒空，独擅灵秀。他感叹杭州城山之美不逊西王母的群玉山头。徐对杭州城的评价也是上有天堂，下有苏杭的另一个版本吧。

桂林之美在漓江

漓江实际上是桂江的上游，是从桂林到阳朔之间，长约83公里。沿途碧水清清，奇峰俊秀，是中国最著名的风景游览河。桂林山水甲天下，阳朔山水甲桂林。这后一句是指漓江之美。桂林之美的精华在漓江，没有漓江之美就没有桂林之美。徐霞客是深深懂得这个道理的。

徐霞客1637年5月21日到28日用8天时间考察并游览了漓江，留下了很美的文字描述。下面来欣赏一下，他对漓江之夜、画山和漓江萤火虫阵的描述，就可看到漓江风光之美。

1. 漓江之夜。徐霞客在5月21日的晚上写道：“**过南田，山色已暮，舟人夜棹不休。江为山所托，倏东倏南，盘峡透崖，二十五里，至画山，月犹未起，而山色空濛，若隐若现。又南五里，为兴平。群峰至是东开一隙，数家缀江左，真山水中窟色也。**”五月二十二日，他接着写道：“**棹舟南行，晓月漾波，奇峰环棹，觉夜来幽奇之景，又翻出一段空明色相矣。**”

这两段文字生动地为我们描画了漓江夜之美。江为山所限，忽东忽南，月未升起时，山色空濛，若隐若现；江岸群峰之中的数户人家犹如真山水中的窟色也。月亮升起后，晓月（五月二十二日为下弦月，升起晚，落的晚，故有晓月之景）漾波，奇峰环棹，多么浪漫的色相啊。这是很美的一幅漓江之夜图。现在由于时代的进步，晚上都是灯光的光怪陆离的景象，再也找不到这种真山水的感觉，也体会不到晓月漾波的幽奇之景和空明色相了。但徐霞客的文字给了我们别样的享受。

空明色相来自苏轼的《记承天寺夜游》一文，苏文写道：“**元丰六年（1083年）十月十二日夜，解衣欲睡，月色入户，欣然起行。念无与为乐者，遂至承天寺寻张怀民。怀民亦未寝，相步于中庭。庭下如积水空明，水中藻、**

不夜漓江

约400年前，徐霞客笔下的漓江之夜，主角是月亮，是空明色相，是月光下的水波，月光下空濛的多变的山色，月光下若隐若现的临江人家，月光下的盏盏渔火，可以说是一江渔火夜深沉，是一种宁静的美，原始的美。

400年后的今天，桂林已经是一座万家灯火的不夜城，那璀璨的灯光，五颜六色，光怪陆离，把漓江两岸点缀成为灯之河，光之江。现在夜游漓江的两江四湖比白天游漓江还要火，在船上我们可以看到岸边灯的聚会，一个灯柱之内有10盏彩灯，旁边还有霓虹灯，众多的灯柱形成灯廊，还有湖上的双塔，一个用红色灯光装饰，称为日塔；另一个用白色的灯光装饰，称为月塔；日月双塔倒映在水面上荡漾比起晓月漾波更为壮丽，更为多彩。我不知道，这两个漓江之夜，哪个更美，哪个更好。但人们总是怀旧的，如歌曲《涛声依旧》、《弯弯的月亮》好像要寻觅过去的江景。但无论如何，现在保护好漓江的水，不让她污染，是我们最主要的任务。

不夜漓江之一：璀璨灯柱

不夜漓江之二：日月双塔

荇交横，盖竹柏影也。何夜无月？何处无松柏？但少闲人如吾两人者耳。"全文仅80余字，却对承天寺月色做了极为动人的描绘，是千古散文名篇。从此可以看出徐霞客先生对该文的喜爱，在1637年4月12日的《游记》中，在描述湖南飞天山的夜景时，徐又提到苏东坡承天寺夜景。

2. 画山。五月二十六日，徐霞客从阳朔返桂林途中，在途经画山时写道："其山横列江南岸。江自北来，至是西折，山受嚙，半剖为削崖，有纹层络。绿树沿映，石质黄、红、青、白，杂彩交错成章，上有九头，山之名'画'，以色非以形也"接着他又写道："余遂登其麓，与静闻选石踞胜，上瞩彩壁，下蘸绿波，直是置身图画中也。"画山的命名是以色非以形。这是徐霞客的结论。他还特地登山，看到的是上为彩壁，下为绿波，真是置身图画中。这是《游记》中的描述。现在，此景叫"九马画山"，大部分游人，都是坐在船上眺望一下而已，所以得不到徐霞客得到的印象，也写不出徐霞客写出的文字。我们的旅游也应向深度发展。

3. 漓江萤火虫阵。五月二十六日晚上，徐霞客先生在漓江上看见了自然界的奇观：萤火虫阵。他写道："中夜仰视，萤阵烛山，远近交映。以至微而成极异，合众小而现大观，余不意山之能自绘，更无物不能绘也。"

萤火虫阵，成为"极异"、"大观"。这是徐霞客从内心发出的感叹。这是山自己在绘画。这是徐霞客新的发现。由此，推测自然界所有之物都能绘画。笔者小时候在武汉郊区铁矶村的乡村老家见到过无数次萤火虫；但几十年未见了。2010年7月终于在山东沂水县的萤火虫地下湖（洞）中见到了，感受和徐霞客先生一样。我感叹370余年后，在现代文明高度发达的背景下；在山东能见到如此多的萤火虫，真感到欣慰啊！在这一段中，徐霞客用了两个"绘"字，大自然真是为我们描绘了一幅幅无比绚丽的图画。

徐霞客先生描写了漓江之美，用词是生动的、贴切的、丰富的。更加难能可贵的是他记录了1637年5月26日晚上，中夜即子夜时壮观的萤火虫阵，这种自然界的"大观"，为后人留下了一份宝贵的生态记录。

西南奇胜滇东始

我国西南的广西、云南、贵州三个省区是岩溶地貌最为发育的地区，岩溶地貌是非常秀丽的。既有统一的共性，又有自己的个性。1638年8月18日他在《游记》中写道：

从此遂转而北行坞中，其坞西傍白蜡，东瞻罗庄，南去甚遥，则罗庄自西界老脊，分枝而东环处也。坞中时有土冈，自西界东走，又有石峰自东界西突。路依西界北行，遥望东界遥峰下，峭峰离立，分形竞颖，复见粤西面目；盖此丛立之峰，西南始于此，东北尽于道州，磅礴数千里，为西南奇胜，而此又其西南之极云。

在岩溶地貌中，我们最常见的是峰丛、峰林、孤峰、溶蚀漏斗（碟形或圆锥形的洼地，平面轮廓呈圆或椭圆形）、溶蚀洼地、坡立谷（大型的溶岩洼地）这6类。

引文中的"坞"即岩溶地区中的溶蚀洼地。在徐霞客滇游日记中，坞随处可见。溶蚀洼地是岩溶地貌发育的早期产物，由溶蚀漏斗逐渐溶蚀扩大，或相邻的漏斗合并而成。此溶蚀洼地的范围西边抵达白蜡，东边到了今云南省曲靖市所辖的罗平县（即罗庄，县址在罗雄镇），南边很遥远，溶蚀洼地中是不平坦的，常常有土冈。接下来的这段文字是最精彩的。

这段文字，徐霞客先生虽然是在考察今云南省中东部的罗平的岩溶地貌时写下来的，但其总结今广西（粤西）、贵州、云南三个省区的岩溶地貌，在此他提出了石灰岩地区的峰林和峰丛概念（有的地学家认为是徐霞客先生首先创立了"峰丛"的概念）。在此他对峰林地貌作了描述，即峭峰离立，分行竞颖。这8个字，两句话，太精彩了！我们想想广西桂林即粤西的确是如此。山峰是陡峭的；一个个山峰都是独立"生长"的。即离开而耸立；在平面上像排

兴义峰林

1638年5月26日，徐霞客从云南罗平县进入贵州的黄草坝（今贵州兴义市），考察南盘江的上游源头。传说，徐霞客在兴义留下了两句话：『天下山峰何其多，唯有此处峰成林』。但《游记》没有记载。笔者对此深为其峰林地貌所震撼。说实话，这是我40余年野外考察最受震撼的三次之一，另两次是第一次见到黑龙江五大连池被火山烧焦的大地，以及第一次见到四川黄龙九寨沟那么干净那么单纯的高寒岩溶景观。从图片可知兴义峰林地貌的壮观。在今天，兴义为中国国家地质公园所在地。在其万峰林景区的广场上，建了一尊徐霞客塑像，像的基座上雕刻有『磅礴数千里』，为西南奇胜』。实际上，兴义以峰林为主』，也有峰丛。1638年8月29日，徐在日记中就写道：『群山丛突（指峰丛）、小石峰（指峰林）或朝或拱，参立前坞（坝子或平地）中。』

着队一样，气势也很宏伟，霞客先生在此用了一个"颖"字，"颖"是代表小而细长的东西的尖端，并且在"颖"字前加了一个"竟"字，多么形象地描述了石灰岩的峰林的面貌。对峰丛，他认为是始于云南的罗平一直伸延到湖南的道州。整个西南大地上石灰岩峰丛的景观则更为大气：磅礴数千里，为西南奇胜。徐霞客先生在此的10个字真是让我们看到数千石灰岩峰丛挺立大地上的景象，只能用"磅礴"两字来形容，并上升到"西南之极"。在谢宇平主编的大学教科书《第四纪地质学及地貌学》对于峰丛是这样描述的："峰丛指成簇突起于石灰岩山地或高原面上的溶蚀残丘，其顶部多呈尖锐或圆锥形，与溶蚀洼地、溶蚀漏斗、溶蚀槽谷或干谷互相套在一起。常分布在石灰岩山区的中心部

永福峰丛

读者一看图片就知道峰丛的山是锥状的。有不少地质学家把峰丛称为"锥状喀斯特"。徐霞客在1638年的8月18日的日记中写道:"罗庄山在城东南六十里。其山参差森列,下多卓锥拔笋之岫,粤西石山之发轫也。"你看,写得多好。峰丛是参差森列,形状为卓锥、拔笋,并且山体很美像玉石一样,广西的峰丛就是从云南罗平开始的啊!徐的"磅礴数千里,为西南奇胜"严格的说是指峰丛。图为广西永福的峰丛。

分,形成大面积(徐霞客先生用'磅礴数千里'来描述)分布的峰丛山地。"两者对照,我们不得不佩服徐霞客先生的地学以及文学的修养。

就在同一天(1638年8月18日)的日记中,徐霞客在其后又写到:"罗庄山在城东南六十里。其山参差森列,下多卓锥拔笋之岫,粤西石山之发轫也。"即罗庄山附近的山峰高低不一,但数量很多排列在一起;地面上还有很多似直立的锥和新抽出的竹笋一样的山峰;它们正是广西西部的石山的"发源"地啊!多么形象,用两个事物"卓锥"和"拔笋"来形容峰丛,而且指出此处(罗平)与广西西部石山的关系。"发轫"很费解,经查词典才知道原意为拿掉支住车轮的木头,使车前进。比较新事物或某种局面开始出现。时间过去了300多年,我们现在很少用,甚至不用"发轫"了。这正是我们在阅读《游记》中遇到的困难,但是,一旦我们费力、费时地弄清了《游记》中的每个字、每个词的含意,我们又会深深感到《游记》的魅力所在。

十天之后,徐霞客在贵州的黄草坝(今兴义)又总结了广西、云南、贵州三地山峰的不同特征。在《游记》中写道:

粤西之山,有纯石者,有间石者,各自分行独挺,不相混杂。滇南之山,皆土峰缭绕,间有缀石,亦十不一二,故环洼为多。黔南之山,则介于二者之间,独以逼笋见奇。滇山惟多土,故壅流成海(云南有些地方把湖泊称海,如洱海、程海等),而流多浑浊。惟抚仙湖最清。粤山惟石,故多穿穴之流,而水悉澄清。而黔流亦介于二者之间。

地面流水峰林出

喀斯特是对石灰岩、白云岩等可溶性的碳酸盐地区地貌的总称。桂林山水就是发育在碳酸盐上的典型的喀斯特地貌。

撰写桂林山水最有名的是宋代文学家范成大。他写到："桂之千峰，皆旁无延缘，悉自平地崛然特立；玉笋瑶参，森列无际怪且多，如此诚当为天下第一。"范成大提出；桂林山水为"天下第一"，并且强调了"诚当"，即"名副其实"的意思。

徐霞客先生于1637年（其时为50岁）抵达广西桂林。我们来看一下这位17世纪伟大的旅游地学家，是如何描写桂林山水的。

1637年四月二十八日，徐霞客先生刚刚抵达桂林，对桂林山水的第一印象是："则诸危峰分峙叠出于前，愈离立献奇，联翩角胜矣。石峰之下，俱水汇不流，深者尺许，浅仅半尺。诸峰倒插于中，如出水青莲，亭亭直上。初，二大峰夹道，后又二尖峰夹道，道俱叠水中，取径峰隙，令人应接不暇。但石俱廉厉凿足，不免目有余而足不及耳。"徐霞客用约100个字把喀斯特地貌桂林山和水写的得很仔细。山峰层层叠叠，并且山峰是分的，离的；这些山峰很多，连在一起欲飞。地面有水，水不流，水深浅不一。这就是桂林山和水的特点，我们现在叫"峰林"地貌。描写得多么到位啊！一个个山峰"如出水青莲"多美啊。最后结论是"应接不暇"。这幅图画就是我们常见的桂林山水：无数山峰"生长"在水中。

桂林山水中间的农村村庄也是一派水乡景色，徐霞客写到："河塘（村）西筑塘为道，南为平畴，秧绿云铺，北为汇水，直浸北界丛山之麓，蜚晶漾碧，令人尘胃一洗。"他用"秧绿云铺"，"蜚晶漾碧"这八个字就把桂林山水的农庄写得十分可爱，也是一幅画。接着，他又写道："南山之首，又有石

离立献奇

徐霞客对桂林峰林景观的描写就是9个字『如出水青莲，亭亭直上』。要让读者了解这一景观，我终于找出一张非常贴切的图片。你看，照片上一定要有水，图片上不仅有水，还有水波，出水青莲，一定要有高高的青莲，图片上反映了三种青莲形态，一是只有茎干和荷叶，二是茎干和盛开的荷花，三是茎干和莲蓬即果实。这三种的形态都是亭亭直上，多美啊！桂林的峰林，犹如青莲，是『生长』在水中的，水是其母亲，没有水，尤其是地面水，就没有桂林的峰林。有水山峰就妩媚，就动人，所以桂林的山峰格外吸引人。不要忘了水，尤其是地面流水。

突缀，人行其下，左右交盼，亦复应接不暇。"徐霞客又一次用了"应接不暇"，也就是说桂林山水的丰富和多样，我们的眼睛是看不过来的。郭沫若先生1963年3月游桂林山水后，在《游阳朔舟中偶成》中也写道：

奇峰八面玉玲珑，深感吾身只二瞳。

忽悟观音千手眼，料应生自碧莲峰。

郭老的感觉和徐霞客是"异曲同工"，"不谋而合"。桂林山水不是一幅画，而是无数幅画。徐霞客难能可贵的是看到了峰林这幅画中的核心：地面流水。他还写到当时的"漓水至是已极汪洋"，可见地面流水之大啊！

峰林是地面流水型喀斯特。你看，徐霞客写得多准确，山峰周围都是水，水有深有浅；山峰像出水的青莲，不过是倒插的，因为我们看见的是一根根青莲的茎秆，而不是荷叶。道路也在水中，远远望去，道路是一层层地叠在水中，又要找路，景物又多，来不及观赏。他只好感叹目有余而足不及耳。附近农田是一望无际的平展展的，其上的稻秧像云一样平铺在水之上。最后，他说当时的漓江之水像汪洋，多么形象啊！现在我们了解了峰林是地面流水形成的原理，你再来阅读《游记》，多么到位，多么亲切啊！这也就是称徐是伟大的地质学家、伟大的地学家的原因所在。峰丛是入渗型喀斯特，缺少地面流水但地下河发育，洞穴类型多。徐霞客对桂林周围的峰丛也做了很好的描述。

　　徐霞客于1637年五月二十一日，从桂林坐船航行往阳朔，二十二日抵阳朔后，考察了阳朔县城附近的名胜；二十五日从阳朔返桂林，二十八日抵达桂林。他前后八天，对漓江沿线的峰林和峰丛做了很好的描述。下面仅挑选五月二十一日的日记来欣赏。他写道："*碧崖之南，隔江石峰排列而起，横障南天，上分危岫，几埒巫山；下突轰崖，数愈厓老，于是扼江，而东之江流啮其北麓，怒涛翻壁，层岚倒影，赤壁、采矶，失其壮丽矣*"。漓江远处的石峰、不是"离立献奇"的一个个孤峰，而是"排列而起"的"峰丛"地貌，和长江岸边的巫山之峰类似，好敏锐的观察力啊！确实，桂林山水的核心景观是"峰林"，但四周却是"峰丛"。他又用文学家的文字写道，漓江的水流比长江上的赤壁、采矶还要壮丽。把漓江的岸边之山和漓江之水做了很好的比喻。让我们看到了喀斯特江与山之美、峰林与峰丛之美。徐霞客是世界上第一个观察到峰林和峰丛，并把它记录在著作中的地质科学家。这就是徐霞客比文学家高明之处，他用精确的词汇，描写了被人们忽视的两种喀斯特地貌：峰林和峰丛。

蕴晶漾碧

我们中不少人谈起桂林山水往往只关注自然风光，而忽略了田园风光；而徐霞客先生却是两者都看重，把两者都描写得很美。在描写田园风光时，用『秧绿云铺』『蕴晶漾碧』十分贴切，并得出桂林的田园风光『令人尘胃一洗』；而自然风光两个『令人』『令人应接不暇』写得多好啊。桂林山水用这样两个『令人』来概述，是徐霞客先生的创见；可惜，至今注意到的人并不多。这张图片前面是『蕴晶漾碧』，后面是『应接不暇』。

应接不暇与千手观音

我从事旅游地学的学习和研究30余年，对于文学家、地学家或其他人写的游记是十分关注的。《游记》是中国的经典著作。我特别想知道，了解徐霞客先生对中国一些著名的风景区是如何描写的。这中间，我最想了解的是徐霞客先生对广西桂林和浙江杭州两地的描写。

1637年闰4月28日，徐霞客先生抵达桂林，写了一篇日记，如果取一个题目，可叫"桂林散记"。这篇日记，我阅读第一、二遍时，感觉没有什么；当我学习到N遍时，恍然大悟，觉得是一篇既有地学知识，又有文学色彩的十分难得的文章。地学知识在"地面流水峰林出"文中已经分析了。这里讲讲此文的文学成就，与读者共享。

两个"应接不暇"。该成语源自王献之说的一句话，即从山阴道上行，山川自相映发，使人应接不暇。路上山川胜景繁多，来不及欣赏。徐霞客在桂林也是在路上，见胜景。**"取径峰隙，令人应接不暇"**，**"人行其下，左右交盼，亦復应接不暇"**。在一篇文章中，用两个"应接不暇"，可见桂林山川的美丽。

正因为"应接不暇"，才产生了**"不免目有余而足不及耳"**的感叹。眼睛看见了，但足不及啊！把一个游人兴奋、着急的心情都描写出来了。正如，几个人旅游，到处都是美景，可以听到总有朋友叫道："这里真美啊，快过来看啊！"但自己眼前的也很美，不愿立刻过去。

为什么桂林这么美？在于桂林水美、山美。**"蛋晶漾碧，令人尘胃一洗"**，10个字把桂林水美呈现在我们面前。水美，空气好，吸一口新鲜空气就能把内脏中的灰尘洗掉。桂林地面水多，水田多，生长中的绿色的秧苗像天上的云一样铺满了大地。此时，漓江水多得似汪洋，一望无际。

桂林的山是一个个分开的，互不挨着的石峰。徐霞客形容这些石山峰有4个似人的特点：一她们好像一个个演员前后左右分离的站在桂林这个大舞台上，

万手观音

万手观音，位于江阴市悟空寺内的圆通宝殿内。佛像高13米，宽33米，万手呈四面伸展形状，观音手各持不同法器，气势磅礴。读者到江阴不妨去看一看这罕见的景观。

给人们表演她们最拿手的节目（献奇），而且还要取得好的成绩（角胜）；二她们像美女，亭亭直上，而且亭亭作搔首态，徐霞客又用了两个亭亭；三每个峰长的不一样，有石峰，有危峰，有岐峰，有分岹，有分歧；四她们都生长在水中，更觉可爱。实际上，徐霞客说的应接不暇，实际是指桂林的山水，特别是山即石峰各有风韵。

应接不暇，可以说是这篇日记的主题和核心内容。所以郭老说要看清楚、看全面、看仔细桂林山水应该是千眼观音。事情真是凑巧，2013年中国旅游日的时候，5月19日我有幸参观，游览了徐霞客家乡江阴新建的悟空寺。这座寺庙前面的广场宽阔、宏大，牌坊也很壮观，最让我难忘的是寺庙中的两大殿。前面一大殿中的四大金刚金碧辉煌，人物生动，色彩生动；最让我震撼的是后面一个大殿，这个大殿中供奉的就是千手观音，整整一大面墙，面积应该有四五百平方米，一个漂亮、靓丽的观音长出了无数只手，每只手上都有一个眼睛，何止千手千眼观音！后来，当地人告诉我，这面墙上的观音是有万手万眼，称为"万手观音"。原来如此壮观啊。大的手应该比人的手还大的。当时，为了调动当地人民的积极性，规定每捐一万元人民币就可以雕刻一手一眼，没想到捐款的人十分踊跃，一下就达万人了。江阴，真不愧为徐霞客的家乡！这里的每一个人都想借助这万手万眼观音。把这"应接不暇"的桂林的美景，中国的美景，世界的美景，还有那天上的美景等都看得清清楚楚、明明白白。多么可爱的江阴人，多么执着的中国人；我们不仅会把这精彩的世界看明白，而且还会创造一个更加灿烂的世界。在看到这万手万眼的观音的时候，我只能用"眼前一亮"、"无比辉煌"、"不可想像"来表达我对这件中国顶级匠人创造的工艺品的3个渐进的内心感受。我照了几十张照片，选择一张认为最好的放在此处，以表达我对桂林山水以及徐霞客游桂林文章的由衷的赞美。

腾冲喷泉若探汤

温泉是人们旅游喜欢的景观之一，不少人还把其作为旅游目的地。因为温泉可以洗浴，温泉可以治病，温泉还可以观赏。长白山温泉、骊山温泉、黄山温泉、阿尔山温泉等等，都是中国著名的温泉。温泉可以是由于地壳断裂活动形成的，也可以是火山活动形成的等等，成因是多样的。笔者对温泉景观也十分钟情，所以对描写温泉的文字也很注意，但在诸多的描写中，还是以徐霞客先生在1639年五月初七日的"滇游日记十"中，对云南腾冲热海大滚锅的喷泉描述，最为精彩。现引在下面：

"溯小溪西上，半里，坡间烟势更大，见石坡平突，东北开一穴，如仰口而张其上腭，其中下绾如喉，水与气从中喷出，如有炉橐鼓风煽焰于下，水一沸跃，一停伏，作呼吸状；跃出之势，风水交迫，喷若发机，声如吼虎，其高数尺，坠涧下流，犹热若探汤；或跃时，风从中捲，水辄旁射，搅人于数尺外，飞沫犹烁人面也。……又北上坡百步，坡间烟势复大，环崖之下，平沙一围，中有孔数百，沸水丛跃，亦如数十人鼓煽于下者……四旁之沙亦热，久立不能停足也。"

你看，徐霞客先生在这一段文中，用了7个比喻。如上腭、喉、橐风煽焰、发机、吼虎、探汤、数十人鼓煽，以及风水交迫、烁人面也、沸水丛跃等等词汇，把火山喷泉描写得多么形象，多么有声有色！370余年后的今天读此文，对徐霞客先生的钦佩之情，不禁油然而生。

徐霞客先生的这7个比喻中的前三个，实际上在今天的地质术语中也常常用到，几乎一模一样。如我们描述火山结构时就认为火山由火山口、火山喉管、岩浆库三者组成，和先生的仰口、喉、炉橐相当。

特别让我震惊的是我阅读2005年2月，第79卷，第1期《地质学报》上李振清等人撰写的《藏南上地壳低速高导层的性质与分布：来自热水流体活动的证

美女温泉

腾冲地区的火山温泉，已经有多处被开发成温泉洗浴、疗养中心。每个温泉区都建造了不少大小不同、形态各异、自成特色的室外温泉池。池的水温各不相同，游人可以根据自己的喜好选择。池的形状多样，有扇形的、方形的、圆形的、有双曲线形的等。有不少具有特色的温泉池，还放了中药、香料、牛奶等。

泡温泉时，还免费供应可乐、矿泉水和茶水。这中间的美女温泉因为其地风景优美，服务设施好，来此泡温泉的游人多，成为腾冲地区著名的温泉。腾冲热海景区的热海浴谷是最大的洗浴中心，引用地热矿泉也修建了各种各样的浴池。

据》一文中，居然也看到了与徐霞客先生比喻的类似描述。

西藏南部的热水活动比云南腾冲更加明显、更加普遍、更加激烈。这里的沸泉、间歇泉，沸喷泉，热泉，温泉等类型齐全，还有热水爆炸现象。人们熟悉的羊八井地热、羊卓雍错地热、孔当、日诺、当惹雍错、古错等地都有强烈的热水活动现象。面对这一地质现象，地质学家认为地下有一个"驱动热机"，简称"热机"。这与徐霞客所说的"有炉橐鼓风煽焰于下"，如出一辙。这个"热机"有人认为是"浅位岩浆房"，有人认为是"局部熔融层"。

该文作者认为，温度大于60℃的中高温热泉分布区下部存在"部分熔融层"；地表温度大于80℃的羊八井、羊易地热田已经证实下面存在单个的"浅部岩浆房"。

我读了此文后，即过了370余年后，觉得徐霞客对地质现象的推测仍然不过时，该文作者不管是否读过"游记"，但应该承认其思想是一脉相承的。

我在中国科学院地理研究所做研究生学习并工作近20年，对地理是熟悉的；接着在中国地质博物馆工作近20年，对地质也不陌生。地理基本上是研究地表以上的学问，地质基本上是探寻地表以下的学科。仅从本文看，把徐霞客称为一个地质学家并不为过，但至今很少有人提到是不全面的，也是不公平的。

不尽苍茫茈碧湖

　　《游记》中对于湖泊的描述不多。原因有二：一是原稿的丢失，如江浙的太湖、浙江的西湖等；二是徐霞客重点考察的贵州、广西、云南三地，前两地湖很少，仅仅云南较多。在这样的情况下，讲述一下徐霞客对湖泊的描述是很有意义的。

　　在《游记》中，他对洱源县（当时为"浪穹"）茈碧湖的描述很精彩，摘引如下：

　　"过一小石梁，其西则平湖浩然，北接海子，南映山光，而西浮雉堞，有堤界其中，直西达于城。乃遵堤西行，极似明圣苏堤，虽无六桥花柳，而四山环翠，中阜弄珠，又西子之所不能及也。湖中鱼舠泛泛，茸草新蒲，点琼飞翠，有不尽苍茫，无边潋滟之意。湖明'茈碧'有以也。"

　　你看，徐霞客在1639年阴历二月十八日，第一次见到这个湖，就评价极似西湖，又胜西湖。他描写这个湖没有用任何比喻，而是用写实的手法，向读者提供了如下5个画面。

　　鱼舠泛泛。湖面上外形如刀的小船自由自在地漂浮在湖面上。"泛"字是常用的，如柳永的"菱歌泛夜"、李清照的"也拟泛轻舟"、李白的"轻舟泛月寻溪转"等等。

　　茸草新蒲。这里写春天湖边的草刚刚生长出来，毛茸茸的；而湖岸的菖蒲等也是新生的。这一切显示出湖的生机盎然。

　　点琼飞翠。远远眺望茈碧湖，湖水波浪起伏似点点的美玉，绿色的花草似乎在飞动。

　　不尽苍茫。云贵高原上的茈碧湖，好像和天相接，一望无际，旷远迷茫。

　　无边潋滟。无尽的水波相连，十分壮观。

西湖苏堤

徐霞客为江苏江阴人，去过浙江多次，但十分遗憾，就是《游记》找不到专门描写杭州西湖的内容。这不等于说，西湖的美丽没有感动徐霞客。1637年闰四月初六日，在湖南的南部考察时，写道：『是夕，月明山旷，烟波渺然，有西湖南浦之思』。

你看，他看到月明山旷，烟波渺然，就勾起了对杭州西湖之思念。隔了近两年，他在云贵高原见到云南的茈碧湖，又勾起了他对西湖的印象。他把两湖做了比较后，写道：『乃遵堤西行，极似明圣苏堤，虽无六桥花柳，而四山环翠，中阜异珠，又西子之所不能及也』。意思是说，西湖六桥花柳比茈碧湖美，但茈碧湖四周的环境和湖中景观西湖是赶不上的，即各有特点。从中看出徐霞客用比较手法写风景，用人们熟悉的来比较陌生的，让人更易理解。图片为杭州西湖苏堤六桥之一的跨虹桥风光。

二月十九日，徐霞客登舟泛湖。对该湖又有进一步描述：

"舟不用楫，以竹篙刺水而已，渡湖东北三里，湖心见渔舍两三家，有断埂垂杨环之。……眺览之久，仍泛舟西北二里，遂由湖而入海子。南湖北海，形如葫芦，而中束如葫芦之颈焉。湖大而浅，海小而深，湖名茈碧，海名洱源。"

杭州西湖

　　茈碧湖位于洱源县城北1.5公里处，面积为8平方公里，比杭州西湖5.6平方公里要大。实际上，如徐霞客所说，它由南湖北海两部分组成。该湖还有两大奇观："水花树"和"茈碧花"。对于前者，徐霞客是这样描写的：

　　"海子中央，底深数丈，水色澄莹，有琉璃光，穴从水底喷起，如贯珠联壁，结为柱帏，上跃水面者尺许，从旁遥觑，水中之影，千花万蕊，喷成株树，粒粒分明，丝丝不乱，所谓灵海跃珠也。"

　　茈碧花是夏季湖中开放的一种雪白的花，像泉喷雪涌一般开放，阵阵清香，令人陶醉。

　　水花树，徐霞客称"株树"和茈碧花交相辉映，在这云贵高原之上，别样美丽。二月十九日，午饭"醉饱"之后，徐霞客下午，仍下舟泛湖。由此可见，此湖的美丽。370余年过去了，今天茈碧湖，仍然是苍山、洱海风景区的一个必游的景区。

欢若更生一线天

一线天是旅游中十分吸引人的景观。它曲折多变，时而遮天蔽日，时而豁然开朗，里面峰回路转，犹如迷宫长廊。徐霞客先生于一六三〇年八月初四日，冒雨游的福建浦城的龙洞，实际上就是一个"一线天"，他写的十分生动，是我至今为止阅读"一线天"中最为精彩的文字。在《闽游日记后》中，他真正把内心的感受写得很细致、很全面、很具体。特转引如下：

"雾瀜棘铦，帟石笼崖，狞恶如奇鬼。穿簇透峡，窈窕者，益之诡而藏其险，屼嵲者，益之险而敛其高。如是二里，树底睨峭崿攀踞其内。右有夹壁，离立仅尺，上下如一，似所谓'一线天'者，不知其即通顶所由也。乃爇火篝灯，匍匐入一罅。罅夹立而高，亦如外之一线天。第外侧顶开而明，此则上合而暗。初入，其合处犹通窍一二，深入则全黑矣。其下水流沙底，濡足而平。中道有片石，如舌上吐，直竖夹中，高仅三尺，两旁贴于洞壁。洞既束肩，石复当胸，无可攀践，逾之甚艰。再入，两壁愈夹，肩不能容，侧身而进。又有石片如前，阻其隘口，高更倍之。余不能登，导僧援之。既登，僧复不能下，脱衣婉转久之，乃下。余犹侧仄石上，亦脱衣奋力，僧从石下掖之，遂得入。其内壁少舒可平肩，水较泓深，所称'龙池'也。仰睇其上，高不见顶，而石龙从夹壁尽处，悬崖直下。洞中石色皆赭黄，而此石独白，石理粗砺成鳞甲，遂以'龙'神之。挑灯遍瞩而出。石隘处上逼下碍，入时自上悬身而坠，其势犹顺，出则自下侧身以透，胸与背既贴近于两壁，而膝复不能屈伸，石质刺肤，前后莫可悬接；每度一人，急之愈固，几恐其与石为一也。既出，欢若更生，而岚气忽澄，登霄在望。……登绝顶……踞石而坐，西北雾顿开，下视金竹里以东，崩坑坠谷，层层如碧玉轻绡，远近万状，……。"

这段文字，我读了无数遍。每读一遍就能感受到徐霞客太不简单了，太伟大

侧身而进

不少人旅游时，都走过一线天，但能把过一线天的具体感受写得惟妙惟肖，生动无比的，只有徐霞客先生。图片是笔者在河南崤呀山拍的。崤呀山和福建的浦城龙洞一样，也是发育在花岗岩中的一线天。图片把『两壁愈夹，肩不能容，侧身而进』表现出来了；远远未达到『胸与背既贴近乎两壁』而膝复不能屈伸，前后莫可悬接，每度一人，急之愈窘，几恐其与石为一也』的境地。人们走一线天，可以在前进的道路上，并不是一马平川的坦途，肯定会有像一线天这样的艰难险阻，我们一定要有心理准备，有信心，有勇气，有决心去走过它。一线天就好比逆境，是灰暗的，仅仅头顶有一丝天光，即非常微弱的阳光，有时甚至没有阳光，但你仍然要前进，要相信走过这一段新的光鲜的生命开始的。你看，徐霞客走出一线天时，欢若更生，仿佛得到第二次生命，是旧的生命结束，是新的光鲜的生命开始。他看到『层层如碧玉轻绡，远近万状』多么光明的景象啊！笔者2012年坐飞机时，看见白云和蓝天在天空组成了美丽的一线天，人生蕴含蓝蓝的白云天。笔者走过的最艰难的一线天是在江西三清山，位于山上和下山的要道，又陡又长又窄，而且笔者是在走了一天后，通过这个一线天的。走时，真担心走不下来，那种高兴是难以形容的。笔者深深体会到，走下来时，欢若更生，是多种多样的，你在旅游时可以观察一下，做一个记录。一线天是多种多样的，你在旅游时可以观察一下，做一个记录。生在嵩山时，听到险就色喜的原因。

了！他把两个"一线天"，即看得见的一线天和看不见的一线天，以及人通过一线天的艰难和感受，写得如此生动、惊险、刺激，使读者有身临其境的感觉。

他刚进入，就看到"右有夹壁，离立仅尺，上下如一，似所谓'一线天'者"。你看，徐霞客给"一线天"下的定义多简单、多形象，10个字，三个特点：（1）夹壁；（2）离立仅尺，即两岩壁的距离（离立）仅仅为一尺；（3）上下如一，即这个距离上下几乎是一样的。今天，我们对"一线天"的定义几乎也是如此。

接着，他就把篝灯（有灯罩的灯）点燃，匍匐而入一裂隙，进入了看不见的"一线天"。

刚入"一线天"后不久，就全黑了。其下既有流水又有沙，水淹到了脚脖子了。遇到了四个困难：（1）洞窄，双肩受到了约束限制；（2）前面又有岩石阻挡，一线天中不是空空如也；（3）攀登和走路都十分困难；（4）每前进一步，都很艰难。

再入，遇到了两个困难：（1）洞更窄，肩不能容，只好侧身而过；（2）一线天中竟有一块高大的石头把通道挡住，充当向导的僧人只好脱下衣服，在大石头处又上又下，徐霞客不行，只好脱衣奋力向上，在导僧的"掖"（即塞进去）下，才进入，继续前行。

出来，又遇到了两个困难：（1）找出处，他们拿着灯上下左右照了个遍，边摸索边前进；（2）进入时，是从上而下坠，其势尤顺，出时则相反，从下往上，胸背贴于岩壁，膝盖又不能弯曲，尖锐的岩石把皮肤刺得十分疼痛，前后也不能帮忙，每一个人都很着急，越着急越难出，像被石壁固定、捆绑住，恐惧、害怕和石头"粘"在一起。

从这看不见的一线天（严格讲，不应叫"一线天"）出来后，徐霞客用了四个字"**欢若更生**"——简直是死里逃生，又一次获得了生命。有哪种愉快比这还高兴啊！徐霞客游记中，用"欢"字不多。此时，他登顶眺望，真是"*层层如碧玉轻绡，远近万状*"。

我是在2003年4月，考察完山东枣庄熊耳山的国家地质公园的双龙一线天后，返京阅读《游记》的，发现了这段文字。读后，感到徐霞客所描述的整个过程和我经过500米长的双龙一线天的情况真是一模一样，特别是"*既出，欢若更生，而岚气忽澄，登霄在望*"的感受太爽了！徐先生写出了走过"一线天"的人人心中有，个个笔下无的感受！

我真诚希望游过一线天的读者把这段文字认真、仔细地一个字一个字读几遍，一定会"乐在其中"并会由衷的从内心发出笑声！

极奇极崄的栈道

极奇极险

徐霞客先生用栈道是很准确的。《游记》中有不少实例，如1623年2月21日在考察嵩山的登高岩的岩洞时，就写道：『穿行数武，崖忽中断天尺，莫可着趾。导者故老樵，猖捷如猿猴，侧身跃过对崖，取木二枝，横架为阁道』。这阁道就是栈道，用得多好啊！2004年6月，我去嵩山考察时，嵩山新修的三皇寨的栈道又长又雄伟，真可谓上倚陡崖，下临绝壑我立刻就进行拍照。背后的石英岩岩脉直立近90度，当初修建栈道是何等的艰巨。这栈道既是交通工具，又成为风景区的组成元素。

我们对栈道并不陌生。原因有两个：一是我们常用的成语"明修栈道，暗度陈仓"中就有"栈道"两字，该成语比喻用假象迷惑对方以达到某种目的；二是中国不少著名的风景区，为了开发新的、过去没人或很少有人去过的、既幽静又新奇的景区，专门修了栈道。如江西三清山西海岸景区的栈道、浙江雁荡山方山景区的栈道、河南嵩山三皇寨景区的栈道等等。但我们如何把栈道描述得生动、贴切、有趣，笔者至今鲜见这类文字。

1637年11月，徐霞客为了考察现广西天等县的百感岩溶洞，必须登山、走栈道才能进入。他这一段描写栈道的文字十分具体、生动，摘引如下：

"初抵山下，东北礐级以上，仰见削崖，高数百仞，其上代（yi音亿小木桩）木横栈，缘崖架空，如带围腰，东与云气同其蜿蜒。"

如带围腰

险峻的三清山西海栈道，位于三清山西部，在海拔平均1600米的高山悬崖绝壁上，向外悬浮出一条全长约4600米，宽1.3～2米的钢筋混凝土栈道。它真像一条云带飘浮在空中，是真正的空中楼阁，是目前全球风景名胜区中最长、最高的栈道，也是视野最为开阔的凌空观景长廊。笔者在此照了一张三清山之松的照片，十分精彩。

峡谷坦途

三清山的峡谷，奇险无比，原来游人无法欣赏深藏此处的美景。现在，由于栈道的修建，峡谷成为坦途。

迎松入道

栈道是在悬崖绝壁上架设的。在这悬崖绝壁上往往生长有挺拔有力的松树，如果栈道经过此处，怎么办？三清山人的回答，保留下来，保留下这勃勃的生机，并且迎松入道。我们看了这样的景观，能不感动吗？这艰难又危险的工程修得如此漂亮，让我们感动，建设者内心的环保意识，生态观念更让我们感动。这是自然美和人工美的绝妙融和，天衣无缝。

　　在山下见栈道的景象：高数百仞的陡峭崖壁之上，沿着崖壁用木头在空中架起的木桩，就像给山围了腰带，在云中蜿蜒。徐霞客对栈道的描述有三：一是高，数百仞，与云气同蜿蜒；二是险，缘崖架空；三是栈道的定义，在削崖上杙木横栈。最后，他用了一个比喻，如带围腰，就像一根带子围在腰上。这个描写既全面又具体且生动。新华词典上对"栈道"的定义是"在山的悬崖陡壁上凿孔，支架木桩，铺上木板而修成的窄道"。这个定义和徐霞客先生的相比，少了许多文采。

　　徐霞客先生紧接着"践栈而右"，即走上了栈道。他从仰视到走到栈道上，遂写道："栈阔二尺，长六七丈，石崖上下削立，外无纤窦片痕，而虬枝古干，间有斜骞于外，倒悬于上者，辄就之横木为代。外者藉（ji音集）树杪，内者凿石壁，复以长木架其上为梁，而削短枝横铺之。又就垂滕以络于外，人践其上。内削壁而外悬枝，上倒崖而下绝壑，飞百尺之浮桴，俯千仞而无底，亦极奇极崄矣。"

徐霞客把栈道的宽度和长度都写明了，还把如何建设的写得很详细。栈道外借树梢，内凿石壁，用长木架其上，短枝又横铺在长木上。栈道外用藤本植物络于外，就像栏杆。有时利用石崖上的虬枝古干，直接在其上铺横木修栈道。这里讲了两点值得注意：一是利用原有的古树为梁；二是利用垂滕为栏杆。这是中国古代劳动人民在修栈道时的智慧。今天，我们仍然在修栈道时，尽量不破坏崖壁上的植物和生态环境，江西三清山就是一例。徐霞客形容这一段的栈道就像是一个飞行在百尺之上的一只木筏，太精彩了！说得通俗点，就如今天武夷山九曲溪上的竹筏或宇宙飞船，你走在栈道上，就好比坐在其上，往下俯瞰到千仞以下仍然看不到底啊！你再仔细玩味"飞百尺之浮桴，俯千仞而无底"，身临其境，多么有意思啊！吸引你真想去走一走这栈道啊！最后徐霞客的评价是四个字"极奇极崄"，用的是崄而不是用的险。这个崄是专指山路的危险即栈道是最危险的山路，徐霞客用字的精确，可见一斑。我们一定要一字一字的阅读游记，才能把其味道读出来。

笔者于2008年秋，行走了江西三清山西海岸的栈道。它是2002年4月建成的，全长约4600米，远远长于徐霞客所走的六七丈即20米左右；宽1.3至2米，远远宽于徐霞客所走的2尺。这就是400年的时间，在中国大陆上所发生的巨大进步的一个很小的例证。这条栈道，被称为"举世无双的空中游览栈道"。这条栈道的建设创造了三个奇迹：一、建这么长的高空栈道仅用了150天，就大功告成，创造了工程速度之奇；二、凿壁架栈，飞檐铺道，虽发竖目眩，然从客就理，无一人伤亡，创造了安全施工记录之奇；三、栈道所行，沿途邀松入景，盟石为友，未伤一景，不毁一木，创造了环境保护的奇迹。原国务院副总理曾培炎看到西海岸栈道后高兴地说："你们用150天时间，花800多万元国债，就建起了这条世界最长的栈道，这个钱花得值，我拿。"（引自《三清天下美》作家出版社）中国的副总理是有专指资金的，所以曾副总理说了此话。当然钱是国家的，人民的。

第三卷

标 新 立 异 二 月 花

江山如画

第三卷一共13篇文章，把徐霞客描述的自然风光，按照地学上的类别来归纳一下；把相同的景观，归纳在一类文章内。有以下4大类的景观，5个方面的内容。

　　1. 洞景。有描写的喀斯特溶洞的"绚丽的洞中美景"，有描述丹霞洞穴的"妙极之景丹霞洞"，有叙述花岗岩洞的"屈曲奇诡崩塌洞"，还有论述河流冲击侵蚀形成的壶穴的"千变万化观壶穴"等一共4篇，约占三分之一。因为在野外旅游中，各种各样的洞穴，充满了诱惑力，正如徐霞客所说洞中"炫巧争奇，遍布幽奥"。

　　2. 天象。有两篇，即"泉声山色霁天好"和"落日半规月光明"。前一篇是讲霁天好，雨后空气清新，泉声山色，徐霞客也在提醒我们雨后一定要到室外的公园去走一走，锻炼我们的身体；后一篇是讲夕阳之美，月光之美的，现在往往被人们忘记，有时连正月十五，八月十五，都懒得抬头望望那美丽、皎洁的月亮，是多么不应该啊！

　　3. 水景。有四篇是讲水的地质作用和水形成的景观，即"碧空石骨洗濯出"、"巧幻雄观天生桥"、"风光如画喀斯特"、"多彩多姿瀑布飞"。这四篇文章都与水、河水、地面水、地下水有关。第一篇标题"洗濯"都是三点水旁；第二篇的天生桥的形成和结果都与水有关，清代诗人蒋士铨的"飞梁垮水一千步"写桥就有水，毛泽东的"青山着急化为桥，红雨随心翻作浪"更有水；第三篇中的喀斯特地貌是离不开地面流水和地下水的作用，第四篇中的瀑布更是流水的一种运动啊！从中可体会到山水风景，是万万离不开水的。江山如画是把水、把江放在前面的！

　　4. 山花。《游记》中，描写山花从开篇一直到终篇，从天台杜鹃到云南茶花，贯串全书。花是绚丽多姿，她不仅色美，还有香味，不同的地方、不同的季节、不同高度都有不同的山花陪伴着孤寂的旅人，慰藉他们。徐霞客在永州患病，看见山花病就好了不少；湘江遇盗，看见山花，心情也平复了许多；在云南看见一株梅花，竟像遇见家乡的故人。山花更像一位天使，所以我们把姑娘、美女比作鲜花。看《游记》，不要忘了看花，看灿烂的山花。

　　5. 生态的保护。如画江山，江山如画，是需要保护好的。"童山秃岭谓之髡"和"虎迹斑斑不可寻"就是讲生态保护的。

　　第二卷介绍的18个景观都是个别的，单独的；这一卷介绍则是同类项合并，介绍了四大类中的11种景观。这11种景观中每一种远远大于第二卷中的一个具体景观，如丹霞洞穴的景观数目多于、大于武夷山中的一个仙掌岩。这也就是说，我们在欣赏、品味了《游记》中描写的众多的、丰富的景观后，要分门别类整理一下，就像我们把同一类东西装进一个抽屉中一样，便于记忆和理解。这11类景观就像11瓶美酒，根据其香型（酱香、清香等）分成4类，每一类都会给您不同的享受。

绚丽的洞中美景

从地貌类型上说，徐霞客晚年的考察集中在中国西南三省的喀斯特地貌上。在喀斯特地貌中，徐霞客又集中在喀斯特溶洞的考察中。在《游记》中，他记录考察过的溶洞就达400余个。徐霞客可以说是中国洞穴探险和洞穴考察的先驱和鼻祖。笔者在中国的大地上，也考察了百余个溶洞。从北国吉林的官马溶洞，到南疆广东的凌霄岩；从西南的芦笛岩、织金洞到浙江的双龙洞、冰壶洞等等都留下了笔者考察的足迹。笔者深深为中国溶洞中的神奇景观所震撼，所折服。人们把溶洞称为"瑰丽的地下艺术殿堂"是毫不过分的。那么，对于溶洞中这么绚丽的美景，徐霞客是如何描述的呢？从《游记》的写作中，已经清楚知道徐霞客先生对大自然中的每一个元素都有令人意想不到的、拍案叫绝的描写。下面我们就把徐霞客先生对溶洞中的次生化学沉积物的景观，即钟乳石的描写列举如下。

仙人田、石田（边石坝）。边石坝或边池坝。饱含碳酸钙的薄层地下水，在洞穴底部漫流时在水洼边缘形成石灰华的田埂状沉积，称为边石坝或边石；边石坝中如果有水，就称边池坝或边池。但在实际中这两种称呼混为一谈，不必在意。徐霞客当时把这种景观称为石田、仙人田或仙田。在1636年十月初四日"浙游日记"中写道：

"南者为水洞，一转，即仙田成畦，塍界层层，水满其中，不流不涸。人从塍上曲折而入，约二十丈，忽闻水声潺潺。"

十月十一日中又写道：

"若夫新城之墟，聿有洞山，两洞齐启，左明右暗，明览云霞，暗分水陆，其中仙田每每，塍叠波平，琼户重重，隘分窦转……"

这仙田（边池坝）是什么样子的呢？仙田有很多块，排成一行一行（成

仙人之田

仙人田是徐霞客首创，至今仍在使用的名词。地学上叫边池坝。

洞中的仙田仙人田多么形象啊！洞中的仙田的田埂（即塍）一层又一层，田中的水是满满的，水不流动也不干涸，波平如镜。笔者见到过不少仙人田，但湖北咸宁通山隐水洞的仙人田，令我狂喜，拍下了这张照片。此处仙人田有4个特点：一是其造型漂亮，一方方的堤坝的曲线优美（每块田大小不同），大的数十平方米，小的仅数平方米；二是有水，每方田中都充盈着十分甘甜可口的水，显得生机勃勃；三是颜色洁白，可爱，由此可见是沉积的年代比较新，而且还在生长之中；四是周围有漂亮的石幔衬托着，更显得「锦上添花」。在此告诉读者，隐水洞不仅在湖北，在华中而且在中国也是一个值得一游的大型溶洞，洞中有坐船游，有坐小火车游，还有步行游。

畦），其田埂（即塍）一层又一层，田中的水是满满的，但水不流动也不干涸。他仅用16个字就把边池坝说得清清楚楚。进一步又说田埂是弯曲的，多么形象啊！第二段更为简练到只用了8个字**"仙田每每，塍叠波平"**来写边池坝，其实是第一段的浓缩和注解。他用"塍叠"说明仙田之多，远远望去是"叠"的形象；用"波平"来说明边池坝中水满，且不流，不涸，太贴切了！徐霞客很幽默，边池像一块块田，洞中的田只能是"仙"或"仙人"耕种，故他称之

为"仙田"或"仙人田"。边池坝是溶洞比较常见的一种壮丽的景观。

杨梅、丸石（穴珠）。 穴珠又称珍珠、灰华球、石球、石莲子等，分布在洞穴的低湿地面上。小的如豆，大的似乒乓球；浑圆形，表面为黄褐色，打碎后可见同心圆圈层，中心有岩屑为核心。它是在平坦洞底形成的，当洞顶下滴的饱含碳酸钙的水或地下河中的水，在遇到细小岩屑时，在接触面上因温度变化或蒸发较快，产生结晶和沉淀，在轻缓的水流推动下，使它呈球形结晶，状若珍珠，非常漂亮，分布在洞底的低洼处。徐霞客在一六三七年三月二十四日，在今湖南永州的杨梅洞中发现穴珠，当地人称为"杨梅"。徐霞客记述如下：

"洞中产石，圆如弹丸，而凹面有猬纹，'杨梅'之名以此。"

一六三七年十一月十八日，广西向武州（今天等县）东北7里，百感洞的西边的龙巷村东北的坞上洞发现了"穴珠"。他称为"丸石"。他是这样描写的：

"而下有丸石如珠，洁白圆整，散布满坡坂间。坡坂之上，其纹皆鬎鬎如皱簇，如鳞次，纤细匀密，边绕中注，圆珠多堆嵌纹中，不可计量。余选其晶圆者得数握，为薏苡，为明珠，不能顾人疑也。玉砂，洞中甚难得，亦无此洁白。"

你看，徐霞客把洞底池水沉积物穴珠描写得多生动：丸石如珠，洁白圆整。这种石头珠子，颜色洁白，形状圆整；后面他又用了两个比喻，为薏仁米，为明珠。徐霞客对穴珠特别喜爱，顾不上别人的怀疑和不满，挑选了好几把又白又圆的穴珠。他深深知道，穴珠在洞中是很难得到的。他还把穴珠分布、生长的水环境写得很美，池水的水纹鬎鬎，池水是有边的，而穴珠则生长在水纹之中，即圆珠（就是穴珠）多堆嵌（即生长）纹中（池水之中）。

石乳（鹅管）。 鹅管可以说是石钟乳的一种，是由滴水形成的一种钟乳

徐霞客把鹅管称为石乳，即石头的乳汁，是由石头的精华形成的，又称为天成白玉。石之美者为玉。徐霞客对其天成白玉十分喜爱，并采了为标本。早在宋代，著名文人范成大在《志岩洞》中也写到鹅管：「长如冰柱。柱端轻薄，且滴且凝。」乳水滴沥未已，且其成因写得很对；而其成因写得很对；但其文学性较的霞客稍逊。照片上的鹅管群是笔者考察湖南新化梅山龙宫所摄，多么可爱啊！

石；但它的中部是空心的，仿佛是鹅毛中间的隔。鹅管的内径一般为3～4毫米，壁厚0.5～2毫米。鹅管是由方解石的晶体组成，长短不一，通常为几十厘米长。徐霞客在洞中也观察到了鹅管，他称为"石乳"。他在考察今天广西南宁北边的三里城（今上林县）境内的白崖堡南山下洞时，对石乳作了下面的描写：

"折得石乳数十条，俱长六七寸，中空如管，外白如晶，天成白玉搔头也。"

徐霞客把其生成状态、长度、形态、颜色等写得很到位。他当时对鹅管就很喜欢，折了数十条带回。今天，我们游览洞穴时，是不容许采折洞穴任何沉积物（包括鹅管）的；即使作为科研的需要，也要办理相应的手续。

你可以发现徐霞客先生在《浙游日记》中描写金华双龙洞时写道：

"石乳下垂，作种种奇形异状，此'双龙'之名所由起。……其左则石乳下垂，色润形幻，若琼柱宝幢。"

此时你知道了石乳原来是指鹅管，你会感到茅塞顿开。

乳柱（石钟乳）。石钟乳是地下水沿着细小的孔隙和裂隙从洞顶渗出的滴水沉积物，典型外形包括乳房状（故名石钟乳）、钟状、柱状等，但是变化是无穷的。徐霞客先生的乳柱专指柱状、长条状的石钟乳。千万注意，乳柱不是石柱。他在"粤西游日记四"对白崖堡南山下洞的乳柱的精彩的描述：

"乳柱花萼，倒垂团簇，不啻千万。……又有白乳莲花一簇，径大三尺，细瓣攒合，倒垂洞底，其根平贴上石，俱悬一线。……深入亦盘错交互，多乳柱攒丛，（细若骈枝，团聚每千百枝）与下层竞远。惟后营东洞，乳柱多而大，悉作垂龙舞虬状，比列皆数十丈云。"

这一段，徐霞客描写的3个"乳柱"，同中有不同：一个乳柱如花萼，有千万之多；一个乳柱攒丛，有千百枝；一个乳柱多而大，龙舞虬状。笔者每考察一个精彩的溶洞，抬头向洞顶看，就是徐霞客描述的这种壮丽景象，洞顶的裂缝处石钟乳真是"团簇"、"攒丛"、"多而大"。徐霞客把三个洞的石钟乳写得不雷同，看出了他有极高的文学修养！他还描写了一个"白乳莲花"状的石钟乳，也活灵活现。因为石钟乳是从洞顶向下生长，徐霞客用了"倒垂团簇"、"倒垂洞底"、"垂龙舞虬"，是十分贴切的。徐霞客对洞内的乳柱是十分感兴趣的。今天桂林的冠岩是十分受游人喜爱的溶洞，洞中景观绚丽。徐霞客考察时因为"惜通流之窦下伏，无从远溯"，所以对洞内景观只留下了"悉悬乳柱"4个字，即洞中挂满了石钟乳。他游今天被称为"云南第一洞"的阿庐古洞时，写下了17个字：秉炬穿隙，屡起屡伏，乳柱纷错，不可穷诘焉。后9个字都是说乳柱种类很多，缤纷参差，多得没有尽头，是统计不出来的。

玉笋、列笋（石笋）。石笋是溶洞洞顶滴水落到洞底后，形成由下而上增长的碳酸钙沉积，形如笋状。因为数千年、数万年的过程中，从洞顶滴落的水量、速率千变万化，所以石笋的形状更是数不胜数。一六三七年五月初二日，徐霞客考察广西桂林七星岩时，一开始就写七星岩"中多列笋悬柱"。这"列笋"就是石笋，"悬柱"就是石钟乳。徐霞客写的石笋就多种多样：

"其中有弄球之狮，卷鼻之象，长颈盘背之骆驼；有土家之祭，则猪鬣鹅掌，罗列于前；有罗汉之燕，则金盏银台，排列于下。"

徐霞客在写到石笋时往往是和石钟乳即乳柱一起描述，多以乳柱为主，如1637年6月29日在广西的融县写刘公岩时就写道："乳柱宏壮，门窦峻峡，数丈之后，愈转愈廓，宝幢玉笋，左右森罗，升降曲折，杳不可穷，亦不可记。"在云南保山一个洞，他写道："笋乳纠缠，不下千百者，真刻楮雕棘之不能及！"

现在洞穴科学根据成因把钟乳石分成五大类40多种，徐霞客先生在《游记》中大概描述了其中的20种左右吧，上面列举了5种作为例子。徐霞客在《游记》中对洞穴天窗、洞中地下瀑布以及响石，也做了精彩的描述。现列举如下。

石隙一规，五更天等（天窗）。洞穴天窗实际上就是洞穴顶部和洞壁上的岩石裂缝。这些裂缝有的是岩石的节理，有的是溶蚀和侵蚀后形成的。这些裂缝的形状是不规则的，也是多种多样的。洞穴天窗使过去在黑暗（现在旅游洞穴都有电灯光照耀）中旅游的人不仅心情为之一振，而且眺望洞穴天窗也会产生无限的遐想。一六三六年十月初十日《游记》中对浙江金华北山的朝真洞的天窗描写时写道：

"朝真洞门轩豁……从石隙攀跻下坠，复得巨夹（即巨大的洞厅），忽有光一缕自天而下。盖洞顶高盘千丈，石隙一规，下逗（即透）天光，宛如半月，幽暗中得之，不啻明珠宝炬矣。"

你看，徐霞客看到洞穴天窗透过的光线照射到洞中就像"明珠宝炬"！并且在后面总结"朝真以一隙天光为奇"。另外，徐霞客把福建玉华洞的洞穴天窗称为"五更天"，并称"至此最奇"。

万斛珠玑（地下瀑布）。中国洞内地下瀑布景观最著名的有两处：浙江金华的冰壶洞和云南九乡溶洞。一六三六年十月初十日《游记》中对冰壶洞是这样描写的：

"洞门仰如张吻，先投杖垂炬而下，滚滚不见其底，乃攀隙倚空入其咽喉，忽闻水声轰轰，愈秉炬从之，则洞之中央，一瀑从空下坠，冰花玉屑，从黑暗处耀成洁采。……冰壶以万斛珠玑为异"。

徐霞客把洞中地下瀑布描述得有声有色。实际上玉壶洞的进洞口即洞门是一个洞穴天窗，徐霞客未注意。《明一统志》载元代一诗云："洞府高深对月开，长疑底里秘龙雷。天窗不照人间世，限尽游人自此回。"郭沫若先生在《游冰壶洞》一诗中，注意到洞口的天窗写道："瞬看新月轮轮饱。"他把天窗比喻为"新月"。

响石。有些溶洞中溶蚀后的原石，不是次生的石钟乳。人工打击时会发出美妙的声音。笔者去浏览北京云水洞时，导游用石块打击原石，奏出一首美妙的"东方红"乐曲，至今难忘。徐霞客对溶洞中的这种奇观也注意到了。1637年11月26日的《游记》中就写道：

"又有黄石倒垂其间，舞蛟悬崿，纹色俱异。有石可击，皆中商吕，此中一奇境也。"

商吕就是古代对音乐的统称。你仔细阅读，还可发现对响石的记载。

好了！我们对《游记》中，关于洞中美景的描写到此告一段落。实际上，这些描述仅仅是举例而已，不到十分之一。余下的请您自己品读吧！

妙极之景丹霞洞

丹霞地貌是一种形成在白垩纪（距今6500万年之前）砂岩、砂砾岩、粉砂岩中的漂亮的地貌。古人用"**色如渥丹、灿如明霞**"来描写。丹霞地貌中的洞穴千姿百态，其中顺着层面发育的大型扁平洞穴是很吸引游人的景观。因为这些洞中，往往有人工建筑的寺庙、道观，甚至还有船棺。我们现在的游人，包括笔者这样的地学工作者，由于道路、时间等等原因，仅仅对一些道路好、易于进去的大型扁平洞，进行了参观、游览；对一些原生态的（或说野洞），就没有深入进去。徐霞客先生则游历、考察了这样的洞穴，写下了十分精彩的文字，值得我们仔细的玩味和欣赏，从中得到有益的启发。下面仅举三例。

其一，武夷山的洞穴。一六一六年二月二十二日，徐霞客对福建武夷山九曲尽处一座丹霞山峰（他称"岩"）中的一个岩间的扁平洞（他也称"岩"）做了以下描述：

"岩北尽处，更有一岩尤奇：上下皆绝壁，壁间横坳仅一线（横坳就是扁平洞穴），须伏身蛇行，盘壁而度，乃可入。余即从壁坳行，已而坳渐低，壁渐危，则就而伛偻；愈低愈狭，则膝行蛇伏，至坳转处，上下仅悬七寸，阔止尺五。坳（即扁平洞）外壁深万仞，余匍匐以进，胸背相摩，盘旋久之，得度其险。岩果轩敞层叠，有斧凿置于中，欲开道而未就也。"

你看，徐霞客先生探此洞从弯腰曲背即伛偻，到膝行蛇伏，最后到匍匐以进，胸背相摩；多么艰苦，多么生动的描述。最后写到洞中有斧子和凿子，说明以前有人要在洞中搞一些建筑，但没有建好（未就也）。

实际上，徐霞客在"游武夷山日记"中，还写了4个扁平洞穴。

1. 三曲大藏峰中的洞。他写道"大藏壁立千仞，崖端穴（即扁平洞）数孔，乱插木板如机杼。一小舟斜架穴口木末，号曰'架壑舟'"。你看，徐霞客在此洞中看见了"船棺"即"架壑舟"。

2. 四曲鸡栖岩中的洞。他写道："鸡栖岩半有洞，外隘中宏，横插木板，宛然坶墚。"他在此看见了洞中有鸡窝。这和鸡栖岩的名是相符的。

3. 八曲鼓子岩中的鼓子庵和吴公洞。他写道："岩高亘亦如城，岩下深坳，一带如廊，架屋横栏其内，曰鼓子庵。……转岩之后，壁间一洞更深敞，曰吴公洞。"这里，徐霞客用了"一带如廊"四个字，把丹霞地貌中的扁平洞穴描述得十分贴切。因为这种洞是深入到岩壁中，沿岩层发育，就像一个长长的走廊。

你如果不是学地学的，或者是学地学但没有接触过丹霞地貌的是很难读懂游记中的这些"岩"的。但是，如果你了解到有些岩是指丹霞的山峰、有些则是指丹霞中的扁平洞穴、还有些则是指崩塌的景石等等，你会对《游记》读得津津有味。正因为如此，徐霞客游记需要有一些文学素养的真正的地学家把自己读游记的心得、体会写出来与读者共享。笔者正是本着这一想法来撰写的。

其二，马祖岩的洞穴。1636年十月二十五日，他对江西龙虎山（今为世界地质公园）的马祖岩（为丹霞山峰）中的大型扁平洞穴，描述得也很精彩。他写道：

"马祖岩在左崖之半（即崖壁的中间），其横裂一窍（横裂表明这窍即扁平洞穴是顺着地层的层面发育的，多么精确），亦大约如新岩，而僧分两房，其狗窦猪栏，牛宫马栈，填塞更满（你看，这洞穴中既有僧房，也有畜舍）。……由岩下行，玉溜（流下来的雨水）交舞于外，玉帘（雨水形成的水帘）环映于前（这两句写得太好了，就像一副对联。由此，也可看出徐霞客的乐观主义精神），仰视重岩叠窦（丹霞地貌中的洞穴确是很多）之上栏栅连空，以为妙极。"（用妙极两个字总结马祖岩太贴切了！）

如果你不是亲自考察或游览过丹霞地貌中的扁平洞穴，是无论如何弄不懂徐霞客游记中的文字。但是，如果你仔细考察过丹霞地貌中的洞穴，并具有一定的古文知识就可以非常有兴趣地读懂徐霞客的文字，而且可以细细品味。如这段文字中，徐霞客用的是窍、窦、栏、宫、栈等，都是写洞的。他最后用了"妙极"两个字，来总结丹霞地貌中的这种洞穴，多么生动、有趣！徐霞客在游记中用"妙"这个字，还真不多；而这里，他又用了"妙极"，可见他对这种洞穴的印象深刻和喜爱。你查查词典，就可知道，妙的词汇如妙笔、妙趣、妙手、妙计等等都是和美好、神奇、巧等等联系在一起。有人说，徐霞客是研究喀斯特地貌的先驱；很少有人（包括专家）对他在丹霞地貌的研究予以关注，这是不全面的。

其三，赤城山的洞穴。徐霞客一六一三年四月初八日，在"游天台山日记"中写道：

"离国清，从山后五里，登赤城。赤城山顶圆壁特起，望之如城，而石色微赤。岩穴为僧舍凌杂，尽掩天趣。所谓玉京洞、金钱池、洗肠井，俱无甚奇。"

赤城山属于天台山景区范围内；但天台山是花岗岩山；赤城山是丹霞山脉。在这里，徐霞客指出了赤城山三个特点：a 外形如城；b 石色微红；c 山中的扁平洞穴。并对其中的人工建筑（僧舍）提出了批评。

20年后的一六三二年四月二十日，他又来到了赤城山，他写道：

"至赤城麓。仰视丹霞层亘，浮屠（即佛塔）标其巅，兀立于重岚攒翠间。上一里，至中岩，岩中佛庐新整，不复似昔时洞敞。时急于琼台、双阙，无暇再蹑上岩。"

你看，徐霞客这次天台山之旅，还专门到了赤城山，先是在山下抬头仰视，看到了丹霞岩层、山顶佛塔、重岚攒翠，多美好的景观。他忍不住，还是上山看了看山中的岩洞，感到今胜于昔；由于时间关系未继续登顶。从中可以感受到这位中年旅行家对丹霞洞穴的一往情深。

笔者对武夷山、马祖岩、赤城山这三处的丹霞洞穴都进行过考察。武夷山是1994年去的，对丹霞中的扁平洞穴仅仅是在九曲溪的漂流中，进行了眺望，但也留下了一些印象，特别是船棺。马祖岩是在2008年10月，笔者专程去寻觅和考察的。因为当时马祖岩正在规划建设之中，又是在雨后，费了半天劲才找到，比较近距离的仰视了好半天，没有时间，也没有体力攀登上去。但是，马祖岩景区的水域太漂亮，可以在其中划船（我去时未建好）；水域很大，不逊于武夷山。现在（2014年），应该建好了，读者有机会去龙虎山应该抽时间到马祖岩一游。2009年10月17日，笔者顾不上吃早饭，于早上6时专门登了一趟赤城山，扁平洞穴中的寺庙修得十分整齐；尤其是寺前空地还有盛开的红色、黄色的花卉，在红色岩壁的映衬下，十分艳丽。在攀登过程中，还遇到当地不少的游人，其中有不少小孩，他们活力四射，爬山爬得很快，在一个丹霞洞穴前为他们拍了一张照片，既有洞更有人。下山时，我还遇到了一位中年男人带

绝似行廊

徐霞客在描写武夷山鼓子岩中的丹霞洞穴用了『一带如廊』4个字。3年前描写同为丹霞山的齐云山（白岳）的一个丹霞洞穴用了『绝似行廊』。正是这种似行廊的扁平洞穴中的寺庙，还有船棺，以及它本身特殊的造形引起了徐霞客极大的兴趣。图右为福建泰宁的廊状洞—状元岩，因为南宋状元邹应龙少年时曾在洞内静心读书，现洞中的像就是邹状元。图左为赤城山中的洞穴。

领着一位六七十岁的老大妈。中年人告诉我说，他就是本地人，过去赤城山是没有修台阶的，是很难爬的，中青年人一般都要爬两三个小时才能登顶。今天，方便多了，像他母亲这样的老人也能登顶。我也有同感，我是走走停停，只用了35分钟就登上了顶峰，其上的佛塔很新，很漂亮。读者在丹霞山中旅游时，不要忘了这"妙极"的丹霞扁平洞穴。你一定可以从中体会到"妙"和"妙趣"。

2011年，江西龙虎山等6个丹霞地貌风景区联合成"中国丹霞"申遗成功，被列为"世界自然遗产"。福建的武夷山则是世界自然、文化双遗产。这些丹霞风景区的景观都很美，尤其是你意想不到的丹霞中的洞穴奇观。

屈曲奇诡崩塌洞

神秘之谷

位于安徽天柱山。天柱山和黄山一样，都是由燕山期的花岗岩构成的山脉。天柱山的『神秘谷』，全长达到450米，分三宫进出十八盘，人称『花岗岩洞第一秘府』。洞中石块有许多巧妙的造型。游人只有顺着指示的道路，才能顺利走出这『神秘谷』。

花岗岩风化后，大小石块崩塌形成了大小不一、外形各异的崩塌洞。这些崩塌洞成为游人争先前往欣赏和游玩的对象。徐霞客也不例外，一六二〇年六月初八日，在考察福建九鲤湖时写道："祠右有石鼓、元珠、古梅洞诸胜。梅洞在祠侧，驾大石而成者。有罅成门，透而上。"你看一下就写了3个洞，称为"诸胜"；并且指明梅洞是崩塌的大石堆架形成的，而且大石中间有裂缝，可以穿透而上。六月初九日，又写道："其旁崩崖颓石，斜插为岩，横架为室，层叠成楼，屈曲成洞。"徐霞客把崩塌洞分为4类：岩、室、楼、洞。

一六一八年九月初五日，徐霞客在游黄山时也注意到了崩塌洞，他写道："从石坡侧度石隙，径小而峻，峰顶皆巨石鼎峙，中空如室。从其中叠级直上，级穷洞转，屈曲奇诡，如下上楼阁中，忘其峻出天表也！"这里既有室，又有洞，还有楼，游人在其中又上又下又转，像进了迷宫一样感到新奇、诡异。

徐霞客对花岗岩的崩塌洞的描述，在《闽游日记后》中特别精彩详细。一六三〇年八月初四日，在考察福建省的浮盖山的龙洞一线天时，他写道："由明峡前行，芟荑开荆，不半里，又得一洞。洞皆大石层叠，如重楼复阁，其中燥爽明透。徘徊久之，复上跻重崖，二里，登绝顶，为浮盖最高处。……极于叠石庵……又越两峰，峰俱有石叠叠。又一峰南向居中，前茸二石，一斜而尖，是名'梨头尖石'。二石高数十丈，堪与江郎支庶，而下俱浮缀叠石数块，承以石盘，如坐嵌空处，俱可徙倚。……又西越两峰为浮盖中顶，皆盘石累叠而成，下者为盘，上者为盖，或数石共肩一石，或一石复列数石，上下俱成叠台双阙，'浮盖仙坛'，洵不诬称矣。"浮盖山是一座花岗岩山，其中崩塌洞随处可见，不仅数量多，而且各有特点。这一段文字中，徐霞客用了很多"叠石"，并称赞"如坐嵌空处，俱可徙倚"，还有"浮盖仙坛"也是由崩塌石组成的。我的朋友，浙江省徐霞客研究会副会长陈良富先生，2012年4月亲自考察了浮盖山，并写了一篇《浮盖山徐踪寻记》，其中对山中花岗岩的崩塌洞描写很生动，引在下面：

"进入景点大门，迎面是莲花洞景区，东北向的山谷布满了浑圆的巨石，大者如屋如室，小者如斗如盘，乱中有序，错落有致，宛如一奇石博物馆。一条游步道伸向巨石堆，游人可穿行观景。在巨石累叠中，有无数洞穴深罅，洞洞相连，上下贯通，洞内时窄时宽，变幻莫测。……没走几步，又有巨石拦路，低头穿行巨石下的暗黑幽深的岩洞，洞不规则弯曲，我们带着手电筒照

嵯岈奇洞：黑风洞入口 　　嵯岈奇洞：乾隆洞

嵯岈奇洞

2009年5月，笔者去河南驻马店遂平境内的嵯岈山考察。这是一座花岗岩山，有不少奇妙的花岗岩崩塌洞。乾隆洞和黑风洞就是其中两个。《西游记》中的孙悟空捉拿'黑风怪'就在黑风洞中拍摄。'黑风洞'洞套洞'洞连洞'洞内深邃莫测。蒲松龄在《聊斋志异》中也描写了此洞'并说此洞究竟有多大多长'尚是一个谜。从这两张图片可知花岗岩崩塌洞的风采。

明，仍看不清楚，须摸索前行。又来到一个大洞，石壁上书'莲花洞'，高有5米余，细观壁上有形似莲花状痕迹，想必以此命名了。洞中涌出阵阵凉风，凉爽宜人。……我们在巨石之间弯曲穿插，时而攀石，时而钻洞，走走爬爬，约半个多小时，都累出一身汗。我想这样钻洞爬石和徐霞客探龙洞过程差不多吧。……穿过莲花洞，上山二里许，即到叠石寺，为四合院的寺院。"

这是我看到的写花岗岩崩塌洞最好的文字；因为作者是地质学家，而且是亲自实践过的，可以说是徐文的现代版。笔者认为《游记》从本质上来说是地学著作，最好的品读者应该是具有较高文学修养的、又有较好的实践经验的地学家。

花岗岩的崩塌洞不仅在徐霞客描述过的福建的九漈、安徽的黄山、福建和浙江交界的浮盖上能见到，而且只要是在花岗岩山区都能见到。这是一种既能欣赏，又能实践、游玩的洞穴。1996年笔者去安徽天柱山，其中神秘谷就是花岗岩崩塌洞。

千变万化观壶穴

　　壶穴，又称瓯穴。它是流水携带砂粒在岩石河床上形成的口小肚大的洞穴，进一步扩大就成为圆潭。这种地貌景观大多分布在山区花岗岩的河流和流水分布的地区。徐霞客先生对这种景观也给予了注意和描述。一六二〇年六月初八日他在考察福建仙游九漈景区（为花岗岩的风景区）时就写道：

　　"洞出蓬莱石旁，其底石平如砺，水漫流石面匀如铺谷。少下而平者多注，其间圆穴，为灶、为臼、为樽、为井、皆以丹名，九仙之遗也。"

　　壶穴的形状是千变万化的，但在花岗岩地区，几乎是圆形的孔洞；徐先生说圆穴是很准确的，接着，他说这圆形像四种东西——灶台、石臼、喝酒的酒杯、圆圆的井，真是很形象。笔者往往用大小脸盆来比喻，太单调了。这四种东西，都是常见的，但大小差别是很大的，正符合我们在野外考察时所见到的大小不同的壶穴。

　　无独有偶。近年来，在福建东北部的宁德市境内的福安白云山地质公园内发现了数量巨大、形态丰富、颇具观赏性的壶穴。这里壶穴的发育大致是由下列几个条件造成的。

　　首先是岩性。这里的花岗岩为中粗粒的花岗岩，且纵向、横向、水平三组节理（即裂缝）发育。河水夹带砂石很容易在节理面上产生磨蚀而形成壶穴。其次是该地地处东南沿海，受夏季风的影响，年降雨量丰富。这样，河流的流水就丰富，其侵蚀力就大，也就是就流水产生的漩涡携带砂石对河床基岩的磨蚀能力就越强大，壶穴也就易于产生。尤其是在瀑布、跌水、陡崖下方等地更是壶穴集中分布的地带。最后是风化作用。壶穴中往往有藻类、草本、灌木以及小树生长。它们在生长过程中分泌的有机物质，对壶穴的内部进一步地进行生物风化，促进了壶穴的向深、向宽的方向发展。

水冲石破

图中一连串的圆圆的注洞就是福建屏南白水洋山间溪谷中的壶穴。壶穴景观使我们想到了老子所说的以柔克刚，即最柔软的流水最终可以把最坚硬的岩石弄的四分五裂，分崩离析。壶穴的形成有三个原因。一是水的力量的巨大。唐代诗人李白在《横江词》中写道："白浪高于瓦官阁"；在《巴女词》中写道："巴水急如箭，巴船去若飞"。你看，河流水流的力量多么巨大，凶猛，喷雪如箭，不禁使人又想到了苏轼的"惊涛拍岸"卷起千堆雪"，对长江支流汉水的水流如写道。徐霞客在《游太华山日记》中游完华山（即太华山）后坐船到武当山（太和山）时，他对云南昆明滇池附近的螳川之水，写道："两后，怒流送舟。"第二天，又写道："怒溪如奔马，两山夹之，曲折萦回"袁雷入地之险，与建溪无异"。第三天，又写道："大浪扑入舟中。"他冲过一层，复腾跃一层，半里之间，连坠五六级"。你看，水不仅有力量，其对石的冲刷有多种用力的方式，即冲、捣、跨等等。二是水的作用的持续性，不是一天二天，也不是一月二月，更不是一年二年，而是千年万年几十万年百万年。三是岩石，特别是花岗岩是有缝的岩石。壶穴发育在河流冲刷的花岗岩的河床上就是这个道理。

福安白云山的壶穴远远不止徐霞客写的四种形状，还有心形、瓢形、菱形，甚至方形。这里的壶穴不仅有单个的，还有复合的，即大壶穴中镶嵌有小壶穴，成为复合壶穴。还有串珠壶穴、联结壶穴、聚合壶穴等等。

在旅游中观赏这些多种多样、大小不一的有水或无水的壶穴，不仅给我们带来视觉上的享受，还使得我们增加了不少的地学知识。徐霞客是伟大的，在山区考察中，敏感地注意到了山区河床中的这些"圆穴"，并用4种形象的事物加以描述；文笔简练，读后令人赞叹。

笔者2009年10月在福建屏南白水洋开会时，在白水洋的火成岩、正长斑岩即潜火山岩（未爆发出地表的火山岩）上也看到了许多的壶穴。深深感到福建山区真是一个多壶穴的地方，如果你在福建的山区河流考察，不妨留意一下壶穴，照几张独特的壶穴照片，一定会给你的旅游带来一丝惊喜和许多的乐趣。

人在壶中

徐霞客在福建仙游九漈见到的壶穴只有4种圆形：灶台、石臼、酒杯、水井，规模不是很大。这张图片上的壶穴真大，两个学生待在里面还绰绰有余，可以说是一个房间大小！上面这张照片也是在福建省拍摄的，具体地点是在福建省宁德市的福安白云山地质公园内。壶穴的形成除水的冲刷作用外，还有急流漩涡夹带砂、砾石、河卵石不断磨蚀河床的磨蚀作用；两者缺一不可。中国最好且最多的壶穴景观就是福安白云山，现在壶穴已经成为地学界研究热点，我们不要忘记徐霞客在这方面的贡献。

泉声山色霁天好

徐霞客先生在《游记》中几乎每天都要描写天气—是雨、是晴、是霾、是霁，为《游记》增添了不少的色彩。他用霁时的多种形式，不得不让人佩服。

在此应解释一下，霁是指雨后、雪后天气转晴，在感觉上给人一种兴奋、愉悦的心情。徐霞客在距今400年前的一六一三年四月份初一日和初二日的日记中就用了四个"霁"，不妨引述如下：

"四月初一日早雨。……天色渐霁。……而雨后新霁，泉声山色，往复创变，翠丛中山鹃映发，令人攀历忘苦。

初二日饭后，雨始止。……卧念晨上峰顶，以朗霁为缘，盖连日晚霁，并无晓晴。"

泉声翠竹

天气好，人的心情就好。徐霞客的开篇之作的第一句话就是例证：「自宁海出西门，云散日朗，人意山光，俱有喜态。」他游天台山的第一天就是「早雨」，但很快就「雨后新霁」。他的心情无比愉悦，听到泉水潺潺，看到山色变化，杜鹃绽放，绿竹挺拔，一切登山之苦都甩在九霄云外了。图片是笔者2009年10月，游天台山拍的。当天是晴天。蓝天白云给我印象特别深，因为吃中午饭还是在一农家乐饭店前的空地上，桌子放在外面，吃饭间还喝了当地的山茶，有一股淡淡的山里的清香。饭后，导游小裘陪我去石梁飞瀑景区。这张图片的右面就是石梁飞瀑中的飞瀑，泉声很好听，前景是6根挺拔的竹，郁郁葱葱的古树，这是很美的一幅画。惟一的缺憾是没有把蓝天照下来。如果在春季来天台山，还可以看见红红的杜鹃花。她汇入的水潭是碧绿碧绿的，

山鹃映发

我想这幅图片应该把徐霞客先生文中的『翠丛中山鹃映发』意境表达出来了。

桃花柳色

这幅图片把徐霞客先生文中的『桃花历乱，柳色依然』可以说充分表达出来了，穿过柳色你可看到天多么蓝啊！『乱』字表明了，如我们现在说『商店的商品繁荣得乱七八糟』。在这么好的天气下，看到这么好的景观，『不复身在患难中也』。

　　这两段文字中的四个霁有不同的含意。在天气转晴（渐霁）时出发，春天雨后空气新清（新霁），流水增加，泉声潺潺，山色青青，一路上景色不同，增加了新意，在青山翠竹之中红色的杜鹃花在蓝天下绽放，这美好的景色都是由于新霁所致，使人忘记了攀登和步行的疲劳之苦。在晚上睡觉时希望明天早上天气晴朗（朗霁），但连续几天都是晚上晴朗（晚霁），早上总不是晴朗的天气。这四个霁（渐霁、新霁、朗霁、晚霁）为游记增色不少。用一霁字也十分的简练。

　　徐霞客对霁天的喜欢，还可以"楚游日记"中的两天记述为例。当时，他是湘江遇盗后返衡阳筹资，准备继续西南的考察。他在1637年2月20日的日记中写道：

　　"晴霁，出步柴埠门外，由铁楼门入。途中见折宝珠茶，花大瓣密，其红映日。又见折千叶绯桃，含苞甚大，皆桃花冲物也，拟往观之。"

　　你看，天气好，人的心情也好，也有兴趣观花，而且文中也记述了春花。21日下雨，徐霞客"竟不能出游"。22日的日记，他写道：

　　"晨起，风止，雨霁。上午同静闻出瞻岳门，越草桥，过绿竹园。桃花历乱，柳色依然，不觉有去住之感。入看瑞光不值，与其徒入桂花园，则宝珠盛开，花大如盘，殷红密瓣，万朵浮团翠之上，真一大观。徜徉久之，不复知身在患难中也。"

天气好，心情好，徐霞客到花园赏花，竟忘了当时的患难处境也。

徐霞客在崇祯十二年（1639年，54岁）四月二十四日在云南还看见了由雾形成的云海。他在游记中写道：

"晨起，天色上雾，四山咸露其翠微，而山下旬中，则平白氤氲，如铺絮，又如滴波，无分远近，皆若浮翠无根，嵌银连叠，不知其下复有坡渊村塍之异也。至如山外之山，旬外之旬，稍远辄为岚翠掩映，无能拈出，独此时层层衬白，一片内，一片外，搜根剔奥，虽掩其下，而愈疏其上。"

全文仅126个字把雾演变成的云海写得很好。有时间：晨起。有条件：天色上雾，即天气转晴，此时空气中水汽较多。云海总的态势是平白氤氲，云海又白又平；然后用了两个比喻描写其形状和动态，像我们铺的白色的棉絮（和"平白"呼应），又像滴波，即涌起的水波。这两个比喻，独出心裁，棉絮形容云的白，水波形容云不是静止的，是流动的。四周山地"咸露其翠微"。

云海有四大特点：（1）不分远近，都是云；（2）浮翠无根，即四周的山好像是漂浮的；（3）嵌银连叠，即四周的山由于云海，它们好像是连在一起，甚至重叠；（4）下面的坡渊（深的地方）村塍（田埂）都被覆盖。最后是鸟瞰整个云海，手笔很大，用"山外之山"、"旬外之外"、"一片内"、"一片外"来形容；并且用"翠"（绿）和"白"两色概括，其上为翠，其下为白；上面的云薄，下面的云厚。这云海，仅仅是四周的高山都露出山顶，下面是"搜根剔奥"，什么都看不见的。

雾是天气的转折点，往往是由雨、雪转晴，由云海转晴；有雾的天气往往是好天气。徐霞客在野外考察，当然是希望有个好天气，所以对雾他是关注的，也是喜欢的。当然，也有雾后又下雨，如一六一六年二月初九日，徐霞客游黄山就是"愈午少雾……雨踵至，急返庵"。但这是少数，自然现象不可能"千篇一律"。

落日半规月光明

　　在野外考察中，每当落日的光辉洒在大地山川之上，是一派多么美好的景象啊。常年奔走在祖国大好河山的徐霞客，对此景充满了深深的感情。他的笔下也勾勒出一幅幅落日画卷。

　　他在武夷山考察，顺着仙掌岩的北面，登上山岭时，正值落日时刻。他写道：

　　"落照侵松，山光水曲，交加入览！"

　　落日的余晖渲染着松林，山光秀美，溪流曲折，两者互相映衬，进入他的视线。把落日之下的武夷山的明亮色彩写得多好，突出了"光"；正是这光鲜，让他在句后还打上了一个惊叹号。

　　徐霞客仍嫌不够，在这天登上天游峰后，又观日落：

　　"立台上，望落日半规，远近峰峦，青紫万状。"

　　他站在天游峰台上，眺望那半圆形正在西坠的夕阳，显现出万千青紫景象。这里，徐霞客不是望"光"了，他是观"色"了；不是望"水"了，而是观"峰"了。夕阳的映照下，远近的峰峦的颜色是青紫万状，即是各种各样的以青紫为主色调，如淡青、深青、淡紫、深紫等等。谈到山的颜色应该说一下，武夷山在地学上属于"丹霞"山，岩石的颜色应该是"色如渥丹，灿若明霞"的红色为主，由于风化的原因，多呈现为紫色，武夷山的植被丰富，所以，徐霞客先生说"青紫万状"是十分到位的。这种颜色的壮丽，令他欣赏了很久。在这句之后写道：

　　"台后为天游观。亟辞去，抵舟已入暝矣。"

　　他上船时已经是黄昏时分了，他应该欣赏了半个小时以上；因为此时为阴历二月二十一日，大致为阳历3月21日即春分时节，太阳不会很快就落山的。

湖上落日

徐霞客对落日的喜爱是因为其色彩壮丽无比，把西天染红。笔者这张图片是在湖北随州市琵琶湖拍的。落日的光辉把山照红，把水照红，随着落日下沉，天空云彩一点点变化；在水中的倒影也一点点变化；天上的太阳和水中的太阳，两个太阳给人无限想像。太阳在天空一点点下落，最后终于下山了，仿佛进入水中的太阳也消失了，水中的太阳也睡觉去了。徐霞客对落日的喜欢还缘于对月光的向往，因为在没有灯光的野外山河中，是那皎洁的月光带给人们光明。徐霞客对武夷山的落日，对浙江金华北山的月光进行了赞美。在《游记》中对落日和月光的赞美是很多的。

徐霞客考察浙江金华北山，登上峰顶，正是夕阳西下之时。他写道：

"甫至峰头，适当落日沉渊，其下恰有水光一片，承之滉漾不定，想即衢江西来一曲，正当其处也。夕阳已坠，皓魄继辉，万籁尽收，一碧如洗，真是濯骨玉壶，觉我两人形影俱异，回念下界碌碌，谁复知此清光？即有登楼舒啸，酾酒临江，其视余辈独蹑万山之巅，径穷路绝，迥然尘界之表，不啻霄壤矣。虽山精怪兽群而狎我，亦不足为惧，而况寂然不动，与太虚同游也耶！"

这段文字把日没到月出写得很细、很美。这天是十月初九，是上炫月；日没和月出相继而至。徐霞客写道"夕阳已坠，皓魄继辉"，他把月光下的北山写得既安静（万籁尽收）又干净（一碧如洗），人也纯洁（濯骨玉壶）。他认为此时与"登楼舒啸、酾酒临江"相比，简直是霄壤两重天。他从日落欣赏、品味到月出的时间是很长很长的。他回到住宿的鹿田寺，才知道僧人瑞峰、从闻以余辈久不至，分路寻找遥呼，声震山谷。你看，声震山谷；当时，没有手机，着大急呀！如果有，僧人肯定发一短信："徐霞客，寺僧叫你回来睡觉！"

这段风光，不禁使笔者想起了唐代大诗人白居易的《暮江吟》一诗：

> 一道残阳铺水中，半江瑟瑟半江红。
>
> 可怜九月初三夜，露似珍珠月似弓。

徐着重写落日在江上的动态"滉漾不定"，而白居易主要写落日在江面上的色：绿色和红色。白居易还写了月和露，点明了九月初三的月似弓，露似珍珠。十月初九，月面比初三要大得多，也光明得多，徐主要写"光"，即"皓魄继辉"、"知此清光"。你看，徐霞客和诗人一样，对大自然的观察是相当下功夫的。这样，他描写的文字才能准确、生动。

2010年11月12日，我去湖北随州的大洪山琵琶湖考察，接待的周振超董事长把我们安排在湖旁的别墅中。当天下午5时至6时，我面对一望无际的琵琶湖（水面为6平方千米，大于杭州西湖），望蓝天中的太阳，红红的夕阳一点点下落，绚丽的色彩令人陶醉，尤其是湖水中倒映的落日的形状，千变万化，有时竟变成方的，我一口气拍了十多张数码照片。晚上，还望着湖水上方的月亮出神，可惜不是十五的满月，仅仅是弯弯的初七的上弦月，挂在深秋寒冷的湖面上方。进房不久，电视中热闹的喧嚣的广州16届亚运会开幕了。好一个迷人的夜晚！

碧空石骨洗濯出

"濯"这个字在《游记》中是个使用率比较高的字。濯就是"洗涤"的意思。徐霞客在用濯代表洗的意思时，感情色彩更重，更强烈，更集中。这是我们在读《游记》时应该注意到的。

1628年3月19日，他走到福建省将乐县境高滩铺时，他写下了下面一段话：

"阴霾尽舒，碧空如濯，旭日耀芒，群峰积雪，有如环玉。闽中以雪为奇，得之春末为尤奇。村氓市媪，俱曝日提炉；而余赤足飞腾，良大快也！"

你看，春雪中的碧空多么明亮，徐霞客特别用了"碧空如濯"。在这么晴朗的春雪之时，他像一个小孩子一亲"赤足"（当时他已43岁）不说，且"飞腾"，又"大快"，后面又有一惊叹号。他用"濯"时是有强烈的感情色彩。

一六二〇年六月初九，徐霞客在考察福建仙游的九漈（9级瀑布）景区后，写道：

"皆可坐可卧，可倚可濯，荫竹木而弄云烟，数里之间，目不能移，足不能前者竟日！"

你看，这个景区太吸引人了，使大旅行家"目不能移"、"足不能前"达到了忘记了时光，最后又是一个惊叹号。这里的四可（可坐、可卧、可倚、可濯）是除了风光之外最吸引人的。我们在旅游中，往往见到的一些美丽的风景区只是可看，要找个坐的地方，没有；要找个濯的地方，没有。正是这"四可"，尤其是可濯让徐先生打了一个惊叹号。从此启发我们的一些国家公园和风景区，在自然条件不能为我们提供"四可"时，是否创造条件或人为的改善一些硬件条件，如：增加一些有靠背的椅子，让我们可坐又可倚；增加一些可洗手、洗脸的地方（不一定是卫生间）让我们可濯。

1637年9月24日，在广西以西的郁江上航行时，他观察到：

阳春石林

图片上是广东省阳春市的喀斯特石林，其主要就是由含CO_2的水的溶蚀作用洗涤出来的。对这一点，徐霞客先生十分明白，1636年10月初一日考察浙江杭州后，对杭州的山石就写道：『山间石爽，毫无声闻之溷，若山洗其骨，而天洗其容者。』两个洗字，文字既通俗，科学上也站得住，杭州的山石也是灰岩经水洗过后露出的石骨（无土）和阳春石林是一样的。石骨如此干净则是天洗（雨水）所洗。从洗濯的运用，可以看出徐霞客既是一位文学家，又是一位地学家。这张照片拍摄时，碧空如濯，旭日耀芒。照片上方是碧空，中下方是石骨，加起来就是碧空石骨洗濯出。

海龟朝圣

福建仙游的九漈风景区，笔者未去过。图片上是福建的湄州岛上的一个海龟朝圣'景区，又位于海边，皆可坐可卧，可倚可濯。另外，这些景石的出现也是流水洗濯而出的。在风景区，我们享受着水的可濯'，同时想到水还有一种地质作用，许许多多地貌景观的出现，都有水的功劳啊！

"岸下有石横砥水际，其色并质与土无辨。盖土底石骨，为江流洗濯而出者。"

徐霞客看到了河岸下的石块很平，像磨刀石（砥）一样。他认为这是江流即河流的洗濯而出。用现代地学术语，这是流水的地质作用，即冲刷和侵蚀作用。徐先生很敏感，很准确，他用了"洗濯"。本来洗和濯是同义词，用一个即可，但他用了两个，加强了江流的侵蚀作用！这绝不仅仅是多用了一个"洗"的问题。人的科学修养往往表现在这些细节的运用上。

徐霞客不用"洗"，完全不是如此。一六三三年八月十一日，在《游恒山日记》中就写道："风翳净尽，澄碧如洗"。一六三六年十月初九日中又写道："早起，天色如洗"。他在用洗时，也表露出喜悦的心情，但远远不如"濯"强烈。

宋代文人周敦颐写的《爱莲说》一文中，用了"濯"，即"濯清涟而不妖"，意即在清水里洗过，显得洁净而不妖媚。换个"洗"字就不行。这可以是用濯的名句吧。

巧幻雄观天生桥

《徐霞客游记》是一部读起来很舒服、很容易让人接受的文学著作。其中重要的原因之一，就是比喻多，而且用得好，用得巧。笔者在阅读时往往从心底发出笑声。

自然界的许多景物，如岩石、洞穴、植物、动物、天气等等，并不容易被没有见过的读者所了解。徐霞客在此时就用比喻，往往用生活中常见的东西来说明那些不太容易阐述的事物。徐霞客可以说是一个比喻大师。在游记中，比喻随处可见，而且精彩无比，如果专门深入研究，可以写成一部十分有趣的畅销书。下面笔者仅举《游记》中对天生桥的比喻，加以说明和描述。

1. 把其比喻为"卧虹"。浙江天台山的石梁飞瀑是徐霞客最为钟情的天生桥，其原因在于此天生桥下有一落差达35米的瀑布，让天生桥即石梁"活"了。一六一三年阴历四月初三，《游记》中用8个字"石梁卧虹，飞瀑喷雪"来形容这一景观，把这天生桥比作天上的彩虹，静卧在地面。因为石梁与飞瀑之间的距离不大，而且又是位于山谷之中，只是一条"卧虹"。

细观卧虹

天生桥的美丽、壮观是没有见过或见过不多的读者无法理解的。笔者提供的这张照片是广西凤山县境内的江洲仙人桥。这座天生桥的拱高达到46米，跨度为144米，是一座十分宏伟的发育在石灰岩中的天生桥。这张照片是2009年11月，笔者参加中国洞穴大会时代表们到此处考察时拍摄的。您看，这些并不算年轻的代表们拿出手中各种不同种类的相机，从不同的角度，不同的地点拍照为什么？是因为这样的景观太罕见了！桥面上有青草生长，桥洞下还有石钟乳悬挂，桥洞是一个多么漂亮的弧形啊！

空明如月

这是徐霞客既称『水月』，又称『象鼻』的中国最著名的天生桥，桂林象鼻山。徐霞客的独到之处在于对桥洞的仔细的描写。桥洞的形成是山顶飞跨，插入河流之中，水流把山剜成门（即洞），所以称『水月』洞。在洞壁上面空明像月亮，下面又有水流泛起波浪。在洞壁上面还有宋代著名文人范成大的铭刻。徐霞客拓之。徐还雇了泊在洞口的渔舟，更描写了象鼻与象身形成的圆洞即水月洞，忽略了桥洞的精彩。我们现在由于时间关系，往往只注意天生桥的岩石类型，而忽略了其中的人文景观以及游览的乐趣。徐霞客指出『盖一山皆以形象异名也。』这是两个景观集合于一山之中，实际上应该是一个景观：天生桥。没有象鼻山就没有水月洞，没有水月洞也没有象鼻山。象鼻岩和水月洞是中国著名旅游城市桂林的标志性景观。水月皆以形象得名也。郭沫若先生写诗赞道：『水边游象画应难』，把象鼻山陆景色尽收眼底。一山就成了一幅图画。笔者认为写天生桥最诗情画意的是毛泽东同志的两句诗：『红雨随心翻作浪，青山着意化为桥。』其有洞就成了一座天生桥。

2. 把其比喻为"飞虹"。一六一六年阴历二月初一，徐霞客见到了齐云山中的天生桥。他写道："岩之右，一山横跨而中空，即石桥也。飞虹垂蝀，下空恰如半月。坐其中，隔山一岫特起，拱对其上，众峰环侍，较胜齐天门；即天台石梁，止一石架两山间，此以一山高架；而中空其半，更灵幻矣！"齐云山中的这座天生桥是这样"一山高架，而中空其半"；所以是"飞虹"而不是"卧虹"，多么准确啊。

3. 把其比喻为"水月洞"和"象鼻岩"。一六三七年阴历五月初九，徐霞客在今桂林见到了中国最有名的天生桥即象鼻山，他写道："至西北隅，是为象鼻岩，而水月洞现焉。盖一山皆以形象异名也。飞崖自山顶飞跨，北插中流，东西俱高剜成门，阳江从城南来，流贯而合于漓。上既空明如月，下复内外漾波'水月'之称以此。而插江之涯，下跨于水，上属于山，中垂外掀，有卷鼻之势，'象鼻'之称又以此。"

徐霞客不仅把天生桥比作卧虹、飞虹、水月洞、象鼻山等等，还能为天生桥下一个准确的定义。一六三八年阴历十一月初九，徐霞客考察了云南昆明

天生仙桥

这是广西乐业仙人桥。天生桥的美丽可用毛泽东的两句诗来描述：『红雨随心翻作浪，青山着意化为桥』。这是笔者找到的最有诗意描写天生桥的文字。2009年，笔者到广西西北部的乐业县的世界地质公园考察，见到了这座漂亮的天生桥，名为仙人桥。它离县城有40余公里，开小车要1个多小时，真是养在深闺人未识。它气势雄伟，跨度177米，在中国目前已发现的喀斯特天生桥中，仅次于云南中甸天生桥（跨度达到200米），排名第二。

广场花桥

这是国庆节期间，天安门广场用鲜花装饰成的花桥，实际上和天生桥外形极为相似。它们就是花海上的桥。看了这张图片就知道，为什么徐霞客把桥称为彩虹。李白也把桥称为彩虹，他在《秋登宣城谢朓北楼》一诗中，就写道：『两水夹明镜，双桥落彩虹』。

西北的天生桥。这是中国为数不多的以天生桥为地名的地方。徐霞客是这样描述的："洞上之山，间道从之，所谓'天生桥'也。然人从其上行，不知下有洞，亦不知洞之西透。山之中空而为桥，惟沙朗人耕牧于此，故有斯名。"

在这一段中，徐霞客给天生桥下了定义：一为"洞上之山"；一为"山之中空而为桥"。这是正确的。天生桥一定要有山，更要有洞，两者缺一不可，至于桥下是否有水，那倒不一定。

一六三七年阴历九月二十七日，徐霞客"粤西游日记三"中，对广西新宁（今扶绥）境内的一座天生桥，作了十分精彩的描述。他写道："江东岸石根突兀，上覆中空，已为幻矣；忽一转而双崖前突，碧石高连，下辟如阊阖中通，上架如桥梁飞亘，更巧幻中雄观也。"

他明确写了三点：一、上覆中空；二、中空的洞像苏州城门中的阊门和阖门，即桥洞如同城门的拱形；三、其上如桥梁。他最后的评价是"巧幻中雄观也"，将其与庐山的开先瀑布同列为"雄观"，但前面加了"巧幻中"三个字。

《徐霞客游记》的开篇之作是1613年的"游天台山日记"，其中最重要的景点就是天生桥的石梁飞瀑。26年后的一六三九年阴历三月二十日，他见到了云南大理下关洱海出口处有一天生桥，写道："峡相距不盈四尺，石梁横架其西，长丈五尺，而狭仅尺余，正如天台之石梁。南崖亦峻，不能通路；出南崖上，俯而瞰之，毛骨俱竦。"这一段文字的最后一句和石梁飞瀑几乎一样。《游记》之中，天生桥和老虎一样贯穿始终。

天生桥可以在各类岩石中发育，但通常发育在石灰岩中，是最吸引人的喀斯特景观之一。桂林象鼻山、云南昆明的天生桥、广西新宁天生桥都是发育在石灰岩中。天台山的石梁则发育在花岗岩中，极为罕见。齐云山的天生桥发育在丹霞地貌中，在丹霞地貌中，天生桥则比较常见。在旅游活动中，您也不妨注意一下天生桥的景观，想必会从中学到不少知识，并得到乐趣。

内外漎波

这是笔者在桂林龙隐岩拍的水月洞的摩崖石刻，很有点水流的味道，使人想到水月洞的内外漎波，放在此处让读者欣赏。龙隐岩在七星公园内。笔者和七星公园的负责人刘先生是朋友，去考察时，他特此嘱咐我，一定要到龙隐岩去看一下。1637年5月21日，徐霞客先生去考察时，只提到最为著名的元祐党人碑，当时为明末，比较萧条。今天的龙隐岩，可以说是中国古代碑刻博物馆，时代长，数量多，精品丰，字体异，值得游人去看一看，不仅可以增长历史知识，也可以增长书法知识。

风光如画喀斯特

地学上把发育在石灰岩、白云岩等可溶性的碳酸盐上的地貌叫喀斯特地貌或叫岩溶地貌。这种岩石上发育的各类风景，也称为喀斯特景观。它是大自然中非常秀丽的一种风景。

徐霞客先生在野外旅行、考察的三十余年中，见过不少喀斯特的风景，发出了江山如画的感叹！下面就《游记》中所描述的，摘引四则，作为例子，和读者朋友一起欣赏。

其一，广西天等县百感岩。1637年11月18日以后写了一段他考察广西向武（今天等县）溶洞的总结。对百感岩写道：透隘门西出，则郝然大观，如龙宫峨厥，又南北高穹，光景陆离，耳目闪烁矣。此乃洞之由暗而明处也。……其上倒垂之柱，千条万缕。纷纭莫有纪极，其两旁飞驾之悬台，剜空之卷室，列柱穿崖之榭，排云透夹之门，上下层叠，割其一离，即可当他山之全鼎。……西来第一，无以易比。你看，这个喀斯特溶洞多美，徐霞客先生用了郝然大观、龙宫峨厥、光景陆离等形容词，使人耳目闪烁，并说取这个溶洞中的一个景观到其他山中去，就可成为这个洞的镇洞之宝。最后，徐霞客评价这个洞是中国西部最美的溶洞。如果是位画家，就可以根据徐霞客描述的文字画出一幅多么美的画啊！十分可惜，明代最美的溶洞之一百感岩毁于"文革"之中。

其二，山西恒山箭筈岭的岭北。一六三三年八月初十日，徐霞客写道："一逾岭北，瞰东西峰连壁隤，翠蜚丹流；其盘空环映者，皆石也，而石又皆树；石之色一也，而神理又各分妍，树之色不一也，而错综又成合锦。石得树而嵯峨倾嵌者，幂以藻绘而愈奇，树得石而平铺倒蟠者，缘以突兀而尤古。"这是一段描写北岳恒山秋天的美丽风光的文字，写了5个画面：第一，翠蜚丹

天下巨观

山西恒山不仅自然风光美，人文景观也很有特点，特别是悬空寺。

一六三三年八月初十日，徐霞客写道：「西崖之半，层楼高悬，曲榭斜倚，望之如蜃吐重台者，悬空寺也。五台北壑，亦有悬空寺，拟此未能具体。仰之神飞，鼓勇独登。入则楼阁高下，槛路屈曲，崖既苦削，为天下巨观，而寺之点缀，兼能尽胜，依岩结构，而不为岩石累者仅此；而僧寮位置适序，凡客坐禅龛，明窗暖榻，寻丈之间，肃然中雅」。我们在欣赏喀斯特的自然风光之美时，不要忘了人文景观之美。如杭州西湖是喀斯特湖，而湖中的三潭印月就是人文景观，这一景观还被印在一元人民币的背面。

流，是指秋天的树叶红飞绿舞，非常美丽；第二，峰峦环绕，相互辉映；第三，石和树结合在一起的画面——石头虽说颜色一样，但由于沉积的纹理不同，呈现出不同的美，树的颜色则不一样，两者组合成一幅美丽的织锦（徐霞客的母亲就是织锦的。他对织锦是十分熟悉的。这里的"锦"就是画）；第四，奇石（生长在石头上的树，就像给大地盖上了一层漂亮的幕布，使得石头奇异）、藻绘就是画图；第五，古树（树受石的影响，有平铺的，也有弯曲的，从而树显得更加古雅）。你看，徐霞客把恒山之秋这幅画描绘得多美。这幅画的内容主要就是峰、树和石。

其三，浙江临安洞山。一六三六年十月初四日，徐霞客抵达浙江临安洞山后，写道："西为洞山，环坞一区，东西皆石峰嶙峋，黑如点漆，丹枫黄杏，翠竹青松，间错如绣，水之透壁而下者，洗石如雪，今虽久旱无溜，而黑崖白峡，处处如悬匹练，心甚异之。"这是一幅由岩石、植物、流水三者构成的画。徐霞客在前半段写了黑色的岩石、红色的枫叶、黄色的银杏、绿色的翠竹、青青的松树，这五种颜色"间错如绣"，在徐霞客的笔下，用"绣"似乎比用"画"更能表达景物之美；在后半段由于流水在如雪白的白石上，留下了"如悬匹练"的水溜，形成了"黑崖白峡"。他把江浙一带山区的晚秋风光写得很是绚丽！

其四，茶埠村。一六三八年十月二十五，徐霞客来到了云南晋宁昆明之间的海口，坐在茶埠村，看见了当时的景色写道："坐茅中，上下左右，皆危崖缀影，而澄川漾碧于前，远峰环翠于外。隔川茶埠，村庐缭绕，烟树堤花，若献影镜中，而川中凫舫贾帆，鱼罾渡艇，出没波纹间。棹影跃浮岚，橹声摇半壁，恍然如坐画屏之上也。"你看，多么可爱的一个云南的渔村：有村庐，有烟树，有堤花；更有凫舫贾帆，渔网渡船；还有水波、棹影、浮岚以及橹声。这一切使我想到无数幅中国河湖岸边的渔村风情画。徐霞客感叹"如坐画屏之上也"。

限于篇幅关系，笔者仅仅拾取了《游记》中四个生动的画面。读者肯定没有"看"够；其他的、无数的、自然的、人文的画面就拜托读者自己在《游记》中去寻觅。为了简洁、明了，笔者把这四个如画的地方，总结如下：

一百感岩洞：光影陆离，耳目闪烁；
二恒山之秋：翠蜚丹流，石树合锦；
三晚秋洞山：石峰嶙峋，间错如绣；
四茶埠渔村：棹影跃浮岚，橹声摇半壁。

从这四幅画的描述中，我们深深的感受到《游记》语言的清新、优美；文字都不是虚的、空的，而是看得见，摸得着，甚至听得见的，亲切得让人身临其境。我们不得不说《游记》是一部优秀的文学著作！

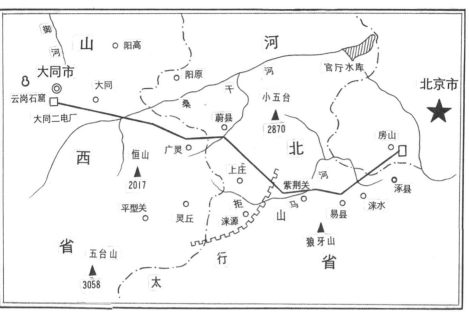

恒山地理位置图

桂林伏波试剑石——水与石配合的杰作

多彩多姿瀑布飞

　　瀑布是大自然的杰作。但如何描写瀑布之美？每条瀑布又有什么特点？各个瀑布的差别、不同又在何处？把这些人们需要了解的问题，如何用文字描述，让读者感到生动、贴切，易于接受？这是一件很难很难的事情。读过《游记》后，从内心感到徐霞客先生做到了这些。

　　中国最著名的写瀑布的文字就是唐代诗人李白写的"望庐山瀑布"一诗中的第二首。

　　　　　日照香炉生紫烟，遥看瀑布挂前川。

　　　　　飞流直下三千尺，疑是银河落九天。

　　人们写瀑布，80%以上都用这首诗，特别是最后两句。这首诗写的是庐山的开先瀑布。徐霞客在1618年8月22日也游览了开先瀑布。他的描写是：

　　"遥望山左胁，一瀑从空飞坠，环映青紫，夭娇滉漾，亦一雄观！"

　　徐霞客的描写气势不及李白，但比较全面。其运动既有"从空飞坠"，也有"夭娇滉漾"；前者表达了瀑布流水"刚性"的一面，后者表达了瀑布流水"柔性"的一面。徐霞客总的评价是"一雄观"，并有惊叹号。在《游记》中被写为"雄观"的自然景观是不多的。雄使我们想到了"泰山天下雄"中的雄。泰山的雄是阳刚之气，那么开先瀑布呈现的也是阳刚之气。

　　1616年2月23日，徐霞客考察了武夷山中的水帘洞瀑，写道：

　　"危崖千仞，上突下嵌，泉从岩顶堕下；岩既雄扩，泉亦高散，千条万缕，悬空倾泻，亦大观也！"

　　武夷山是丹霞地貌。水帘洞瀑是在洞外有瀑布下泻。洞发育在危崖千仞

有亭翼然

『1613年4月13日，……龙湫之瀑，轰然下捣潭中，岩势开张峭削，水无所着，腾空飘荡，顿令心目眩怖。潭上有堂，相传为诺讵那观泉之所。堂后层级直上，有亭翼然面瀑，踞坐久之。』

这是《游雁荡山日记》中的一段话。它说了3个意思：①大龙湫水势令人心目眩怖；②潭上为一个堂，相传为诺讵那那是十六罗汉（后人妄加为十八罗汉）①一的观瀑之地；③堂后有亭，笔者2009年去时，大大改观。

①大龙湫之水若有若无，一群小学生坐船在其下用手接那小得不能再小的水滴，名为接龙延；②观瀑亭，按原样重修了『观瀑亭』，亭前有一副对联『雁荡径行云漠漠，龙湫坐雨濛濛』。此亭原名叫『宴坐亭』。现在根本感受不到亭内空宴坐雨濛濛』，基本上无人在亭内观瀑布的『雨濛濛』，你看照片上亭内空无一人。这就是400年的生态环境的变化啊！

之中，整个岩壁是雄伟平展，洞所在地岩石上面突出而下面凹进，是一个额状洞。徐霞客对这一瀑布由上到下的描写是从岩顶堕下，悬空倾泻，没有用"飞坠"。流动也是高度的分散，形成了千条万缕；最后定为"大观"。这个瀑布就像我们写的洋洋洒洒的一篇文章一样，多生动。徐霞客用的不是瀑是泉。

写了武夷山的水帘瀑，不得不写嵩山卢岩的瀑布。卢岩在嵩山中岳庙附近，是一条长约2千米的石英岩峡谷，在峡谷中居然有12个瀑布。而且12个瀑布之下都有水潭。徐霞客先生"心艳卢岩"。他在考察后写道：

"寺外数武，即有流铿然，下坠石峡中。两旁峡色，氤氲成霞。溯流造寺后，峡底矗崖，环如半规，上覆下削；飞泉堕空而下，舞绡曳练，霏微散满一谷，可当武夷之水帘。盖此中以得水为奇，而水复得石，石复能助水，不尼水，又能令水飞行，则比武夷为尤胜也。徘徊其下，僧梵音以茶点饷。急返岳庙，已昏黑。"

徐霞客仅用了118个字符（包括标点符号）把卢岩景区的瀑布描写得生动而有趣，有声又有色。瀑布的流动是两个"下"字——"下坠"、"堕空而下"；其流动的形态是"舞绡（绸）曳练（绢）"、"霏微（泉水飞扬和飘散）"；其声音是"铿然"：真是匠心独具。在《现代汉语词典》中对"铿

翻空涌雪

这是位于黄果树瀑布上游一公里的陡坡塘瀑布，其宽度达到105米，落差21米。徐霞客对其描述主要特点有三：㊀水声轰；㊁翻空涌雪。我到过黄果树，但未到过陡坡塘，看了我的朋友秦刚先生的这张照片，这3个特点我既看到了，也听到了。现在，把这张照片推荐给读者。

然"的解释是"形容声音响亮有力，如溪水奔流，铿然有声"；峡谷的形状是"峡底矗崖环如半规，上覆下削"；石和水的关系是"石能助水，不尼（阻止）水"。对卢岩瀑布有两句"可当武夷之水帘"、"则比武夷为尤胜也"，翻译成今天的表达方式就是：似武夷之水帘，但胜于武夷！徐霞客对武夷水帘的评价是"大观"，卢岩之瀑肯定是胜于"大观"。他本人观察时是"徘徊其下"，返回岳庙时，"已昏黑"。真是凑巧，2004年6月17日我考察卢岩时，也是"徘徊其下"，返回丰源宾馆时，天已昏黑。

三个瀑布，徐霞客用了三个评价：雄观、大观、比大观更胜。实际上卢岩之瀑是峡中之瀑，其下的水潭明显、漂亮，瀑潭相连，形成了霏微即细小的小水珠散满了整个峡谷，成为云雾之峡，使人想起了"无边的丝雨"。

1613年4月13日，徐霞客考察了浙江雁荡山的大龙湫瀑布。他对大龙湫瀑布的描写："龙湫之瀑，轰然下捣潭中，岩势开张峭削，水无所着，腾空飘荡，顿令心目眩怖。"你看，一开始就用6个字着力描写了瀑布的声音，轰然下捣潭中。轰是个象声词。它常常和雷鸣、炮击、火药爆炸联系在一起，轰然更是形容声音之大。下面用了一个捣字。捣，是用棍子打击物体。瀑布下泻潭中发出的就如李白的词句"万户捣衣声"。瀑布未入潭前是"轰",入潭时是"捣"。他对大龙湫瀑布的评价是"令心目眩怖",使人看到后,立刻从内心产生害怕、恐惧。4月14日,他又到了大龙湫瀑布,写道:**"复至龙湫;则积雨之后,怒涛倾注,变幻极势,轰雷喷雪,大倍于昨。"** 这次由于是在雨后,水量如怒涛倾注,变幻极势,声音为轰雷喷雪,比昨天大了一倍。

1638年4月23日,徐霞客考察了位于贵州黄果树瀑布上游1公里的陡坡塘瀑布(宽105米,落差21米),写道:**"又西二里,遥闻水声轰轰,从陇隙北望,**

今日龙湫

徐霞客对大龙湫的描述是『怒涛倾注,变幻极势,轰雷喷雪』。2007年5月,笔者也是抱着一睹大龙湫的雄姿的强烈好奇心去看大龙湫的。一到现场,我惊呆了,远看看不到水流;近观只有一条很细很细的水流,从岩顶流下,我真担心水流走不到下面的196米的落差,如今的它就像一位垂暮的老人,失去了活力和青春,失去了一代名瀑大龙湫,失去了朝气,已经雄风不再了!图片是2007年5月15日下午2时半拍的,岩壁上根本见不到瀑布,下面的水潭中,有一个竹筏,筏上站着一些中学生,在用手接时有时无的瀑布水,称为接『龙涎』。这在徐霞客时代,是不可思议的,自然界中,不是一成不变的,是处于运动中、变化中的。

忽有水自东北山腋泻岩而下，捣入重渊，但见其上横白阔数丈，翻空涌雪，而不见其下截，盖为对崖所隔也。"他未见黄果树瀑布前，写道："复闻声如雷，余意又奇境至矣。"在《游记》中，大的瀑布都是有声音的，并且多用"轰"、"轰轰"、"捣"等字来描写。

谈到"心目眩怖"，我们不得不写一下江西庐山的三叠泉。徐霞客对三叠泉的描写是很特别的。他是从瀑下的潭来写瀑。他写道："得绿水潭；一泓深碧，怒流倾泻于上，流者喷雪，停者毓黛。又里许，为大绿水潭；水势至此将堕，大倍之，怒亦益甚。潭前峭壁乱耸，回互逼立，下瞰无底，但闻轰雷倒峡之声，心怖目眩，泉不知从何坠去也。"徐霞客先生写三叠泉，写了泉下的两个水潭，然后抬头观瀑，两个小潭即绿水潭和大绿水潭。前者写得详细，写了三个方面：1. 潭水深而广（一泓）；2. 三叠瀑用四个字"怒流倾泻"；3. 潭

怒流倾泻

『不到三叠泉，不算庐山汉』的召唤，以及李白诗『银河倒挂三石梁』的诱惑，使我2006年5月专程赴庐山看三叠泉。三叠泉地处庐山风景区的边缘，是很远很远的。当天，庐山博物馆的小车把我送到庐山小火车站起点，花80元的小火车费，坐小火车（一节车厢坐和站一共是75人）大约20多分钟就到了。你如果单80元，不坐火车步行要二个半小时到2个小时。我坐（站）小火车时，拍下了小火车道，蜿蜒在彩都的森林和高高的山峰之间，也是一种风景。为了方便行人和火车道并行有一条人行道。下站后再步行二二分钟就到了三叠泉景区，门票为51元。买好票还要往下走20多分钟的台阶才能到达三叠泉最下部观景，山高坡陡，景区提供手杖（1元钱租金）还有轿子（因未坐不知价格）。上午9：00开始下台阶，10：00到达底部。观看的人很多，映入眼帘的仅仅是三级中最下一级的两股瀑水。为了看三叠瀑花费131元，远远看大千黄果树的90元。由于是石英砂岩，底下形成不了水潭，人工筑了一个堤坝拦水。但我的感受是黄果树更好，更值钱。徐霞客对三叠泉用了两个怒：『怒流倾泻，水势至此将堕，大倍之，怒亦益甚。』

转入转佳

这是通往三叠泉的小火车轨道。在《游记》中，徐霞客就借僧人知觉之口说，到三叠泉"道路极艰"。他自己也写道：'北行一里，路穷，渡洞。……从洞中乱石行，圆者滑足，尖者刺履，但沿途景色很好。'鸣流下注乱石，两山夹之，丛竹修枝，郁葱上下，时时仰见飞石，突缀其间，转入转佳，胜景越是美不胜收。如果你有时间不妨沿着这小火车道旁的人行道或山中水道步行去看三叠泉，就有一种"转入转佳"之感。看完三叠泉回来再坐小火车也不晚。

水流动（激起的水像喷雪，既有流动又有颜色）和汇入潭中停止（水像深绿色的黛）时的水势和颜色。后者和前者比较只用了四个字"怒亦益甚"。关键是一个"怒"字，水发怒的时候，人们可以想象得到。写三叠泉20个字"峭壁乱耸，回互逼立，下瞰无底，但闻轰雷倒峡之声"，给徐霞客先生的感觉又是"心怖目眩"，徐霞客先生又害怕了！他是胆小鬼吗？当然不是！但人们在大自然的神奇力量面前，感到害怕、恐惧是真实的，是人们内心的自然流露！

大龙湫使徐霞客"心目眩怖"，三叠泉又使徐霞客"心怖目眩"；其实两者是完全一样的感受，徐霞客先生用了不同的表达，也很有趣。

除了浙江雁荡山的大龙湫，江西庐山的三叠泉之外，还有一个瀑布也令徐霞客感到恐惧和害怕，这就是浙江天台山的石梁飞瀑。徐霞客是这样描写的：

"初三日，观石梁卧虹，飞瀑喷雪，几不欲卧。

初四日，天山一碧如黛。不暇晨餐，即循仙筏上县花亭，石梁即在亭外。梁阔尺余，长三丈，架两山坳间。两飞瀑从亭左来，至桥乃合流下坠，雷轰河聵，百丈不止。余从梁上行，下瞰深潭，毛骨俱悚。"

浙江天台上的石梁飞瀑是个很特别的瀑布。这个石梁实际是一个花岗岩形成的天生桥。石梁长约10米，厚约2.5～3.5米，宽仅0.5～0.8米。石梁的桥洞高约6米，梁下有一落差35米的飞瀑。这一景观被宋代书法家米芾称为"第一奇观"。近代学者魏源写道："雁湫之瀑烟苍苍，中条之瀑雷琅琅，匡庐之瀑浩浩如河江，惟有天台之瀑不奇在瀑奇石梁。"天生桥下有瀑布的确很罕见。徐霞客在石梁上行走感到毛骨悚然的原因有三：1. 石梁本身又窄，而且其下又是由两股瀑布汇合而成的水量充沛的一股大瀑布；2. 瀑布的声音（瀑布水流湍急；"飞瀑喷雪"，又是雷声轰轰，又像河流决堤的声音）；3. 下瞰深潭。这种视觉上和听觉上的感受，使得走在狭窄的石梁上的徐霞客感到"毛骨俱悚"是很自然的。

上面列举了7个瀑布，徐霞客对每个瀑布的描述都是准确、生动，并给出了自己的结论：（1）庐山开先，雄观；（2）武夷山水帘瀑，大观；（3）嵩山卢岩瀑，尤胜大观；（4）雁荡山大龙湫，心目眩怖；（5）庐山三叠泉，心怖目眩；（6）天台山石梁飞瀑，毛骨俱悚；（7）陡坡塘，翻空涌雪。后四个瀑布徐霞客对瀑布的水流声音作了生动的描述：大龙湫，轰然下捣潭中；三叠泉，轰雷倒峡之声；石梁飞瀑，雷轰河聩；陡坡塘，水声轰轰，捣入重渊。这前六个瀑布笔者近年来都去过，其瀑布下泻的声音，三叠泉最大，大龙湫最小。大龙湫虽说落差达到了196米，是七个瀑布中最大的，但水量太小太小已经成为了一个线瀑，既没有"轰然"之声，也绝不会使人"心且眩怖"，反而使人感觉"可怜"。三叠泉、石梁飞瀑的水量虽有些气势，笔者近距离观看，也听不到轰雷倒峡、雷轰河聩的声音，也不会使人害怕、恐惧。徐霞客的文字最起码记录了17世纪这7个瀑布的真实景象。奇怪的是我对庐山的开先瀑布、武夷山的水帘瀑的感觉和徐霞客先生的基本一致，一个雄观，一个大观；而嵩山卢岩之瀑则水量要小得多，没有看见"令水飞行"的景观。这就是21世纪这7个瀑布的真实情况。从这里提醒我们自然界是不断变化的，年年岁岁景不同；当然，有的变化快，有的变化慢。

我们今天读《游记》，可以利用其进行历史生态环境的研究（例如本书中**"虎的启示"**一文），但更多的是欣赏、学习徐霞客先生是如何描写各种自然景观和人文习俗的。

对瀑布来说，徐霞客先生往往是从五个方面来描述。其一，瀑布所在的山势或岩壁（瀑布大多是"挂"在山上、河床中，对于山和河的描述往往是被人忽略的，但《游记》特别注意了这一点。如写大龙湫的山势为**"岩势开张峭削，两崖石壁回合"**；其二，瀑布奔流的形态（包括速度和瀑形），大龙湫为**"水无所着，腾空飘荡"**、**"大龙湫之水从天下坠"**；其三，瀑布的声音；其四，水潭的景象；其五，对瀑布总的评价。李白的诗虽然精彩，但仅仅只写了一个方面，就是瀑布奔流的形态。徐霞客在写瀑布时尽量给出瀑布的高（落差）和宽。在这方面诗人和文人往往采用的是夸张的描写，如李白的"疑是银河落九天"。在瀑布的描写中，不妨以三叠泉为例，看看当代文人的描述。

三叠泉是庐山一个名瀑，也是一个名景，去的游人、文人不少。我就把时下最著名的余秋雨先生在《文化苦旅》一书中"庐山"一文中对三叠泉的描述举例如下：

"不知何时，惊人的景象和声响已出现在眼前。从高及云端的山顶上，一幅巨大的银帘奔涌而下，气势之雄，恰似长江黄河倒挂。但是，猛地一下，它撞到了半山的巨岩，轰然震耳，溅水成雾。它怒吼一声，更加狂暴地冲将下来，没想到半道上有撞到了第二道石嶂。它再也压抑不住，狂蹦乱跳一阵，拼将老命再度冲下，这时它已成为一支浩浩荡荡的亡命徒的队伍，决意要与山崖作一次最后冲杀。它挟带着雷霆窜下去了，下面，是深不可测的峡谷，究竟冲杀得如何，看不见了。……它都没有吐出一声鸣烟，只有怒吼，只有咆哮。"

总的感觉，余先生的这段文字（不涉及他的其他著作）一般。它把三叠泉瀑比喻为"银帘"尚可；比喻为"狂蹦乱跳"、"拼将老命"、"亡命徒的队伍"、"最后冲杀"、"窜下去了"等等是不能让人接受的。瀑布的力量以及气势都是美好的，用这些词语未免与自然风景不贴切，但余先生最后的感受是和徐霞客先生相近的，即"我们这些人的身心全都震撼了"。余先生在此文中对徐霞客先生对三叠泉的描述也进行了评价：

"在古代，把三叠泉真正看仔细又记仔细了的还是那位不知疲倦的旅行家徐霞客，可惜他太忙碌，到哪儿都难于静定，不能要求他产生太深的感悟。"

余先生此段评价别的不说，评价徐霞客为旅行家，太低了。从徐霞客仅仅对三叠泉的描述中看水平应该在余先生之上，无论是从文字水平、还是从科学水平，这是我、一个地质科学作家的评价。徐霞客文字中的"一泓深碧"、"怒流喷雪"、"停者毓黛"、"峭壁乱耸"、"轰雷倒峡"、"心怖目眩"等多么美丽，多么形象，多么贴近。我在此处，毫无批评余先生之意，只是说，我国近代游记的文字水平是不高的。恕我直说，一些所谓"大家"的山水游记需要从《徐霞客游记》中吸取营养。

《游记》中对黄果树瀑布单独撰文论述。

天涯何处无山花

徐霞客是以野外考察为主的地学家。于是，有人片面的认为其游记描述的一定通篇是陡峭的山峰、片片的岩石、屹立的岩壁、奇巧的山洞等等，形成了一种"金戈铁马"、"狼烟四起"、"阳刚无比"的风格。实际并非如此，《游记》中描述了许许多多的景物，还包括风花雪月这样"自在飞花"、"细风柳絮"的阴柔、舒缓、绚丽的景象。这中间山花的描写是不应被忘记的。在阅读时细细的品味，你眼前一定会看到一幅"山花烂漫"的图画。

青山绿水是一种美景。"如果只有满山翠黛，而没有山花点缀，也会觉得缺少点什么。家乡的山，因为有满山遍野的山花，因此也变得格外神奇。……山会因为有花而显得更加可爱，更加繁荣。"这是从云南大山中走出来的女歌手姚林辉的感受。我很同意她的看法。

徐霞客在《游记》中写山也忘不了山花。仅举数例。

1613年，他在"游天台山日记"中写道：

"四月初一日……雨后新霁，泉声山色，往复创变，翠丛中山鹃映发，令人攀历忘苦。"

你看，雨后的天台山，泉声处处，大小不同，山色朦胧，深浅有异；加上郁郁葱葱的林木中有无数红彤彤的映山红即杜鹃花丛中绽放，多美呀！徐霞客登山过程中的一切疲劳辛苦通通都烟消云散了。如果没有写天台山中盛开的杜鹃花，这段文字会减色不小。2009年10月，我去天台山考察，登华顶离顶峰只有100到200米时，就看见一大片杜鹃林，十分壮观，当时，花期已过，如果是花季，肯定是红艳艳的一大片啊！

四月初三日，徐霞客登上天台上华顶时，他又写道：

"岭角山花盛开，顶上反不吐色，盖为高寒所勒耳。"

血艳夺目

杜鹃花是徐霞客最喜爱的花之一。在《游记》开篇之作：『游天台山日记』中就写道：『翠丛中山鹃映发，令人攀历忘苦。』到云南后，云南的杜鹃更令霞客关注，喜爱。1639年二月十七日，在石宝山下，喜爱。1639年二月十七日，在石宝山下，他写道：『其地马缨盛开，十余小朵，簇成一丛，殷红色夺目，与山茶同艳』。这马缨就是红色杜鹃花的一个品种。1639年三月十三日，在云南大理感道寺参观，写道：『时山鹃花盛开，各院无不灿然』；中庭院外，乔松修竹，间以茶树』。1639年四月十三日，在渡过怒江前往腾冲的途中，又见到杜鹃，写道：『村庐不多』而皆有杜鹃灿烂，血艳夺目，若以为家植者。岂深山野人，有此异趣？』你看，这些天生的野杜鹃，灿烂到血艳夺目，又一次用了『夺目』一词。2012年4月，笔者到贵州大方县普底观赏杜鹃花树，简直太令人震撼了，太让人不可相信了，满山的杜鹃树组成方阵，一排排，一行行，成百株上千株犹如花的森林，花的大海！每株树上都是红红的，红的使人怜爱的杜鹃花，真是千朵万朵压枝低，一株杜鹃花树就是一个花园，一个花园。云南贵州都在一个高原——云贵高原上，云南看到的是一样的血艳夺目。欣赏《游记》请不要放过这些血艳夺目的花卉！

在山下的岭角，山花盛开；山顶的山花还没有动静呢。他断定这是山顶气候寒冷所致。早在唐代，诗人白居易就在《大林寺桃花》一诗中写道：

繁花满树

1613年4月初六日，在天台山的寒岩考察时，山中山花烂漫，徐霞客先生写到了三种植物：海棠、紫荆、玉兰。对于紫荆可能有些读者未见过，选用了笔者在紫竹院公园拍的一张紫荆照片。在北京一般在阳历的3月下旬开花（徐霞客写寒岩的紫荆在阴历四月上旬开花，可以知道1613年气候寒冷，物候几乎推迟了一个月）。紫红色的众多花朵常簇生在树干或老枝上，形成『繁花满树如缀珥』的盛景，故有『满条红』的美称。紫荆花似蝴蝶状，颇有『群蝶飞舞枝头闹』之景致，有人有称其为『闹春花』。在这里要提一下，作为香港市花的紫荆花，是与其同科而不同属的另一种植物的花——大叶羊蹄甲树的花是有区别的。这种树是一种常绿的乔木，南宁和广州的行道树有不少是这种树。2012年11月去广州时，正值其开花期，好漂亮的红花（当地叫红花紫荆或洋紫荆），铺满在热带的蓝天之下，异常的醒目。它的叶形很奇特，像一个片片红云，尖端两裂，下部相连，形如羊蹄，当地人称作『羊蹄树』。

人间四月芳菲尽，山寺桃花始盛开。

长恨春归无觅处，不知转入此中来。

大林寺位于庐山香炉峰顶。阴历四月，平地（即人间）上的各种花卉已经开尽了，衰败了；而山顶上寺庙中的桃花才刚刚进入盛期。徐霞客和白居易两人对山顶盛花期迟于平地是着一样的看法。正巧，他们都是在阴历四月份发现的。

四月初六日，徐霞客在天台山的寒岩山下的山谷中考察时，写到：

"循溪行山下，一带峭壁巉崖，草木盘垂其上，内多海棠、紫荆，映荫溪色，香风来处，玉兰芳草，处处不绝。"

在这里，徐霞客又写到了三种山花：海棠、紫荆、玉兰。海棠属于蔷薇科，常见的品种有贴梗海棠和西府海棠。前者为灌木，花柄较短，贴近花枝；花色是红艳艳的，是一种深红色。西府海棠是落叶乔木，小枝梢上开花，初开如胭脂，渐渐变成淡红色。我个人认为徐霞客见到的应该是贴梗海棠。紫荆是豆科植物，多为落叶乔木或大灌木，花于仲春时节，先叶而发，紫红色的众多的小花朵簇生于树干或老枝上，形成 **"繁花满树如缀珥"** 的盛景，故有 **"满条红"** 的美称，你看，这一红一紫的山花映照在溪水上，形成各种各样的颜色，真好看；笔者不禁想起了四川九寨沟的五彩池。玉兰为木兰科植物，因其花色皎洁如玉，香味似兰，故名。徐霞客12个字：**"香风来处，玉兰芳草，处处不绝"** 把山花玉兰写得多贴切。前两种花给我们带来了视觉的享受（色）；玉兰花给我们带来了嗅觉的享受（香风）。写得太好了！如果少了这些山花，情趣就没有了。

在《游记》中写山花字数较多的应该是"游天台山日记"，因为此时的农历四月正是山花烂漫之时。山花的描写确实是和季节有关。徐霞客1637年农历三月和四月在湖南考察时，写的"楚游日记"中就有好几天写到山花。摘引四处如下：

其一，**"三月十四日……仍从其西峡下至崖足，一路竹林扶疏，玉兰铺雪，满地余香犹在。"** 这是他在湖南永州的芝山（柳宗元称为"西山"）时所

银花玉雪

玉兰其花白而微碧，香味似兰，故名。它是早春著名花卉，千朵万蕊，不叶而花，一片银光，亭亭明艳。徐霞客闻到了玉兰的芳香，他写道：『香风来处，玉兰芳草，处处不绝。』那淡淡的香味是玉兰散发出来的。乃至于当玉兰花谢时，他又写道：『玉兰铺雪，满地余香犹在。』徐霞客的文字写得真好，您不仅看到了玉兰花的美丽，仿佛也闻到了它的似兰的幽香吧。徐霞客在广西三里城，见到木棉花，仍然想到了玉兰。他写道：『木棉树甚高而巨，而红色灿烂，如云锦浮空，有白鸟成群，四面翔绕之，想食啄其丛也。』句中的木笔就是指玉兰花，初春时花大如木笔，尤多；春时花大如木笔，俨如写字的毛笔的笔头，故名。玉兰还用两句诗『势欲书空映早霞，万把木笔写新史。』来描述这一景观。古人还用两句诗『势欲书空映早霞，万把木笔写新史。』来描述这一景观。玉兰花开时，一片银光，亭亭明艳，大可悦目，特名为『玉堂春』。玉兰花一种吉祥之花，徐霞客深深爱她。

见，"玉兰铺雪，满地余香"，写的真是有味道，那么厚的玉兰花落在地上，怎么不会有浓浓的香味。

其二，"十六日……其处山鹃盛开，皆在水涯岸侧，不作蔓山布谷之观，而映碧流丹，尤觉有异。"他看到湖南永州至道州湘水沿岸盛开的杜鹃花，立刻想到其和满山满谷的映山红是不同的。由此可见，徐霞客心中的山花是永远不会忘记的。

从有关山花的描写，可以看出《游记》是一部多姿多彩的著作，是一部吸引人的著作。

其三，"二十八日……折而西南行，又上一岭，山花红紫斗色，自鳌头山始见山鹃蓝花，至是又有紫花二种，一种大，花如山茶；一种小，花如山鹃，而艳色可爱。"这是徐霞客在湖南南部九嶷山的三分石岭所见的山花，中国有600余种杜鹃花，而蓝色、紫色的确少见；所以，他说"红紫斗色"，没有说"红紫斗艳"。这个"斗"字，用得很好。

其四，"四月初八日……其处山鹃鲜丽，光彩射目，树虽不繁而花色绝胜，非他处可比，此坪头上第三岭也。"这是徐霞客在今天郴州市境内的坪头岭所见的杜鹃花。他用了"鲜丽"、"光彩射目"、"花色绝胜"、"非他处可比"这种递进的描述，从中，可见他写下了对此地杜鹃花的喜爱。

徐霞客这次的"楚游"（即湖南之行），在三月八日时突然得病，呻吟不已，一直到四月初五日，近一个月都一直在病中。四月初五日早上喝了一大碗姜汤，盖上重被，出了大汗，才觉"开爽"矣。这一个月中，徐霞客能够坚持下来，原因很多，但山上这些盛开的山花，无疑也给了他些许的慰藉吧！这不由使我想起，亲朋好友去医院探望病人时，往往会带上一束盛开的各种各样的水灵灵的鲜花。这些花不是药不能治病，但它却能使病房增添生机，带来欢快、愉悦的氛围，无形中会使病人感觉身体好多了，增强病人战胜疾病的信心；从而尽快康复。

最令人难忘的是徐霞客一六一六年在天寒地冻、大雪纷飞的阴历二月初游安徽黄山时，对一株梅花的描述。他写到：

"溪边香气袭人，则一梅亭亭正发，山寒稽雪，至是始芳！"

这不禁使人想到徐霞客本人就是一株顶风傲雪的寒梅。

二十二年后的一六三八年十二月初七日在今天云南楚雄的大姚县邻龙街的

百里花海

这是我的朋友，贵州高原秦刚先生拍摄的贵州高原杜鹃花的一张图片，花的壮观的气势，花的壮观拍出来了！山花山花，一层又一层，从山下一直铺到山上，铺满了山花，铺满了天空！不留一点空白；从山下到远处，到天边，一直延伸到海涯；到海边，看百花，而是千花万花。真是『千花万朵压枝低』。看到这里，美在眼里，醉在心里，阿拉尔罕，我的心儿醉了！在北京，在平原，永远见不到这气势磅礴的山花之海。

大舌村山崖上，他看到一枝迎风冒寒怒放的梅花，十分激动，仿佛见到了家乡的朋友。他在《游记》中写道："桥侧有梅一林，枝丛而干甚古，瓣细而花甚密，绿蒂朱蕾，冰魂粉眼，恍见吾乡故人，不若滇省所见，皆带叶红花，尽失其'雪满山中、月明林下'之意也。乃折梅一枝，少憩桥端。"不管是在中原的黄山，还是在边陲的云南，徐霞客对花中四君子之首的梅花，总是有一种亲切感，有一种如见故人之感，这也说明了徐的高尚品质吧。

徐霞客对热带地区那些又红又鲜又大的热带花卉，更是充满了喜悦之感。他在一六三七年二月十三日的日记中就记载了他在广西今上林县三里城见到的灿烂的花卉："木棉树甚高而巨，粤西随处有之，而此中尤多；春时花大如木笔，而红色灿烂，如云锦浮空，有白鸟成群，四面翔绕之，想食啄其丛也。结苞如鸭蛋，老裂而吐花，则攀枝花也。如鹅翎、羊绒，白而有光云。泗城人亦有练之为布者，细密难成，而其色微黄，想杂丝以成之也。相思豆树高三四丈，有荚如皂荚而细。……其子如豆之细者而扁，色如点朱，珊瑚不能比其彩也。余索得合许。"你看，徐霞客笔下的南国花卉多鲜妍，写得多具体：木棉树花居然和玉兰（即木笔）花那么大；攀枝花则白而有光；相思豆树的子即红豆，比那红珊瑚还要红，连徐霞客也向别人要了合许（10勺为1合，10合为1升）。

童山秃岭谓之髡

　　读懂《徐霞客游记》不是一件很轻松的事，也不是一件很容易的事；可以说是一件相当费力的事。就说这难字、难词就得费一阵功夫的。仅举"髡"字为例。

　　2005年我开始撰写《瑰丽的地下艺术殿堂——中国溶洞之旅》一书时，把《游记》中有关溶洞的内容又一次选读一遍。其中的"浙游日记"主要是记述他考察金华和兰溪洞穴的情况。1636年10月11日他写道：

　　　"下渡洪桥，循洞而东，山石半削，髡为危壁。其下石窟柴积，纵横塞路，即夜来无问津处也。"

　　我开始因为不认识"髡"这个字，而且认为这句话和洞穴关系不大，就放过去了。后来一想不行，徐霞客先生游记写得十分简练，每个字都很精彩，可能这句话的精彩之处就在于这个"髡"字。查《现代汉语词典》，知道"髡"音"昆kun"，是古代剃去男子头发的刑罚，但我还是不明白。又查《新华词典》，其解释为古代一种把头发剃光的刑罚。思考半天，注意力放在"刑罚"上，怎么也想不通。后来"剃光"提示了我。这里的描述和"刑罚"是有关系的，但更有关系的是"剃光"。

　　这使我回想起2002年3月去浙江省江山市考察时的情景。我和浙江省国土厅的办公室陈良富主任坐在汽车上经过江山市郊时，陈主任突然让车停在路边，叫我和他一起步行几分钟到路边的一座山观看。这座山的山头已经被削去了一半，山的下面被改造成凹面，一台大功率的铲车正在奋力挖掘。陈主任告诉我，江山市有全国最大的水泥制造厂，而生产水泥必不可少的原料就是石灰岩，眼前的这座山就是石灰岩山，山已经被挖成"光山秃岭"了。

　　联想到此，从内心又一次佩服徐霞客。我终于读懂了您的游记，找到了无

髡为危壁

徐霞客对破坏生态环境的事，是十分不满的。1636年10月10日考察完浙江的金华三洞后，前往浙江兰溪时，见到『岭下坞中居民，以烧石灰为业』其洞涸而无底流』，居人俱登山汲水于讲堂之上』。凡是有溶洞的地方都是石灰岩地区，而石灰岩是可用来烧石灰。石灰是建房子不可缺乏的材料。你看，金华这个地方的人烧石灰，使得溪流的下游无水，居住在此的人只好登山取水，造成生活上的十分不便。过了这个地方，『洞中有流淙淙北来』，成为道『暮至白坑，居人颇多，亦俱烧石灰』。当天，到达兰溪地界后，写道『暮至白坑，居人颇多，亦俱烧石灰』。他对烧石灰很关注。提到白坑这个地方『烧石』，从『烧石灰』到『烧石』。再往前走到上洞寺的路上『久而不得来』，只见石窟满前，径路纷错，正彷徨间』，这个地方好久找不到寺，满眼望去，只见烧石灰的石窑。从『烧石』到『石窑』。这一天，三次写到无炉烧石灰，批评使洞流干涸，道路乱七八糟』。10月11日，徐霞客在抵达兰溪涌雪洞前，写道：『下渡洪桥，循洞而东，山石半削，髡为危壁，其于石窑柴积，纵横塞路，即夜来无问津处也』。这时，他气愤了，用了『山石半削，髡为危壁』八个字！这是人类给山剃了『光头』，是给大自然上了刑！2002年3月，我去浙江省的江山市考察，著名的中国最大的水泥厂之一的江山水泥厂就在此处。在该市的市郊看见不少的山都被剃了光头，陪同我考察的浙江省地质学家陈良富先生特地叫小车停下来，指给我看，图片就是我当时拍的照片。时间过去了约400年，我们今天一定要重视生态环境的保护。

穷的乐趣。正如居里夫人所说，科学研究给你的回报就在科学成果之中。徐霞客把300多年前，明代金华地区烧石灰的"盛况"以及画面，仅仅用两句话就生动、具体的描写出来了。其中关键是八个字"山石半削，髡为危壁"；八个字中最关键的一个字，即我原来不认识的"髡"字。从查两本词典到思考、回忆，我整整用了半天（4个小时）的功夫才明白这个字。下面我不用髡字，用现在通用的文字把这两句话翻译如下：

"往山下步行，渡过洪桥，沿着山谷的溪流向东行，山和山上的石头有一半被挖走，犹如给山上了刑，山丘被挖成光秃秃的寸草不长的陡峭的岩壁。山下面是烧石灰的窑，柴薪堆积，到处都是，把乡间的道路搞得乱七八糟，像迷宫一样，晚上找不到问路的人。"

这句话中也包含了徐霞客先生对这样无序地开发石灰岩是不满的。他用"髡"这个字，好比人类给大自然上了刑！我们今天在进行建设和搞洞穴旅游时，一定要注意环境的保护。

你看，你把一个"髡"字读懂了，就会把这两句话读懂，把徐霞客博大的思考体会到。这才算读懂了《游记》。《游记》中的这种难字、难词还是有一些的，我们在阅读时坚决不应放过它或不理它或舍弃它，一定要弄得清清楚楚，明明白白。你弄清楚、读明白后，就会感到《徐霞客游记》是多么的博大精深，多么的生动有趣。所以，只有认认真真读《徐霞客游记》，才能得到知识，得到乐趣，同时体会到其现实意义。

阿庐古洞

徐霞客考察该洞后写到："秉炬穿隘"，屡起屡伏，乳柱纷错，不可穷结焉"。1990年，笔者考察了这个位于云南省泸西县的美丽的洞穴。洞内景观十分富美丽；图片显示的洞外景观有园林，有亭，有曲径，有假山，有水，还有热带花草，游人在此小憩，十分惬意。当时，见到洞穴附近上空有烟尘飘过，原来是有一水泥厂。当时，我们建议其搬迁或治理，不知今天做得如何。

虎迹斑斑不可寻

《徐霞客游记》是一部百科全书。它忠实地记载了当时的天气、地学、生物学方面的资料。经历了近400年，即4个世纪，游记中的许多记载和资料对今天我们环境科学、地理学、地质学、生态学、动植物学等学科研究环境变迁、生态变化，物种兴衰等方面有着重要研究或参考价值。这点应该引起我们以上学科工作者的关注。请你们一定要好好阅读《游记》。现在，笔者就以老虎为例加以说明。

21世纪的今天，在中国大地上，很少看到野生的老虎了。今天中国90%以上的人见过的老虎都是"动物园"或"老虎饲养基地"等人工饲养的老虎。中国的野生虎，特别是华南虎最乐观的估计不超过70～80头。历史上的中国是这样的吗？《游记》给出了肯定的明确的答案。400年前，17世纪的中国大地上，老虎的分布是相当广泛的，见过老虎或被老虎侵害过的人也不在少数。现在，笔者就列举《游记》中关于老虎的九则描述。

其一，浙江天台山有虎。一六一三年（明万历四十一年）三月晦，在"游天台山日记"的第一段就写到：

"自宁海出西门，云散日朗，人意山光，俱有喜态。三十里，至梁隍山，闻此地菟茵夹道，月伤数十人，遂止宿。"

这是《游记》的开篇之作的开篇之段，可以说徐霞客游记是以老虎（即菟茵）为开篇！

这里的老虎月伤数十人，肯定不是一只虎所为，也不是3～4只，极有可能在10只以上。山区本来人少，而且1个月老虎竟伤数十人。正因为如此，徐霞客也只好停止前进，住下来，等明天再走。四月初一日，即第二天，走到弥陀庵，他又害怕路上有虎，只好在庵中住下。他是这样写的：

"上下高岭，深山荒寂，恐藏虎，故草木俱焚去。泉奔风动，路绝旅人。"

第一天是听说有老虎，且有老虎伤人。第二天则亲眼看见当地的山民害怕老虎藏在草莽之中，把草木统统烧了。即使这样，山民还是害怕，路上见不到旅人即过路之人；在这安静条件下，泉声加上风声，使人更加害怕。这就是"鸟鸣山更幽"。徐霞客又一次住下了。天台山有虎不仅是听说，而是人们已经采取了措施。

其二，河南嵩山有虎。一六二三年二月二十三，徐霞客从少室山主峰南寨下山时，写到：

"从南寨东北转，下土山，忽见虎迹大如升。草莽中行五六里，得茅庵。击石炊所携米为粥，啜三四碗，饥渴霍然去。倩庵僧为引龙潭道。"这次，徐霞客亲眼见"虎迹"了，又在草莽中行了五六里。这时，他内心应该是害怕的。所以，到了一座庵，做了两件事：a 喝了三四碗粥，既解饥渴，同时又是壮胆；b 他不敢单身向前，赶紧请了庵僧作为向导。

其三，湖北均州有虎。一六二三年三月十一日，前往湖北鄂西的武当山旅行途中，他写道：

"岭南则均州境。自此连逾山岭，桃李缤纷，山花夹道，幽艳异常。……但途中蹊径狭，行人稀，且闻虎暴，日方下春，竟止坞中曹家店。"一六一三年，他（28岁）到天台山，听说有老虎，10年后的38岁，他真正听到了"虎暴"。他也很害怕，太阳还未完全下山，他就停止了前进，住了下来。

其四，湖南东部茶陵（今株洲市茶陵县）有虎。一六三七年正月十一日，他到茶陵考察，写道：

"云嵝山者，在茶陵东五十里沙江之上，其山深峭。神庙初，孤舟大师开山建刹，遂成丛林，今孤舟物故，两年前虎从寺侧攫一僧去，于是僧徒星散，豺虎昼行，山田尽芜，佛宇空寂，人无入者。每从人问津，俱戒莫入。……途遇一人，持伞将远出，见余问道，辄曰：'此路非多人不可入，余当返家，为君前驱。'余感其意，因随至其家。其人为余觅三人，各持械赍火冒雨入山……导者曰：'此虎窟也。从来烧采之夫，俱不敢入。'……又一里，而云嵝寺在焉。山深雾黑，寂无一人。殿上金仙云冷，厨中丹灶烟空，徘徊久之。"你看，云嵝山这里，老虎大白天出没，两年前居然窜入寺庙，将一名僧人攫去。从此，山田荒芜，佛宇空寂，徐霞客去时仍是"金仙云冷，厨中丹灶

山清水秀

一六三七年七月十三日，徐霞客到今广西柳州立鱼峰附近的登台山考察时，听当地人说，登台山巅有三虎。今天柳州立鱼峰情况如何，还是引1963年3月，郭沫若先生的一首诗《柳州登立鱼峰》来说明。全诗如下：

立鱼峰半歌声发，应是刘三姐再来。

驾驭鱼龙飞九有，神州到处是歌台。

你看，今天立鱼峰听到的是刘三姐的歌声，歌声在山中飞扬；如果驾驭鱼龙飞九州（即九有）上空，看到中国大地到处都是歌台。立鱼峰，又叫鱼峰山，今天已是柳州的风景区，就位于市区柳江的南岸。在柳州，留下老虎遗迹的是在鱼峰山南而不到10公里处有一座山丘叫老虎山，当然今天已无老虎。图片是柳州龙潭风雨桥附近的风光，山清水秀，一派祥和气氛，早已听不到虎啸，见不到负嵎之虎。这就是生态环境的变化。近400年，人类对生态环境的改变是深刻的。

你在图片上看柳州，山还是那座山，河还是那条河。但人们无时无刻不在改变大地面貌，就像歌中唱道的"唤醒了沉睡的山庄，让那河流改变了模样"。拿柳州来说，它现在是广西交通的枢纽。它是2条重要铁路即枝柳线（湖北枝城到广西柳州）的终点站。黔桂线（从贵州贵阳到广西柳州）的终点站。笔者20世纪70年代去柳州就是湘桂线上重要中转站。柳州还是重要的内河航运的港口，柳州还有飞机场。别的工业、农业建筑、矿业等不说，仅仅是铁路、水路、民航、公路建设和运营，日积月累，对生态环境的影响是不可估量的那些地方，今天难见！（这也是为什么在徐霞客见到虎迹的那些地方，今天难见（实际上是不可能见）虎迹的原因所在！

"烟空"的凄凉景象。茶陵应该是属于云霄山脉。

其五，广西柳州境内有虎。一六三七年七月十三日，他到柳州登台山考察，写道："一里，抵登台山。居聚愈稠。江为山扼，土人谓登台山巅有三虎，夜辄下山啖猪犬。民居环山麓而崖峻，虎得负嵎，莫敢撄焉。"柳州登台山已经是云贵高原的最东边,临近广西盆地。这里不仅有民居,而且还不少"傜稠";可是却有三只老虎隐藏在山势险要的地方,并且没有人敢触犯,敢动老虎的屁股。从此也可见当时虎的数量多且胆子大,从深山老林来到了民居周围吃猪犬。

其六,云南剑川金华山莽歇岭(今称满贤林)有虎。一六三九年二月十四日,他到云南剑川金华山莽歇岭考察时写道:

"乃与僧同出峡门,循左崖东行,僧指右峡壁间突崖之下,石裂而成门,下临绝壁,中嵌巉崖,其内直逼山后莽歇,峡中从来皆虎豹盘踞,无敢入者。余欲南向悬崖下,僧曰:'既无路而有虎,君何苦必欲以身试也。且外阻危崖,内无火炬,即不遇虎,亦不能入'杨氏子谓:'急下山,犹可觅罗尤温泉,此不测区,必不能从也。'乃随之东北下山。"这是《游记》中,徐霞客第一次在云南见到虎。他还想从此峡谷中下山,由于僧人和杨氏之子的劝告,他就改变了下山的方向。在野外考察,生命的安全是第一位的;正如僧所言,没有必要以身试虎也。

其七,云南大理石门山有虎。一六三九年三月二十二日,徐霞客到大理石门山考察时写到:

"余从岭背烧痕处行,虎迹齿齿,印沙土间;连上数顶,始造其极,则犹然外峰也。"仅仅过了40天不到,徐霞客又一次在云南见到了虎迹以及烧痕。这使我们想到,他在天台山时就写道,在深山老林的地方,人们惧怕老虎躲藏在其中,把草木都用火烧去。云南大理和天台山相距甚远,但人们防虎的方法却是一样的。

其八,云南腾冲有虎。一六三九年四月十八日,他到云南腾冲考察,写道:

"先夜有虎从山下啮参戎马,参戎命军士搜山觅虎。四峰瞭视者,呐声相应,两箐搜觅者,上下不一,竟不得虎。"夜晚,老虎从山上下来咬死了马,军官动员士兵搜山觅虎。柳州的老虎是吃猪犬,这里则吃马。离上次不到一个月,徐霞客第三次在云南听到了虎的信息。

其九,云南腾冲马鹿塘有虎。一六三九年五月初六日,徐霞客去马鹿塘考察;沿途都是"箐木深翳","皆深茅丛棘","茅深棘翳";终于"俯见漾沙之上,虎迹甚明,累累如初印。"这是徐霞客在《游记》中最后一次记录有关虎的描述,也是他在云南第四次见到虎。你看,他在云南从一六三九年的二月十四日到五月初六日,不到三个月即大约82天中竟然四次写到有关虎。这最后一天，更是写到"虎迹甚明，累累如初印"，说明当地老虎是刚刚也就是两三天之内经过此地。云南的老虎，确切的说是华南虎在今云南的西部剑川到腾冲一带的崇山峻岭中是广泛分布的。这就是400年前的生动的、真实的、十分可贵的记录。

从以上9处的描述，可以得出以下5点结论或意见。

一、中国400年前的17世纪，老虎分布广泛。《游记》中所描述虎的出没有东南沿海的天台山、秦岭东部的嵩山和武当山、湖南东部的武功山、云贵高原的腾冲、柳州等地区。其最东部为浙江天台山，最西部抵云南的腾冲，即从东经121度延伸到99度，达到了22个多经度；最北部是嵩山，最南部为柳州，即从北纬34.5度跨越到24度，达到了11个纬度。这是一个十分辽阔的范围。《徐霞客游记》关于中国北方地区的部分，几乎全部遗失。实际上，当时中国北方不少地方也有老虎出没。这点在《水浒》中可以得到证明。《水浒》虽说是描述宋代的故事，但它是生活在元末明初的施耐庵所作，应该说该书中对自然景物，包括动植物的描述是明代的。书中就有武松打虎，李逵杀虎，解珍、解宝射虎，而这些虎都是北方的。

二、17世纪的中国老虎数量多，《游记》的虎应为华南虎。《游记》中9处老虎的描述只有一处指明为三只虎，但老虎吃人咬马，大白天出来游荡绝不是单枪匹马。笔者估计，这9处的老虎每处至少有10～20只左右，9处的总数应在百只以上。由于活动地点，大部在中国南方，毫无疑问应为华南虎。

三、21世纪的生态环境即今天的生态环境和400年前的生态环境相比，发生了深刻的、难以想象的变化。老虎、华南虎从繁盛已经走向灭绝就是最好的例子或案例。老虎生活在山地丛林之中，并且是肉食动物，没有良好的生态环境，老虎是无法生存的。上述9处的生态环境都发生了巨大的变化。仅以天台山为例。《游记》中对天台山的描述是："溪回山合，木石森丽，一转一奇，殊惬所望"；"峰萦水映，木秀石奇，意甚乐之"。惬即满足，满意，"殊惬所望"即自己所盼望的都得到充分的满足。徐霞客笔下短短的28个字，把天台山良好的生态环境揭示出来：山好水好即峰萦水映；石好林好即木石森丽，木秀石奇；环境好即一转一奇，殊惬所望，意甚乐之。2009年，笔者去天台山考察时就很少见这种景象：一是山区的盘山公路的修建（笔者不反对）；二是过多的农家乐饭店；三是山区居民的增加，房屋的修建；四是垃圾的污染等等。对

大象运输

这是西安最有名的佛教寺院慈恩寺院内一尊精美的石雕大象。笔者把这张图片放在此文，一是因为文中描述的华南虎的照片今天没有；二是随便放一张虎的照片，意义不大；三是此文主要是讲生态环境的变化，引起了动物和植物的变化，不过是以大家熟知的老虎为例。从《游记》中，不仅从老虎可以看出近400年来的变化，从大象也同样可以看出来。

一六三八年四月二十五，《游记》写道：「下午，有象过」，二大二小，停寺前久之。象奴下炊，瀹去，象辄跪后二足，又跪前二足，伏而候升。」地点在今贵州省关岭县北盘江附近的白基观（一道教寺庙）你看，当年贵州省还是用象作运输工具。一六三九年二月初十日，《游记》写道：「顺宁（今云南凤庆）以南多象」，一六三九年八月初八日，徐霞客抵达顺宁府附近，写道：「又东南五里，冈头有村，倚西阜东向，是为『象庄』」此未改流时土首猛廷瑞畜象之地。」近400年的时光过去了，今天，中国只有云南西双版纳还有少量野象，其他地方已经看不见了。关岭在北纬26度。凤庆约为北纬25度，而西双版纳为北纬23度以南。大象400年南迁了三个纬度，达300多公里！大象和华南虎命运应该有相似之处，所以把这张图片放于此。

于后三项，我们确实要采取一些措施予以改进。

四、今天的有关学科的科学工作者应该仔细阅读、好好研究《游记》。它是历史生态的忠实、真实的记录者，即真文字。它所包含的许多珍贵资料（虎仅是其中之一），对研究中国自然生态环境的演变及其规律性的探讨，是十分可靠的依据。至今，这点并未得到应有的重视。这也是笔者写此文的原因所在。

五、当前，中央提出建设"环境友好型社会"和"资源节约型社会"。《游记》无疑是建设两型社会的一个很好的蓝本。

从《游记》中9处对虎的描述，笔者还有两点新"发现"。

一、《游记》是以虎开头，又以虎结尾，虎贯穿了《游记》首尾。《游记》的开篇之作是1613年的"游天台山日记"，该文的第一天的第二句话就是**"闻此地菟莵夹道，月伤数十人，遂止宿"**；最后描述腾冲有虎为一六三九年的五月初六日，而此时离《游记》的最后一天—一六三九年的九月十四日，只有不到四个半月的时间。这可能是巧合。但这部《游记》确实是一部虎虎有生气的作品，是中国十七世纪的一部雄风之作。

二、徐霞客虽说是**"穷下上，高而为鸟，险而为猿，下而为鱼，不惮以身命殉"**（吴国华），但他绝不是一个冒失、莽撞、一味蛮干、不计后果、视生命如儿戏的人。他是一位有智慧、有头脑、有计划、稳稳妥妥办事行事的探险家。这从他对待老虎的态度就可知道。在天台山第一天听说老虎月伤数人，马上就停止前进，住宿下来。第二天害怕深山荒寂藏有老虎，走到弥陀庵也就住下了。他坚决不走夜路，以免发生意外。他是十分谨慎的。

在嵩山从少室山主峰下山，见到虎迹后，在草莽中走了五六里，到了一茅庵后，他为了顺利抵达住宿的少林寺，立刻做了两件事：吃饱了饭，并请了庵僧为向导。这么仔细，终于顺利走出峡谷。

在均县听到"虎暴"，太阳还未完全下山，他就停止了前进，住了下来。他用了"竟止坞中曹家店"，也表明是被迫的。

在湖南茶陵云嵝山考察时，听说两年前老虎拖走了云嵝寺的一僧人，从此，虎昼行，山田尽芜。他遇到了一个路人后，听从了他的意见，路人为他找了三个人并携带枪械和火炬，他才去访云嵝寺。途中经过一"虎窟"，徐也没有进去。

柳州登台山有虎，云南腾冲有虎，徐霞客在这两地也没有想到或提出觅虎、观虎的任何要求和意向。

细细玩味，这九次描述虎的场景，可以知道徐霞客为什么历险无数，却能全身而退，最后修成"正果"。我们提倡的是既要有勇敢的大无畏的精神，也要有科学的正确的计划和行事方法，两者缺一不可。现在，对徐霞客的宣传中，讲述前者的多，强调后者的少之又少，必须纠正。

第四卷

黄山·飞天山
嵩山·鸡山

兴酣落笔写山岳

徐霞客旅行和考察了中国数十座名山。今天，根据地学的岩石性质来分类，可分成三大类：火成岩山、变质岩山、沉积岩山。

我们从三大类山中，挑出四座徐霞客在《游记》中描述的各有鲜明特点的山；在《游记》文字的基础上，加上一点现代地质科学的知识，进行赏析成为本书的第四篇。这样做的好处：使读者能更深刻的体会、了解山脉其中的奥妙；同时也会对徐霞客产生更进一步认识。徐在《游记》中，不仅能把三大类山，甚至三大类中的不同的亚类区分开，还能把相同的亚类结合在一起，这是相当了不起的。这四座山是火成岩类的黄山、鸡山和沉积岩类的飞天山以及变质岩类的嵩山。

黄山是火成岩类的花岗岩山。徐霞客旅行和考察过的同类山还有天台山、太华山（即西岳华山）、福建仙游的九漈、南岳衡山、广东罗浮山、山东泰山、福建浙江两省的界山浮盖山等。这类山挺拔秀丽，枫松相间，灿若图绣，徐霞客十分喜欢。他攀登三次天台山；两次黄山，并称"当生平奇览"。

鸡山是火成岩类的古火山。徐霞客旅行和考察过的同类山还有雁荡山、腾冲火山、天台山中的寒岩、明岩等。这类山锐峰叠嶂，左右环间，奇巧百出，有的还有热岩、温泉，加上山中的古刹，徐霞客十分喜爱；雁荡山他也攀登三次，并且登上雁湖顶；鸡山更是住了半年之久，誉为"奇观尽收今古胜"。

飞天山是沉积岩的砂砾岩的丹霞山。徐霞客旅行和考察过的同类山还有天台山中的赤城山、白岳齐云山、武夷山、龙虎山、圭峰、江郎山、飞天山等。这类山有4个特点：峰崖崔嵬、江流奔腾、赤壁四立、绿树上覆。徐霞客对这类山充满了怜爱，在考察龙虎山中的马祖岩的丹霞洞穴后，认为"妙极"，在看到武夷山中的水帘瀑后，认为是"大观"，对飞天山更是誉为"寸土无丽"。

嵩山是变质岩中的石英岩山，是五岳中，徐霞客着墨最多的山。《游嵩山日记》充分表现了徐霞客高兴和喜悦心情。

由于篇幅所限，对于沉积岩中的喀斯特山未专门讲一讲，好在前面讲了不少。这一部分的文章比较长，但有小标题，阅读起来应该是比较流畅的。

这一卷中，具体详细讲了四座山，和前面的第二卷，第三卷介绍景观的内容比较来说，内容是大大丰富和增加了。前面是18杯酒、11瓶酒，那么本卷就是四坛美酒了！每坛美酒，你细细品味，会让您醉在心头。本书安排您欣赏、品读《游记》，从一杯，到一瓶，最后再到一坛，让您从内心感到《游记》真是万斛美酒品不尽啊！

生平奇览数黄山

徐霞客说过这两句话吗

"五岳归来不看山，黄山归来不看岳"。有人说，这是徐霞客先生说的。这两句话的解读只有两个意思。一是黄山是中国的"老大"，即"中国第一山"，二是你在中国看山，只看黄山就行了，其它的山不必看。从《游记》中，不但找不到这两句话，也找不到徐霞客先生有以上两层意思。下面列举4条看法或理由。

1. 在徐霞客生活的明代，除五岳外，还有两岳——白岳（今安徽的齐云山）和玄岳（今湖北武当山），应该是"七岳"。

2. 在明代，在老百姓心目中的"第一山"应该是玄岳武当山。在"游嵩山日记"中，一开始，徐霞客先生就写道："余髫年蓄五岳志，而玄岳出五岳上，慕尤切。……可以兼尽嵩、华，朝宗太岳。"从中，可以看出徐霞客明确认为武当山在五岳之上是玄岳，即是中国第一山。玄岳，即元岳，是明代对武当山的尊称。朝宗是朝见天子的意思。古代诸侯拜见天子，春见叫朝，秋见叫宗。明代皇帝非常尊崇武当山（太和山），所以徐霞客也用此敬语。

3. 徐霞客在《游记》中，对所看到的山岳、河流、瀑布、洞穴、泉水等等常常有比较其短长，比较其特点的文字；也有时列一个"排行榜"，如在考察完浙江金华和兰溪八个洞穴后，就列了一个"排行榜"，但从未对其考察过的某一方面的任何自然景观（如山岳等等）作一个全国的排位或评价。

4. 徐霞客先生在1618年第二次游览完了黄山，1637年正月游览完了五岳中最后的南岳衡山，按着上面的说法，徐霞客1637年正月以后就不看山了，其实不然。在《游记》中，徐霞客先生对每座山的特点和自己的感受都做了描述。

本文下面就分析和欣赏一下徐霞客先生对黄山的描述，看看徐霞客先生笔下的黄山是如此的精彩。

黄山游览示意图

用5个惊叹号把黄山的美景展现在人们面前

徐霞客于明朝万历四十四年（1616年）二月初二日到十一日，用十天的时间游览了黄山，写下了《游黄山日记》。但这次黄山之行，受到冰封雪阻，不少高峰奇境未看见，内心是有遗憾的。因此，在两年半以后的万历四十六年（1618年），时年徐霞客先生33岁。选择秋高气爽的九月，再游黄山。这次从九月初三日到初六日，前后四天（实际三天），比上次少六天，但看的、走的地方都比前一次多，并写下了《游黄山日记后》。本文就以此文来分析一下徐霞客笔下的黄山美景。

徐霞客此文的感情是丰富的，心情是欢愉的。为什么如此？这就是黄山美景深深打动了徐霞客。这篇游记中的5个惊叹号把黄山的自然和人义之美展现在人们面前。

（一）初四日行走在天都峰北边的一线天（石罅）中时，看到"五色纷披，灿若图绣"，被感动，发出了"黄山当生平奇览，而有奇若此，前未一探，兹游快且愧矣！"这次游览的欢快情感跃然纸上。徐霞客从内心发出了"黄山当生平奇览"的评价。这种结合内心感受的评价自然景观的文字在《游记》中罕见。另外，在这一段中写到黄山宛转石间的路用了四个"者"、四个"之"："塞者凿之，陡者级之，断者架木通之，悬者植梯接之。"从中看到了他的"游快"。

（二）初四日，到达文殊院时，他写道："左天都，右莲花，背倚玉屏风，两峰秀色，俱可手揽。四顾奇峰错列，众壑纵横，真黄山绝胜处！"徐霞客这次被黄山的奇峰和沟壑感动。看黄山的绝胜处就在能观奇峰错列，众壑纵横的文殊院。这是对文殊院的赞美，更是对黄山风景的赞美。现在有人说："不到文殊院，不见黄山面。"和徐霞客的见解完全一致啊！

（三）初五日，在攀登莲花峰时，听隔峰一僧高呼曰："此正莲花峰也！"因为此时徐霞客是处在"陟而磴绝，疑而复下"的关键时刻，这一声大叫犹如"山穷水尽疑无路，柳暗花明又一村"的指导。徐霞客写游记时情不自禁的又写上了一个感叹号！徐霞客被僧人的美好的人文精神所感动。

（四）初五日，徐霞客在攀登莲花峰时，心情十分轻松，高兴。他写道："乃从石坡侧度石隙，径小而峻，峰顶皆巨石鼎峙，中空如室。从其中叠级直上，级穷洞转，屈曲奇诡，如下上楼阁中，忘其峻出天表也！"黄山是座花岗岩山脉。在花岗岩山中，由于风化作用，崩塌的岩块大小不一，崩塌的时间不一，滚落下来，会形成许许多多、级数不同、形状不同的花岗岩洞，就像我们人类建筑的多层楼阁，十分屈曲，奇诡，有人称为"迷宫"。人们在里面攀登时，转来转去，上上下下，巨石叠累的洞又时大时小，攀登时是困难的又是有趣的。徐霞客不知不觉在下上之间就攀登到黄山的最高峰了，真是喜出望外。

（五）初五日，在狮子林的石笋矼的顶峰倚松而坐，写道："坞中峰石回攒，藻绘满眼，始觉匡庐，石门，或具一体，或缺一面，不若此宏博富丽也！"他鸟瞰黄山，无数的山峰和无数的景石攒凑在一起，像彩画一样的景色尽收眼底，这才觉得半个月前刚刚游览的庐山以及石门，有的只有黄山的一种景观，有的欠缺黄山的某一种景观，都不如这里宏大、广博、丰富和壮丽！这是此文中，第二次说黄山像一幅图画——"藻绘满眼"；第一次也是下瞰，说黄山"灿若

怪松盘盖

徐霞客有两篇《游黄山日记》，对黄山松进行了精彩的描述，一共五处，共同欣赏。他在日记中，对黄山松进行了精彩的描述，一共五处，摘引如下：

其一，一六一六年二月初六日，『……绝巘危崖，尽皆怪松悬结，高者不盈丈，低仅数寸，平顶短鬣，盘根虬干，愈短愈老，愈小愈奇，不意奇山中又有此奇品也！松石交映间……』这里松生长在悬崖峭壁上，树不高，树冠是平整的，松针是短的，树干苍老，成为黄山这座奇山中的奇品。松与石交相辉映，其二，『……上有怪松盘盖。』徐霞客和其旅伴浮阳踞其上，而浮阳踞大项相对，各诱胜绝。』

余侧身跻踞其上，赞美此处的风景之妙。笔者去黄山旅游也曾坐在迎客松上照了相。徐霞客说这里的松和上面一样，怪松，并且很大，盘盖，可以人坐其上，其三，『……循之西，崖忽中断，架木连之，上有松一株，可攀引而度，所谓接引崖也。』真是如此。当地流传：『不到信峰，多奇石怪松……』徐霞客写到了始信峰的接引松，并认为这里多奇石怪松。

始信峰上奇松成林，奇松荟萃。你看，徐霞客见黄山松』。『不到始信，不见黄山松』。当地流传：『

一天之间三次写道黄山松，用词分别为怪松悬结、怪松盖、多奇石怪松分别说明了松树生长环境，松树树冠盖上，相对而坐，赞美此处的风景之妙。笔者去黄山旅外，还有探海松、黑虎松、连理松等等。用词分别为怪松悬结、怪松盖、松树树冠大、松树多，多奇石怪松分别说明了松树生长环境，松树树冠盖。『……下瞰峭壑阴森，枫松相间，五色纷披，烂若图绣。』秋天的黄山是五色灿烂的，主要是枫树和松树的色半一峰突起，上有一松，裂石而出，巨干高不及二尺，其根穿石上下，几与峰等，所谓『拢龙松』是也。『其五，一六一八年九月初四日，『初七日，……坞斜拖曲结，蟠翠三丈余，彩形成的。

徐霞客无论是冬游、秋游黄山，对黄山松投入了很多的观察，特别是其生态环境，往往是与石和所处地理位置连一起描写的。

图绣"。第二次是指黄山的山峰和景石，第一次是指瞰峭壑和枫松。

五个惊叹号就是黄山的五个美景带给徐霞客的感动。一是黄山的色彩。黄山是五色纷披的，灿烂得像一幅图画，又像一幅绣品。徐霞客用绣表明了黄山的精致。二是黄山的"绝胜处"是"奇峰错列，众壑纵横"。人们欣赏黄山往往是看峰（黄山有72峰之称），很少有人提及壑即沟。这就是徐霞客欣赏、观察的独到之处。三是对僧人的赞美。徐霞客的旅行、考察没有僧人的帮助和支持是根本不可能完成的。四是展现了黄山花岗岩洞的生动和有趣，也充分显示

狂叫欲舞

奇松、怪石、云海、温泉被誉为「黄山四绝」。实际上，这种说法是捡了芝麻，丢了西瓜。黄山之峰、黄山峰林，才是黄山最突出的特点，即便一绝，也应是黄山峰林。黄山花岗岩峰林地貌是中国最典型、最具观赏性的景观。郭沫若先生在其《黄山之歌》中写道：「奇峰虽云大小七十二，实则七十二万尚有奇。八百里内形成一片峰之海。」郭老称为「峰之海」。《游记》中，徐霞客先生对黄山之峰给予了特别的关注，1616年2月他第一次冒雪登黄山，用4天写有黄山之峰，初二日……北望黄山诸峰，片片可摄，初三日……疏……宛转随溪，群峰环耸，木石掩映，初六日……过慈光寺，从左上。……急木茸茸中，仰见独峰独巍然上挺。……前海之前，天都、莲花二峰最峻。……石峰环夹……入一庵，曰狮子林。……则乱峰列岫，争奇并挺，初七日……急由石笋矼北转而下，正咤日峰头所望雪森阴径也。群峰或上或下，或巨或纤，与身穿绕而过，俯窥辗顾，前六天中步步生奇，但堅深雪厚，一步一喘。他是二月初二日进黄山，十一日高黄山，前后六天中除初四日，在寺中听雪溜，初五日，游兴不高未远游外的其余四天都写了黄山之峰，他用的是黄山诸峰，群峰盘结，乱峰到岫，群峰或上或下等等，总结为一个词「群峰」，对群峰的构造，排列、美丽（如玉）形态都做了描述。特别是天都、莲花两峰现在测定，莲花峰海拔为1864米，前后三天，从初四到初六是黄山峰中最高的两座山峰。

1618年9月，徐霞客第二次游黄山，前后三天，他前两天把重点放在观察黄山之峰。他认为第二次游黄山，看见了山下的另一世界。初五日，他又登上莲花峰顶。写道：「其巅廓然，四望空碧，即天都亦俯首矣。益是登者。左天都，右莲花，背倚玉屏风，两峰秀色，俱可手览。四顾奇峰错列，众壑纵横，真黄山绝胜处！非再过，焉知其奇若此？……历险数次，遂达峰顶。万峰无不下伏，独莲花与抗耳……下盼诸峰，时出为碧峤，再眺山下，则日光晶晶，别一区宇也。徐霞客把黄山放在第一。他把黄山奇峰放在第一。他登上莲花峰顶看见了「万峰」和「诸峰」。他把峰居黄山之中，独出黄山诸峰，四面崖壁环耸、四面看，徐霞客在莲花顶见到黄山诸峰上，就像现在年轻人见到心仪的男女明星一样，是狂叫比现在年轻人的尖叫还高一档次，不仅叫，肢体也想舞。太激动了！感动他的是顶上四面峰壁环耸、朝阳雾色。第二次他游黄山就是看完天都，莲花两峰之后，第三天就下山了。笔者赞同徐霞客的游法，您游黄山，千万不要忘记了黄山之峰，图片是黄山之峰的大场景，从中还是可看出黄山之峰的大气磅礴！

了徐霞客的地学修养。他描写花岗岩的裂缝"**径小而峻**"，花岗岩洞是"**中空如室**""**叠级直上，级穷洞转，屈曲诡诡，如下上楼阁中**"，生动无比。五是用"**宏博富丽**"四个字来总结黄山美景带给他的感受。

现在，我们形容黄山之美往往用"**奇松、怪石、温泉、云海**"四奇来概括；而徐霞客描述黄山之美选用的是"**枫松、峰壑、僧人、岩洞**"。两者是不同的。读者会问谁对谁错，谁更接近"标准答案"。在此，笔者要强调一点，审美是没有统一的答案，更没有标准的答案。游山、赏山是个人的审美行为，每一个人由于时间、爱好、阅历、心情等等是不同的，不可能也不会有统一的答案。就说现在游黄山，由于时间和经济的限制，享受温泉的游人是不多的；由于天气的条件，即使你想看云海，往往也不能如愿。所以对于通用的黄山四奇，一般人大都只能欣赏到两奇：奇松和怪石。笔者游览黄山用了两天。在光明顶的黄山气象站还住宿过一夜，以便第二天看云海，但第二天天气条件限制，云海并未看到；上山时经过黄山温泉正是早上，不是泡温泉的时间，也未泡温泉。黄山之美在笔者亲历后只有两样景观记忆深刻。一是林荫下蜿蜒曲折伸向远方的登山小路；二是山峰。上下黄山我未坐缆车，两个白天都是在这条小路中度过。小路上方的蓝天被林荫遮住，只有不多的很细小的光柱，透过树叶的缝隙照射下来，是那么柔和可爱。小路上是安静的，可听到微风不时吹过树林发出沙沙之声，还有无名山溪发出的潺潺流水声，更有那漂亮鸟儿唱出的歌儿。这些大自然之声合成的"黄山之曲"，让人心醉，使我这个独自上下黄山的游人始终不感寂寞，并且从内心生发出感动。行走在这山路是幽静的但又不是单调的，每走一步所见景象是不同的，步步生奇。进山不会不看山，不登山，尤其是我们学地学的。在黄山，笔者最难忘的经历是亲自走了天都峰险峻的鲫鱼背，又刺激又兴奋！众多黄山之峰的绚丽无比的变化是黄山之美的第二个所在。你看，笔者的黄山之美只有"**山路、山峰**"。这丝毫没有贬低黄山的意思。正如不同的人评价一个美人时，可以是多方面的，也可以是集中在一个方面。

徐霞客惊人的地学修养

在风吹、日晒、雨淋、冰蚀等外力地质作用的物理风化、化学风化以及生物风化的共同作用下，整体的花岗岩，就沿着岩石的节理（即裂缝）由大块的岩石逐渐风化为中块、小块甚至于粗砂。由于岩石结构的特点，花岗岩风化的

泉声沸然

这是黄山九龙瀑。1618年9月初六日，徐霞客第二次游黄山，是以九龙瀑为最后一个景点。他写道：「洞中泉声沸然，从石间九级下泻，每级一下有潭渊碧，所谓九龙潭也。又下五里，过苦竹滩，转循太平县路」向东北行」。黄山九龙瀑确实是壮观的。笔者1987年考察黄山时，下山未坐缆车，一直从山上的光明顶步行到云谷寺，然后往南走大约20分钟左右就看到了九龙瀑。今天，对照这张照片又勾起我不少美好的回忆。

特点是"球状风化"。球状风化有以下两个特点：一是在风化的过程中，大自然作用的"神手"就像我们人类在剥大白菜一样，从外到里，一片一片地剥下来；二是在风化的外貌上花岗岩石头呈现出圆球状的外形。

徐霞客当时不可能知道"花岗岩"，更不可能知道"球状风化"。但是，在他的笔下却对花岗岩的球状风化写得十分生动。在初四日，行走在天都峰北的一线天时，看见**"石峰片片夹起，路宛转石间"**这"石峰片片"中的片片，多么形象。今天把这三片石头称为**"蓬莱三岛"**。最后下山时，他写道**"岭尽北下，仰瞻右峰罗汉石，圆头秃顶，俨然二僧也。"**把花岗岩的球状风化的外貌写得太生动了——"圆头秃顶"！在三年前游黄山时，徐霞客对花岗岩球状风化形成的奇石也是十分注意的。他写了鲤鱼石、秃颅朝天、达摩面壁等景石，特别写道："海螺石即在崖旁，宛转酷肖，来时忽不及察，今行雨中，颇觉其异，询之始知。"在此文中还写到花岗岩的物理和生物风化作用——"坞半一峰突起，上有一松，裂石而出……其根穿石上下，几与峰等，所谓'扰龙松'是也，"以及花岗岩的崩塌——"越石久之，一阙新崩，片片欲坠，始得路"。

徐霞客不仅写了花岗岩的球状风化、崩塌等，还写了黄山花岗岩洞景观。徐霞客对花岗岩洞的观察和描述，充分证明了他有地学家的眼光。花岗岩洞是

黄山石刻

这是笔者游黄山时拍下的，书法作者为清代道光年的一位岭南的将军。他认为黄山为第一山。传说徐霞客说过：『登黄山天下无山』，至少有下面9座。

照此讲法，中国的第一山是不少的，传说，汉武帝派大臣东方朔给天下山川授名，他见今福建的太姥山景奇绝，就信笔提了『天下第一山』。江西庐山：唐代大诗人白居易认为江西的庐山最美，他说：『匡庐奇秀甲天下山』。安徽九华山：唐代另一位大诗人刘禹锡则认为九华山一见惊魂魄，自是造化一尤物。桂林山水甲天下：宋代名文人范成大公开写道『桂林之千峰，皆列旁无延缘，悉自平地崛然特立，玉笋瑶参，森列无际，其怪且多』如此诚当为天下第一。湖北武当山：宋代书法家米芾为其书『第一山』，是地地道道的第一山。浙江雁荡山：北宋沈括则誉称『雄伟奇特甲于全球』。近代著名改革家康有为则誉为『天下奇秀』。江西井冈山：朱德元帅把江西井冈山誉为『天下第一山』。山东泰山：孔子说『登泰山而小天下』；杜甫则发出过『会当凌绝顶，一览众山小』的感慨；汉武帝登上泰山后用了八个字——高、大、特、壮、荆、骏、惢矣！福建武夷山：『不及武夷一小丘』并引起轩然大波，实际上，中国的山是各有自己的特点，自己的风韵，自己的位置的。总之，中国是一个千峰竞秀的国土。

花岗岩山的重要的景观之一。笔者到过的安徽的天柱山、浙江的普陀山、河南的嵖岈山、陕西的终南山、福建的鼓山、广西的西山等等，都有引人入胜的岩洞。至今，笔者认为对花岗岩洞描写得最到位的还是徐霞客。徐霞客在"游九鲤湖日记"中，对福建九漈花岗岩洞的3处描写：1"梅洞在祠前，驾大石面成者。有罅成门，透而上"，这里的驾以及罅、透（即穿）三个字把这个大石形成的洞写得多具体；2"其旁崩崖颓石，斜插为岩，横架为室，层叠成楼，屈曲

石峰片片

徐霞客在描述黄山山峰的岩石时，用的是『片片』。1616年2月初二日，第一眼见到的黄山诸峰，是片片可攀。黄山峰的岩石，好像是一片片从地上拾取攒成的。初七日，他又写道：『越石久之，一阕新崩，片片欲堕，始得略。』这里是写花岗岩风化，也是一片又一片的岩石欲堕落。在前面他也写道：『忽前洞乱石纵横，路为之塞』。在山谷中，由于风化堕落下来的岩石很多（纵横），把山谷中的路都阻塞了。越过乱石，走了很久，这里岩石仅是欲堕，才开始找到路。总之，黄山的岩石是一片一片的，不管是山峰，还是堕落的岩石。1618年9月初四日，过了两年半，他第二次进黄山写道：『行石罅中』。石峰片片夹起，山峰仍然是片片。这片片证明了，徐霞客良好的地学修养和敏锐的观察力。黄山这种花岗岩山，由于岩石中存在着大量的节理（即裂缝）经过日晒风化雨淋等物理和化学的风化作用，还有生长在其上的生物的风化作用，使得其岩石是一片片的。照片上是安徽天柱山的山峰。天柱山和黄山一样，也是中国著名的花岗岩山，你看了这张照片，就仿佛看到了黄山以及中国一切花岗岩山峰的特点。

成洞。"你看，徐霞客把花岗岩洞分成岩、室、楼、洞四个类型，并给出了定义；3 "果一石洞嵌空立。穿洞而下，即至半山亭。" 又是一个石洞，又穿洞而行，说明徐霞客对花岗岩洞这种景观是很感兴趣的，几乎是逢洞必穿或透。徐霞客在"滇游日记九"中对云南的一处花岗岩洞描述时写道："僧指其下有仙洞，……遂导而行。其洞乃大石叠缀所成，乱崖颠磕，欲坠未坠，进处为罅，覆处为洞，穿处为门，门不一窍，洞不一层，中欠宽平，外支幽险，若叠级架板，亦可幽栖处也。" 在大西南的考察中，徐霞客对花岗岩洞仍是充满兴趣的，在"无可攀登"的情况下还探此洞。

　　《游记》是描述大自然的，文字写得很美。徐霞客描述的主要是地学景观。《游记》从本质上来讲，是一部文学性很强的地学著作。读《游记》一定要学习一点地学知识。这样，在阅读中你会获得更多的快乐！

寸土无丽飞天山

寸土无丽

1637年四月十一日，在《楚游日记》中对今湖南郴州境内的飞天山景区的描述是：『江口诸峰，俱石崖盘立，寸土无丽。』第二天的四月十二日的中午，他写道：『余揽山水之胜，过午不觉其馁。』到了当天晚上，他又写道：『是晚素魄独莹，为三月所无而江流山色，近映合，苏东坡承天寺夜景，不是过也。』你看，对飞天山景区三部曲：先是江山秀丽，每一寸土地都是美丽的；其次是这如武夷山风光的山水之胜，使人吃了一顿精神美看，山水的胜景使人到了吃饭的时间也不感觉到馁；最后是苏东坡留下的千古传诵的承天寺夜景，也不会超过今天晚上我在湖南便江看到的江流山色。笔者，2009年考察了飞天山景区，拍下了这张照片。中间是江流，夹江之两涯，山石赤丹，造型各异，照片上右岸的鲁迅峰惟妙惟肖。至今，我对这清秀的风景难忘。

江翠人美

飞天山之美，很大程度上依赖于翠江，共同组成了丹霞地貌的『碧水丹山』。翠江和武夷山的九曲溪不同，更大气、更壮阔，更令人心旷神怡。九曲溪的竹筏漂流令人难忘；但你看这湘女竹筏过翠江，令人心艳。21世纪了，这最原始的、古老的交通工具，居然仍在运用，多么环保又多么美啊！红衣湘女，小小竹筏，竹筏划起的细浪，水中的倒影，以及流动的翠江，组成了一幅江翠人美的画面。我感谢上天给了我这么一个精彩的瞬间，并且能有幸用相机记录下这一刻。这个画面您可以根据自己的经验命名，如『湘江情』、『醉在翠江』、『欢乐的浪花』等等。笔者认为这是一幅难得的照片，可惜相机差一些，不够完美。

寸土无丽的地方

有人会问徐霞客旅游、考察了中国这么多的山水风光，在《游记》中，他认为中国最美的山水在那里？笔者把《游记》中，描述山水的部分，特别是一些著名的风景区的文字，阅读了N遍，并且是仔仔细细地读和"找"，发现徐霞客是一位十分严肃和认真的伟大的旅游者，在《游记》中找不到所谓"中国山水之最"或"第一"，也没有对中国山水进行的排位比较。但这不等于说，他对中国所有的山水是同等看待的，是没有偏爱的。他在《游记》中描写到具体山水时，不时会流露出自己的爱好和看法。如对桂林山水，他没有用"桂林山水甲天下"，而用了许多令人赏心悦目的词汇，如山峰是"离立献奇"、"如出水青莲，亭亭直上"；其风景"蜚晶漾碧，令人尘胃一洗"、"令人应接不暇。……不免目有余而足不及耳"等等。从这些描述中，你应该觉得桂林山水多么美好啊。他用了两个"令人"：一个是令人尘胃一洗，一个是令人应接不暇。前者感到空气清新，后者感到美景看不过来，这比单纯写之最或甲天下，应该是进了一步。你说，是吗？

桂林是人所共知的好山水。湖南郴州的飞天山和翠江，你如果不仔细阅读《游记》，或不懂一点地学知识，是很容易把近400年前，徐霞客先生认为是寸土无丽的风景区漏掉。

1637年农历四月十一日，在《游记》写道："（飞天山）江口诸峰，俱石崖盘立，寸土无丽。"

徐霞客竟给予了这么高的评价。第二天，四月十二日，他又写道：

"重岩若剖，夹立江之两涯，俱纯石盘亘，倏左倏右，色间赭黑，环转一如武夷。……余揽山水之胜，过午不觉其馁。"

这两段文字，有三层意思。其一，这个地方的山水达到了每一寸土地都是美丽的，没有一寸土地不美丽，说明美的密度达到百分之百。这是多么高的评价啊！就像说一个人没有一个地方不美丽，那就是说他（她）的脸美、眼美、鼻美、嘴美、牙美、手美、腰美、腿美、足美，也就是完美啊！其二，这个地方的山是纯石无土，色彩是红与黑相间，和福建的武夷山差不多，很像。其三，这个地方的山水之胜，即山景水景，竟然使徐霞客这位见多识广的旅行家连肚子饿都感觉不到！

在《游记》的召唤下，笔者于2007年9月，专程到这个风景区——湖南郴州的翠江和飞天山（现在已经是国家地质公园所在地）考察。结合《游记》，把这个"寸土无丽"的"山水之胜"介绍给读者。

江流奔腾

丹霞地貌这个名词是由中国著名地质学家冯景兰先生第一个提出的。1928年，他在『广东曲江仁化南雄地质矿产』一文中，对这种地貌总结为『峰崖崔嵬』江流奔腾『赤壁四立』绿树上覆』。这张照片是笔者在翠江的游艇上向岸边的山拍摄的。这张图片把丹霞地貌的这四个特点表现得淋漓尽致。每一个特点都能找到。绿树上覆，人们简称为戴了一顶绿帽子，这张图片上的绿树多清晰啊。碧水丹山太清晰了，您有机会，请一定到那儿去欣赏欣赏。

赤壁丹崖飞天山

飞天山是丹霞地貌。丹霞地貌有四大特点：①岩石是红色的，古代文人用"色如渥丹，灿若明霞"来形容，这也是丹霞地貌名称的来历；②岩石是陆相沉积（即岩石是沉积在陆地上的湖泊和河流之中形成的）的砂岩、砂砾岩、砾岩粉砂岩等；③成岩是在距今6500万年到1.35亿年之间的地质上称为中生代的白垩纪形成的；④外形是"赤壁丹崖"，即"顶平，身陡、麓缓"的独特外形。中国有许多著名的风景区都是丹霞地貌，如广东韶关的丹霞山、福建的武夷山、江西的龙虎山等等。

丹霞地貌是现代地学名词，作为400年前的徐霞客能够观察出飞天山和武夷山是同一类山，并且指出岩石色彩是红与黑（这黑实际上是表面岩石由于风化作用，或者是藻类而造成），可以说徐霞客有着敏锐的地学观察能力。实际上，徐霞客考察过的丹霞山是不少的，除武夷山外，还有浙江江郎山，安徽齐云山，江西的龙虎山、圭峰，天台山的赤城山等等。他来到飞天山就像见到老朋友，观察到这里的山岩有两个特点，其实有四个特点。

其一，石壁直立，即"身陡"，十分雄伟。他写道："**岩在江北岸，西南下瞰江中，有石崖腾空，上覆下裂，直滨江流，**"一大片赤壁从空中（腾空）垂直插到江中，直滨江流，多么雄伟。其二，石壁中有佛龛。当地把这个岩壁称为"观音岩"，建有佛阁。他写道："**叠阁两层，阁前有洞临流，中容数人，由阁右悬梯直上，袅空掛蛛，上接崖顶，透隙而上，覆顶之下，中嵌一龛，观世音像在焉**"。我考察时在岩壁的洞穴中，不仅看见了洞中的寺庙，而且还看见洞中有船棺。这是我在考察福建武夷山和江西龙虎山之后，第三次在丹霞岩壁中看见船棺。其三，江岸的一个长方形的山丘，当地叫石面坦，或者晒布岩。山顶上长满了植物，像戴了一顶绿帽子；两旁的坡几乎是垂直于地面90度，呈现出裸露的岩壁；景石的侧面十分像一个人头，鼻子眼睛、嘴等都惟妙惟肖，当地人称为"石面坦"。这个石像的两侧即石壁上有非常明显的垂直的槽沟，一条挨一条非常壮观；在武夷山，这种景观称为"晒布岩"（像一匹匹布一样）或"仙掌岩"（像仙人的大手掌上的一根根手指）。在飞天山，当地人也有叫"手指岩"的。这实际上是下雨时，片状流水侵蚀而形成的槽沟。石面坦上有清晰的摩崖石刻。这一景观，《游记》没有。笔者估计，徐霞客先生当年仅仅是坐在船上，没有上岸，所以没有看

赤壁直立

这是笔者在翠江游艇上，请游艇暂停拍下的一张十分难得的精彩图片。石崖是红色的，直立在人们眼前。『石崖腾空，上覆下裂』，直滨江流』。请注意图片的左下角，在赤壁中嵌进去了一个巍峨的寺庙。正如徐霞客先生在《游记》中描述的：『叠阁两层，阁前有洞临流』。徐霞客先生把这种景观称为『异境』。

丹霞地貌是一种沉积岩地貌，图片中岩石的沉理多么清楚，沉理中由于抵抗风化的能力不同，形成了沿沉理延伸的扁平的岩洞。笔者看到的船棺就在洞中。由于笔者带的是傻瓜相机，所以无法拍到船棺。

到这一景观。所以说，智者千虑也会有一失啊！何止一失，飞天山的山岩还有一重要景观，这就是其四，天生桥。当地把天生桥叫"穿坦"。这"坦"可以理解为"岩"。为了看此桥，步行近一个小时。此桥号称"中国丹霞第一桥"，长约50米，宽30米，桥洞又高又大。桥的周围是一片繁茂的森林。我们眺望此桥，十分惊叹大自然的杰作。

上午，我们看完了飞天山的山。这湖南的丹霞山，由于是在美丽的翠江之中，显得更加楚楚动人，更有风韵。我们不仅看到了徐霞客看到的腾空的石崖、临流的佛阁；而且还看到了徐霞客没看到的洞中的船棺、雄伟的石人、凌空的虹桥。这就是时代的进步啊！后一代人的视野和认识总是在不断的深入，不断的扩大，我们今天读《游记》也是如此，首先要学习和继承；其次，更要把新的东西，新的内容补充、完善进去。这样的品读，更是阅读者需要的。对飞天山到此告一段落。

令人心醉的翠江

我们是在翠江边上的翠楼饭店吃的午饭。这个在翠江边上的水中饭店，外表是船的造型，很吸引人，笔者站在此眺望这开阔美丽的翠江、挺拔俊秀的飞天山，感到山水竟有这般美丽、这般沁人肺腑；真是体会到"揽山水之胜，过午不觉其馁"。

郴州的江水有郴水、东江水、翠江。这三条江水的关系是郴水在往北流的过程中接纳了东江水后，两水合二为一称为翠江，翠江就是湖南最有名的湘江支流未水的上源。翠江在当地又作便江。这条江叫翠江是名副其实的，其美在"江流山色"，或称为"碧水丹山"。福建的武夷山也是碧水丹山，但武夷山的水仅仅是九曲溪，而翠江是一望无际的，江面更加开阔，能够感觉到江流，而九曲溪感觉不到江流。翠江两岸的山是连绵的，更有山的气势。

下午走进翠江，进行水上游翠江，揽水之胜吧。吃完饭，正准备离开时，我看到了至今难忘的精彩的一幕。一个很小的竹筏从对岸向我们这岸划来，小小竹筏十分轻巧，只能坐一二人，一个人划，这竹筏走得不慢，仅十分钟左右就上岸了。上岸后，我才看清是位长相清秀的湘妹子。她熟练地把竹筏系在岸边，然后打着太阳伞，去办事去了。她在翠江碧绿的水中划竹筏，是我难忘的十分优美的画面。我赶紧拿出照相机，照了两张。回京后冲洗出来，感觉不错，美中不足的是距离太远了，看不清这位湘妹子的美丽，应该近一些更好。风景区的人文景观是值得我们重视的，"人面桃花相映红"的画面，总比只有桃花无人面的更能感动人，更能引起人内心的共鸣。这翠江真如一位清秀的湘妹子啊！

我们坐的是一个4人小游艇，行驶很快，在翠江的江面上"犁"出道道的白波，向两旁飞溅。我看见山水是如此美妙地融合，山水合二为一，是如影相随的。山在岸，江在中；江随山拐，山立水绕。这江水是如此清澈，波光粼粼，仿佛是绿绿的翡翠的闪光，故起名叫翠江。这翠江是东江、郴江交汇于此，是湖南湘江支流耒江的上源。为此，我真正体会到了"山清水秀"！体会到水的妩媚！体会到迷人风景！

至今为止，笔者考察、旅游过的江河，湖南的翠江和重庆武隆的芙蓉江，应该算是中国最美的两条江。这两条江所在地也是中国出美女的地方，是湘妹子和重庆妹子的所在地！正所谓地灵人杰。水好在于环保好！我们应该下大功夫、下深功夫，保护好我们的山川，我们的山川之胜，使美丽中国一直美丽！

我们从翠江上岸后，对这里的风景真是依依不舍。陪同我考察的郴州国土局的王局长又请司机开车在岸上丹霞山脉之中转了十多分钟，才走上大路，向郴州市驶去。十分遗憾，我们都有安排，无法在此过夜。1637年的4月12日，徐霞客在江上过夜，写下了一段优美文字："是晚素魄独莹，为三月所无，而江流山色，树影墟灯，远近映合，苏东坡承天寺夜景，不是过也。"我们在现今快节奏的生活中，已经体会不到月光映照下的江流山色、树影墟灯的宁静的旷野之夜了。如果有机会，我们一定醉在翠江。现在，把写月夜的美文，苏东坡的《记承天寺夜游》一文，引在下面，供读者欣赏。

元丰六年十月十二日夜，解衣欲睡，月色入户，欣然起行。念无与为乐者，遂至承天寺寻张怀民。怀民亦未寝，相与步于中庭。庭下如积水空明，水中藻、荇交横，盖竹柏影也。何夜无月？何处无松柏？但少闲人如吾两人者耳。

本文写一〇八三年十月十二日夜，苏轼和张怀民两人在承天寺庙中的庭院中散步。庭院中的月光如一泓积水那样清澈透明，水中藻、荇纵横交叉，那是绿竹和翠柏的影子。徐霞客也是在12日，月光应该差不多，但是在江中，月光更加晶莹，不仅有树影，还有墟灯；由于是在江上，空间比承天寺更加辽阔，远近的景色都反映在江中，所以，胜过了承天寺夜景。

霞客想游未游成的万华岩洞

实际上，徐霞客到郴州的主要目的是两个。一是考察，游览被道教称为"天下第十八福地"的郴州乳仙宫，并谒苏仙。苏仙是中国非常著名的神仙，孝敬母亲，为人造福。《游记》中对苏仙做了详细记载。第二个就是考察、游览郴州的万华岩。这从《游记》可知，一六三七年四月初十，抵达乳仙宫；十一日，考察苏仙遗址；十二日，旅游飞天山和翠江。而在四月初九日，他从今郴州市南部的高云寺出发欲游万华岩。他事先知道万华岩就在坦山附近。他来到坦山时，问附近的村民坦山在什么地方，村民说，这里就是；又问万华岩在何处，村民说，不知道。徐霞客在此"徘徊四顾，竟无异处"，只好带着失望的心情离开了。其实，万华岩和坦山相距很近；当时正值明朝末年，兵荒马乱，加上当时旅游尤其是探洞远未普及，故当地人不知道也很正常。今天，万华岩不仅是湖南也是中国的名洞。笔者带领读者去看一看，徐霞客当年想游而未游成的湖南郴州万华岩洞的景观。

　　进入万华岩景区，就是人工建造的美丽的柱廊、回廊，廊柱上还有不少生动的艺术雕刻。走出回廊就到了洞口，紧靠洞口有一落差达50米的瀑布从万华岩所在的山中飞流而下，声势浩大，透过瀑布水帘，可见到南宋理学家张南轩题刻的"万华岩"三个大字。由此也可见其在宋代已很有名。笔者从前洞口进洞一直游完从后洞口出来，全程2千多米，费时约1个半小时。考察完后我写了一个笔记，万华岩有以下6个特点：①万华岩是一个廊道式的水洞，洞中有地下河，是一个"朝气蓬勃"的洞；②洞中可以乘坐橡皮筏进行洞穴漂流是其特点，漂流距离达到1800余米，这在中国洞穴中是十分罕见的；③洞中的次生化学沉积物有三处很有特点（一是"石蛋生笋"。一个在直径1.2米的花岗岩砾石上，生长了一个高1.8米的石笋。两者构成石蛋生笋。这是由两种不同岩石共同形成的奇观；二是"水下晶锥"。在洞中水池中生长发育了方解石的晶锥体；三是"边石坝群"。洞内有九处边石坝群，最大的一处面积为5000平方米，最深的边石坝达6米）；④万华岩的地下河水量不小，水声很大，从一支洞流出（支洞未开发）；⑤万华岩从洞穴漂流的源头再往前走，还有1400米没有开发（这一段有一些景观，尤其是出洞口是一个很大的天坑，十分壮观；和辽宁桓仁的望天洞相仿。如果游人不走完这一段是很遗憾的）；⑥万华岩的入洞口即前洞口有"南宋天下第一劝农碑"，出洞口即后洞口有太平天国时在洞内砌的城墙，这两处文物很有历史价值。万华岩给人的感觉是"山青、水秀、洞幽、气爽"，是旅游的好去处，也是郴州飞天山国家地质公园的重要组成部分。

每个时代都有自己美丽的风景

有些人很悲观，说徐霞客看到的山水比现在的美；原因是那时污染少，有些地方完全没有污染，山水都很干净，很原始，像刚刚出水的芙蓉，所以他的笔下也很美。这个观点只有部分是对的，有些古代美丽的风景由于自然的风化，还有人为的破坏，我们确实见不到了，如广西天等县的百感岩，被徐霞客誉为**"西来第一，无以易此"**，是中国西部第一洞，这是十分肯定的；内部**"蔚然大观，如龙宫峨阙"**；**"割其一脔，即可当他山之全鼎"**，只要拿洞中一小块景观，就可抵得上其它洞的全部最漂亮的景观。就这样一个洞，"文革"时，某军分区派民兵将洞内千百万年形成的漂亮的钟乳石炸掉，扩宽，准备用作仓库，最后也未成功，却把大自然留给人类的珍贵遗产给彻底毁了。这仅仅是问题的一方面。但随着时间的推移，我们又发现了许多精彩的新的景观，甚至超过了过去的景观，如广西新发现的溶洞巴马水晶宫其精彩程度应该超过了百感岩。除了发现外，我们还建设了一些古代没有的山水景观。所以，我们今天看到的山水之美不一定比古代差，有些地方还更美。每个时代的风景，都有自己的特点。

郴州这个"寸土无丽"的地方，有两个徐霞客时代没有的精彩风景，应该介绍给读者。一个是新建的大型水库——东江湖；一个是新开发的溶洞——兜率岩。

郴州市最大的湖就是资兴境内的东江湖。东江湖实际为人工建造的一个大型水库。笔者游后有五个感受：①是大，其水面达到160平方千米，有28个杭州西湖大，水量达到81.2亿立方米，这个湖只能用"烟波浩渺"来形容；②是清。湖面波光潋滟，湖水晶莹剔透，水质达到国家一级饮用水标准；③是美。湖区岛屿星罗棋布，姿态各异，湖周峰峦起伏，群山叠翠；④是雾。从东江湖面景区门楼到东江大坝的12千米，又称为小东江。每年的4～10月，太阳出来前和落山后，在这12千米的狭长的湖面上都能见到雾。笔者9月14日下午游完兜率岩经过此地时就见到了大雾，是垂江的大雾，应该叫"雾海"。中国能看见"云海"的地方并不罕见，可是能看到"雾海"的地方却十分少见。这雾的形成就是这广阔湖面上的水汽和阳光下的热流相交汇形成的；正是因为如此，这里的雾才发生在日出和日落的前后。这雾给人以朦胧的感觉，十分美丽，不禁使人想起了秦观的"雾失楼台，月迷津渡"的词。⑤是漂。东江湖最南端能进行漂流，这就是东江漂流。东江漂流全长28千米，落差75米，途径108个险滩，最长的险滩长百余米；最刺激的是中国罕见的人工漂流滑槽，长336米，平均坡度5度。漂流而下，两岸表山叠翠，怪石林立，不仅给人以刺激，还给人以美的享受。由于这里湖光山色，环境优美，被不少人称为"中国生态旅游第一漂"。东江漂流用的不是竹筏是橡皮艇。

小岛巨洞：兜率岩。在郴州市东北的资兴境内有一个面积达160多平方千米（相当于5个武汉的东湖大）的东江湖（水库），湖中有个岛，岛上有个洞，还有个寺，叫兜率寺；因此，这个岛和洞都以寺命名，分别叫兜率岛和兜率洞。要游览这个兜率洞，需要坐船前往。一声长鸣，船开动行驶在湖中时，阵阵凉风袭来，在这秋初还感到几分凉意；再向湖中眺望，远处雾茫茫，近处很开阔，望不到边际。

两岸的青山是那样青，湖中的水是那样秀，好一派有灵气的青山秀水；这东江湖是湖南著名的湘江上源之一。行驶了大约20分钟，我们上岛直奔兜率岩而去。笔者在洞中参观游览了1个多小时，这个巨大溶洞有以下5个特点：①这是个殿堂式的旱洞，和万华岩廊道式的水洞是两个完全不同的类型；②整个溶洞大气磅礴，一是洞体大而高，应该不小于广西桂林著名的芦笛岩，二是洞内的钟乳石的体量大；③洞中三个代表性景观是笔者在考察中国溶洞30年中第一次见到，令人惊叹。一是三个又高又粗的擎天玉柱，相隔不远屹立在洞中。这三根石柱最高的达到36米（相当于12层楼房高），另外两根分别为25米和18米高。其中以25米高的最粗显得最为雄伟。当地把这三个擎天玉柱称为"天梭织锦"，很浪漫。确实，这么大的梭只能叫"天梭"，那么天空中像人间锦缎一样的美景就是这"天梭"织成的啊；二是一个像男性生殖器的巨大的石笋，外形和广东丹霞山的阳元石石柱十分相像，称为"生命之源"；三是洞中巨蟒石笋和江西三清山的花岗岩形成的巨蟒出山如出一辙；④洞外景观是万顷（100平方千米是1万顷）碧波和连绵不绝的青山，这是任何一个洞都无法比拟的美景；⑤该洞注意洞内景观的保护。入口和出口都安有铁门，可以减缓洞内空气的过分流动，降低钟乳石的风化速度。

郴州这个地方有两个景观这么好、类型完全不同的大型溶洞是难得的。当我们提到广西桂林、浙江杭州、湖南张家界等中国著名的有洞穴旅游资源的城市时，千万不要忘记了拥有两个大溶洞的湖南郴州。

心艳色喜探嵩山

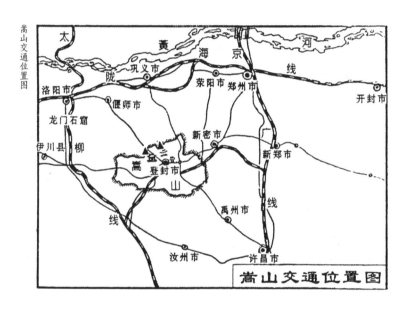

嵩山交通位置图

嵩山交通位置图

嵩山风景名胜区景点分布示意图

嵩山风景名胜区景点分布示意图

"余髫年蓄五岳志"，徐霞客从小就有一个理想和志向，那就是要到五岳去看看、去旅游、去考察，要登上五岳之巅，欣赏美丽、壮丽的中国大好河山。1623年2月，他终于来到了嵩山。

嵩当天地之中，祀秩为五岳首

"按嵩山天地之中，祀秩为五岳首，故称嵩高"。《游记》中仅仅一句话，就把中岳嵩山的地理位置和其在五岳之中的重要性写得很清楚。

天中的位置。嵩山被称为天地之中有两重意义。其一，嵩山位于中国河南省的登封市境内，西距古都洛阳不远。河南被称为中国的中原地区，故嵩山被称为"中岳"；其二，登封位于豫州的汝南。豫州为天地之中，汝南又为豫州之中，故嵩山为"天地之中"。

嵩山被称为"天地之中"，还可以从嵩山岳庙中找到"证据"。中岳庙位于嵩山太室山南麓，背倚黄盖峰，内杞中岳神，是中国最早的道教庙宇之一。徐霞客称其"规制宏壮"。中岳庙被称为"天中小故宫"。许多王朝对中岳神都加上了尊号，而这些尊号大多与"天中"有关；如唐代称中岳神为天中皇帝，其配偶为天中皇后；宋代称中天崇圣帝，皇后叫"贞明后"。中岳庙前有"天中第一"等三坊。中国对"中"是十分重视的，嵩山既然是中，那么就是山中的老大啊！河南人说话中常说"中"，也有点霸气。

祀秩为五岳首。封祥祀秩是中国古代封建帝王的重大活动。在这种活动中，在五岳之中，嵩山是排在首位。其中，3位著名的皇帝来嵩山祭祀奠定了嵩山之首的地位。第一位就是汉武帝，元封元年（公元前110年）来嵩山祭祀，为嵩山留下了许多神话和遗址。①万岁峰和万岁观。传说，汉武帝经过一座山峰下，听见有欢呼"万岁"的声音，因此称此山峰为万岁峰，在峰下建万岁观；②三将军柏。嵩阳宫外有3株古柏，汉武帝封为大将军、二将军、三将军。徐霞客写道："三将军柏郁然如山，汉所封也。"③登岳正道。《游记》写道："登岳正道，乃在万岁峰下，当太室正南。"④设立嵩高邑。徐霞客写道："汉武以嵩呼为异，特加祀邑。"汉武帝为了答谢岳神关怀，下诏划出300户人家奉祀岳神，设立嵩高邑（邑即县），附近禁伐山木。⑤黄盖峰。传说汉武帝祭祀时，此峰上有黄云如盖，故名；中岳庙在其下。第二位就是中国唯一的女皇武则天。她6次登临嵩山。公元696年登嵩山，封岳神为天中王，并改嵩阳（即嵩高）为登封。她还到中国第一佛寺，建于公元59年的嵩山会善寺拜道安禅师为国师，赐名安国寺，成为当时全国最大的佛寺，建有宝塔、琉璃坛。唐太宗、唐高宗对嵩山也是情有独钟。第三位就是北宋的第三位皇帝宋真宗赵桓，他迷恋道教。因当时京城在开封，嵩山离开封不远。他把万岁观（唐改为太乙观）改为建筑奢华、包罗万象的道宫。宫内有数千间房、亭台楼阁，还有河、湖、泉，还有珍奇动物，相当于今天的故宫加北京动物园。正是如此，嵩山成为佛和神的地方，是帝王之山，地位在五岳之首。

登山·碑碣·石刻

《游嵩山日记》是五岳《游记》中最长的，也是最精彩的一篇。其包括6天。即从1623年的2月19日至25日。19日，在登封市耿店；20，下午进入嵩山地区，进行两项活动：一是到中国古代最老的天文馆，即告成镇的周公测景台参观游览；二是考察卢岩。晚上住中岳庙。21日，登太室山。22日，游览参观太室山附近的景点。23日，登少室山。24日，游览参观少室附近景点。25日，从少林寺抵达龙门石窟。徐霞客在嵩山进行了三项主要活动：攀登并考察嵩山两大主峰——太室山和少室山；关注并研究嵩山地区的宗教建筑和文化遗址，特别是碑碣、龙门石刻的游览。

根据《游记》，品读一下徐霞客在这三个活动中所表现出来的与常人不同的品质，对于我们的工作、学习、生活是很有帮助的。

登太室山，创新与探险

不走正道攀登太室山。嵩山的山脉主要是由太室和少室两座山峰组成。太室山的主峰叫峻极峰，海拔1492米，过去说嵩山就是指太室山的峻极峰。《诗经》上说"嵩高为岳，峻极于天"。自古以来，人们就把太室山的主峰极峰看作嵩山的主峰。徐霞客先生二十日游完外围的卢岩等景区外，廿一日，就"东向太室绝顶"。他是从中岳出来登太室山。他写道："登岳正道，乃在万岁峰下，当太室正南。余昨趋卢岩时，先过东峰，道中见峰峦秀出，中裂如门，或指为金峰玉女沟，从此亦有路登顶，乃觅樵预期为导；今隧从此上。"这段文字指出了登嵩山太室山的正道。即登岳正道，是在万岁峰下，太室山的正南。这里的正道是指汉武帝登山故道；徐霞客不走正道，从前一日考察卢岩时，发

峰峦峭拔

嵩山由两座高峰组成，东边的叫太室山，其最高峰为峻极峰，海拔1492米，西边的叫少室山，其最高峰海拔1512米，虽然比峻极峰高了20米，但一般认为嵩山的主峰还是峻极峰。原因在于汉武帝、宋真宗、武则天等帝皇登临的都是太室山的峻极峰。徐霞客在《游记》中写道：『两室相望如双眉，然少室嶙峋，而太室雄厉称尊，俨若负扆。』徐霞客也认为太室山威武严肃，自居首位。在攀登少室山，他又写道：『南寨者，少室绝顶，高与太室等，而峰峦峭拔，负九鼎莲花，之名。』从此看出，徐霞客先生观察的精准，明确指出，少室绝顶的三皇寨，紧靠少室山，是坐缆车上去的，山的半腰建有险要无比的栈道，我们沿着栈道欣赏嵩山。确实，嵩山的陡峭应该是和华山处于一个级别。片片石英岩直立达80度以上，压迫得人喘不过气。徐霞客先生说，峰峦峭拔，读者从这张图片应该有所深会。同样一座嵩山，人们的旅游视野也是不断在扩大的。这三皇寨景区，也是21世纪新开发的精彩景区，徐霞客时代没有发现；即便发现了，也只能望山兴叹吧！

现东峰，即黄盖峰旁，峰峦秀出即青山绿水、中裂如门的金峰玉女沟，也有路可登顶。他就要走这条自己的路。从此看出徐霞客的思想：创新。徐霞客看见"峰峦秀出，中裂如门"的这条路线时，便毫不犹豫地选择这条路线。这是条艰难的路线，但经过实践的考验，却是条风光好的路线。现在，登嵩山太室山有四条路线，而徐霞客300多年前走的这条道路，已铺成三千级石阶路，多数游人由此登峰，人们称此石阶路为"登天梯"。

徐霞客先生登太室山，克服了两大困难。1. 恶劣的天气。这天天气不好，开始"浓云如泼墨，余不为止。至是岚气愈沉"；到天门时为"石崖重叠，路多积雪"；快登顶时"浓雾四塞，都无所见"。2. 在导者的帮助下进入了"上倚层崖，下临绝壑"的登高岩洞，见到洞中的泉水（乳泉），以及下面滴水形成的凹地即丹灶，还有石榻等景点。他总结出"凡岩幽者多不畅，畅又少回藏映带之致。"这一规律。回指曲折，藏指隐蔽，映带指景物之间的呼应和联系。致指情趣、情调等。

徐霞客登上太室山顶时写到："又北上三里，始跻绝顶，有真武庙三楹。侧一井，甚莹，曰御井，宋真宗避暑所浚也。饭真武庙中。"徐霞客在此记录了太室山顶有真武庙，有三排（列）房间，一排称之为一楹，真武是道教敬奉的最高仙人，原来，北方之神为"玄武"，宋真宗时为了避圣祖讳，改"玄"为"真"，"玄武"变成"真武"。道教故事说真武本是人，后经修炼，转化为神。如同佛教的释加牟尼佛有四大金刚一样，真武帝有四将即金童（持文

更觉岩岩

徐霞客在观察太室山时写道："自翠微以上，连崖横亘，列者如屏，展者如旗，故更觉岩岩。"《游记》中使用"岩岩"一词比较罕见。笔者理解，徐霞客先生深深的感到嵩山岩石与其它山的不同，它坚硬、挺拔、伟岸，故用"岩岩"一词。确实如此，嵩山是由石英岩构成的。石英岩是一种变质岩，是在高温高压下由石英砂岩（中国著名的风景区，湖南张家界的山峰就是石英砂岩的矿物成分是石英，其化学成分是SiO_2）变质而成。180多年前，一个叫摩尔的矿物学家选了10种常见的矿物，制定了10个等级的矿物硬度标准。这个标准如下：1滑石；2石膏；3方解石；4萤石；5磷灰石；6长石；7石英；8黄玉；9刚玉；10钻石。石英的硬度为7，是相当高了。正因为如此，嵩山才如此坚硬、挺拔、伟岸。嵩山的石英岩中的石英即SiO_2的含量能够成达到99%以上，有不少可以直接用来炼玻璃。这就是位于嵩山附近的洛阳玻璃厂能够成为中国最大玻璃厂之一的原因。现在，为了保护嵩山的风景景观，有些地方是严禁采石的，因为石英岩石是嵩山石头中的英雄。图片景观也是在嵩山近啊！现在，为了保护嵩山的风景景观，你看多么坚硬、挺拔、伟岸，只能用"岩岩"来形容吧！石英岩，石头中的英雄。

簿)、玉女(托宝印)、火将(执旗)、水将(捧剑)。嵩山的道观大部分为宋代第三个皇帝即宋真宗赵恒所建。在此,徐霞客特别提到真武庙侧的井是宋真宗避暑时所挖掘的。山顶的避暑寨也是宋真宗避暑的地方。

从西沟悬溜而下太室山。"饭真武庙中。问下山道,导者曰:'正道从万岁峰抵麓二十里,若从西沟悬溜而下,可省其半,然路极险峻。'余色喜,谓嵩无奇,以无险耳。亟从之,遂策杖前。始犹依岩凌石,披从条以降,既而从两石峡溜中直下,仰望夹崖逼天。"不走正道上山的徐霞客,下山又不走正道,他选择了极险的从西沟悬溜而下。悬溜就是从高处滑行下去,对此,他描写道:"愈下,崖势愈状,一峡穷,复转一峡;吾目不使旁瞬,吾足不容求息也。如是十里,始出峡抵平地,得正道。"你看,眼睛不能向旁边看,腿脚不能得到休息。

徐假客攀登嵩山太室山的峻极峰,上山和下山都不走正道,不因循守旧,充分表现了其创新精神和探险精神。正是这两种精神,成为了徐霞客成功的重要的因素。

登少室山,强大的心理素质

2月21日登顶太室山主峰后,仅仅隔一天,23日,又开始登少室绝顶。在这个过程中则表现了徐霞客排除一切困难的决心和无高不攀的勇气和决心、毅力以及强大的心理素质。

"余昨暮入寺,即问少室道,俱谓雪深道绝,必无往。"二十二日黄昏,徐霞客入少林寺时,就打听攀登少室山的道路,僧人都说现在路上雪很深,看不见道,不能登山。但徐霞客认为"今则霁甚,适逢其会,乌可阻也!"现在,天气晴朗,碰上这么好的机会,怎么能够为雪深道绝阻挡呢?!于是,他决心从少林寺南渡山涧登少室山。在登少室山路上,困难重重。六七里到达二祖庵然后是珠帘泉。"坑半有泉,突石飞下,亦以'珠帘'名之。余策杖独前,愈下愈不得路,久之乃达。其岩雄拓不如卢岩,而深峭过之。岩下深潭泓碧,僵雪四积。"从这段描述中可知,珠帘泉就是一个水帘瀑布。徐霞客先生对这类瀑布情有独钟。他拄着手杖前往,在无路中前行,走了很久才到达,并认为山谷的深峭超过了卢岩,并指出谷中瀑布下的水潭深且碧,四周还有积雪,可见天气的寒冷。经过炼丹台,到达小有天亭处,是游人从未来到的地

嵩山栈道

方。这里石脊陡峭，两旁是危崖万仞；攀登时手无力则用足，足无力则用手，足与手交互代替，才能向上登，走了7里，地形才开阔起来。然后在草棘中又走了5里，遂凌南寨顶。

　　少室实为三顶。这是因为顶中裂，分成北顶（即南寨顶）、南顶、中央的摘星台。正如徐霞客先生所写："**北顶若展屏，南顶列戟峙……两崖夹中，坑底特起一峰，高出诸峰上，所谓摘星台也，为少室中央。**"北顶即南寨顶，像一排陈列的屏风，南顶的尖峰则像一排古代的戟，在北顶和南顶之间有一峰叫摘星台才是少室山的主峰。徐霞客先生立即"**解衣从之，登其上，则南顶之九峰，森立于前，北顶之半壁，横亘于后，东西皆深坑，俯不见底，罡风乍至，几假翰飞去。**"少室三顶，他不仅登上了主峰，还登上了北顶，没有无高不攀的意志力是做不到的。尤其是在认为已经登顶了，却未登顶，还要拼尽最后的力气向真正的登峰冲击，是需要钢铁般的意志！他下山时，看见了虎迹大如升，且又饥又渴，但他克服了心中害怕、身体的疲劳，在草莽中走五六里，走到一茅庵处，"**击石炊所携米为粥，啜三四碗，饥渴霍然去**"，马上请庵僧为向导，顺利下山，宿少林寺。

嵩山碑碣，珍贵的文化遗产

人们对徐霞客先生的定义，通常为旅行家、地学家、探险家等等。这些称号是对的，也是准确的，但不完全，徐霞客还是一位酷爱文学和历史的学者。他的文学修养从《游记》可以反映出来，历史则从他关注、研究碑碣中得到折射。徐霞客先生注意并尽量多地观察、研究碑碣，实际上是从游嵩山寺庙开始的。

古代把长方形的碑石称为碑，圆顶形的称为碣。后来多不分，碑碣成为各种形制的碑石的统称。下面按时间顺序，看一看徐霞客对嵩山碑碣的关注和研究。

1. 中岳庙矗立的碑石。21日徐霞客在登太室山的日记中写道，中岳庙的"庭中碑石矗立，皆宋、辽以来者"。22日，又写道："还饭岳庙，看宋、元碑"。徐霞客20日住在中岳庙，对其碑石是有所了解的，才有了21日的记载。其实，徐对中岳庙的了解主要是在22日。这21日，22日，徐都说中岳庙的碑石以宋、元为主。中岳庙内确实有4处著名的宋、元碑石。①重修中岳庙全图碑，立于峻极门东掖门内走廊东端，刻立于金永安五年（1200年），碑上刻画了金代庙制全图，是现存中岳庙最早的古全图。②黄廷坚诗碑五块，黄是宋代四大书法家之一，碑上为草书，字体舒张奇崛。③四状元碑。位于化三门，化三门是中岳庙的第三重门，有宋金碑石四通（通即块，宋三金一），内容都是叙述中岳庙变迁情况，撰文者都是当时的状元，故称四状元碑，书法遒劲。④八棱碑幢。石幢源出于佛教，在道教庙观不多。这是宋初嵩山各教互相融合渗透的例证之一。中岳庙中最著名的碑，是五岳真形之图碑。庙内有两通，分别在峻极门的东掖门内外。碑上按五岳坐落方位雕刻篆体五岳图，分别立于1574年和1604年，中岳庙最古老、也是嵩山地区最古老的碑，是中岳嵩高灵庙碑；北魏文成帝太安二年（456年）立；字体结构严正，笔调朴实稳健；为魏体碑刻瑰宝。中岳庙中有一通保存完整的唐碣，为唐文宗太和三年（829年）立。

2. 嵩阳宫废址的石柱题名和碑石。22日徐写道："二十二日，出山东行五里，抵嵩阳宫废址。惟三将军柏郁然如山……柏之北，有室三楹，祠二程先生。柏之西，有旧殿石柱一，大半没于土，上多宋人题名，可辨者为范阳祖无择，上谷寇武仲及苏才翁数人而已。柏之西南，雄碑杰然，四面刻蛟螭甚精。右侧为唐碑，裴迥撰文，徐浩八分书也。"

嵩阳宫位于太室山的南麓，五代的后周时，在此设立书院。称为嵩阳书院。徐霞客来时嵩阳书院已废。嵩阳宫虽然已废，但徐霞客先生对这里的碑刻依然兴趣浓厚。在旧殿的石柱上，他找到了三位宋代名人的题名。祖无择，上蔡（今河南）人，范阳（今河北涿州市）可能为其原籍，他在宋代曾在中央和地方任官，著有《龙学文集》；寇武仲，上谷（今河北易县）人他和祖无择于熙宁六年同游嵩山；苏才翁，北宋铜山（今四川中江）人，游嵩山早于祖、寇两人。废址内，不仅碑刻巨大而且石碑上所雕刻的龙形（蛟龙和螭龙）图案都很精致，他特别提裴迥撰文、徐浩书的唐碑。今天此碑已不见，只有奸臣李林甫撰文、徐浩书的唐碑。此碑称为"大唐嵩阳观纪圣德感应之颂碑"，唐天宝三年（744年）刻立，高9米，宽2.4米，厚1.05米，为嵩山碑刻之冠，号称"大唐碑"。徐浩字季海，善文辞，唐肃宗时（756~762年）的一些诏令，多出其手，并且以书法著名。八分书有人认为是用篆笔作隶字，也有人认为是"以隶、草作楷法，字方八分"。八分是一种融合各书体的一种特殊书体。有人说，这个碑就是徐霞客先生所述的碑，裴仅为之题额而已。

3. 会善寺的两通碑和戒坛。22日，徐霞客看了一天的碑，上午看嵩阳宫，中午看中岳庙，下午看会善寺和戒坛。《游记》中，他写道：

"二十二日，……又五里，入会善寺，'茶榜'在其西小轩内，元刻也。后有一石碑，仆墙下，为唐贞元《戒坛记》，汝州刺史陆长源撰文，河南陆郢书，又西为戒坛废址，石上刻镂极精工，俱断委草砾"。

现把茶榜石刻、《戒坛记》碑、戒坛介绍如下。

茶榜为石刻名，在会善寺西戒坛附近，是元僧溥光所书，溥光姓李，字玄晖，曾任昭文馆大学士，后为僧，赐号玄悟大师，工于字画，尤长于大字。茶榜的内容为叙述饮茶与求法的重要。清代已将此元刻移到峻极寺。

唐贞元《戒坛记》碑的原名为《嵩山会善寺戒坛记》，此碑又叫唐代宗敕（音赤，皇帝颁发的命令）牒（音叠，文书）戒碑，系唐代宗大历二年（767年）刻立。正面刻书除奉敕牒文外，还雕有佛龛两层，上层龛中雕有一佛二菩萨二弟子，下层三排十二龛中每龛雕有一佛二弟子。碑阴作于唐德宗贞元十一年（公元795年）汝州即今河南临汝。陆郢八分行书并篆额，堪称墨宝。

戒坛为唐会善寺玄同律师与天文学家僧一行（张遂）所建。戒坛是向十方僧徒传授戒律（受戒）的地方，是会善寺的佛光圣地。唐宋间香火旺盛，现已废。坛原为一正方形，四角立柱，柱体与柱基上有浮雕玉像、鬼怪、山水等图案。徐霞客先生说石上刻镂不仅精致而且工整，但都断了又被扔在荒草乱石之中。

4. 目不暇接的少林寺碑碣。《游记》中对少林寺碑碣有两段文字，一为23日，一为24日。对少林寺的描写有两段文字如下："**二十三日，……俯环其后者为九乳峰，蜿蜒东接太室，其阴则少林寺在焉。寺甚整丽，庭中新旧碑森列成行，俱完善。夹墀（音池）二松，高伟而整，如有尺度。少室横峙于前，仰不能见顶。**""**二十四日，……下至甘露台，土阜蠢起，上有藏经殿。下台历殿三重，碑碣散布，目不暇接**"。徐霞客先生23日用了"**碑森列成行**"；24日更进一步用了"**碑碣散布，目不暇接**"八个字。他还用了"**新旧碑**"和"**俱完善**"。明代时，把明代立的碑称为"**新碑**"，唐、宋时立的碑称为旧碑。这说明少林寺的碑不仅数量多，年代丰富，而且保存完好。这和中岳庙"**庭中碑石蠢立，皆宋、辽以来者**"相对高一个档次。少林寺的碑林与碑廊有石刻24通，碑刻栉比，排列有序，据统计寺内外有碑刻200余通，其中唐碑6通，宋碑5通，金碑7通，元碑12通，明碑65通，民间碑8通，现代碑20余通。这包括唐代李世民亲笔御书的《告少林寺主教碑》、唐代书法家王知敬书丹的《大唐天后御制诗书碑》、宋代苏东坡的《观音像赞》碑、黄庭坚的《祖源谛本》石额、宋代武林僧的《少室三十六峰赋》碑、元代书法家赵孟頫（为宋太祖之后）的《裕公碑》、明代书法家董其昌的《道公碑》、清代乾隆皇帝的御制诗书碑、少林寺提点僧所立的《少林寺月岩稽首赞》诗画碑等等。

笔者2004年去嵩山少林寺参观，对寺中碑刻兴趣很大，尤其是现代碑刻中有一通电影《少林寺》的插曲《牧羊曲》的石刻，少林寺的石刻真是"与时俱进"。

徐霞客先生对碑碣的关注和研究有三个原因。一是碑碣记录了当地许多历史以及沿革、山川的形势、民俗民风等等，从中可以了解多方面的知识。二是碑碣的书法艺术，深深吸引了他，从中可以看出中华文化的辉煌灿烂。在嵩山他特别提到徐浩用八分书书写的唐碑，以及陆郢也是用八分书书写的《戒坛记》碑。可见，他对八分书的喜爱。三是碑碣的石刻艺术，表现了中国石刻的高超水平。他提到嵩阳宫的雄碑"四面刻蛟螭其精"；戒坛废址，"石上刻镂极精工"。

今天，我们在名山寺庙旅游时，抽出一些时间来观看、品味一些碑碣是大有好处的。如笔者在嵩山对唐颜真卿书的《天中山》题纪碑，琢磨了好久，又

满崖镌佛

1623年2月25日，徐霞客在《游嵩山日记》中写道：『……一山皆为崖，满崖镌佛其上。大洞数十，高皆数十丈。大洞外峭崖直入山顶。顶俱刊小洞，洞俱刊佛其内。虽尺寸之肤，无不满者，望不可数计。』佛教有三大艺术，塔、殿、壁画、石窟。嵩山在这三方面都有描述，少林寺为『寺甚整的水平』；少林寺千佛殿的壁画最为详细，对嵩山附近的洛阳龙门石刻是记载得最为详细的。从中可以看出，徐霞客对于人文旅游资源，特别是宗教文化艺术很注意。这张照片为2002年笔者去龙门石窟所摄。图中有小佛20位，有一龛4位，有一龛2位，中佛3位，一位手托佛塔，佛的表情都很慈祥，本图的佛全为站佛。从这一张小小的图片中，可以看出中国佛教造像水平之高。旅游中一定要注意。

龙门大佛

『大洞数十，高皆数十丈』确实如此。这张图片中的洞仅仅算一个中洞，洞中仅仅雕了一个大佛的坐像。这个佛有多大，只要和笔者的身量比较一下，就可想而知。大佛应该有3米多。大佛神态安详，大耳垂肩，双手放在膝盖上，两眼平视正前方。当天由于时间有限，大约为半个小时，看后十分震撼！提起石雕，人们往往只知道欧洲的古希腊，实际上中国的佛教造像是十分精彩的，不应忘记。

照了一张照片回来研究，大有收获。中国的名山和西方的名山最大的不同是有深厚的历史和人文的积淀，而这积淀很大部分就是指碑碣。

《游嵩山日记》是一篇美文

《游嵩山日记》是一篇很有文采的文章，正如古人赞美他的文章，"其状山也，峰峦起伏，隐跃毫端；其状水也，源水曲折，轩腾纸上"。下面举例说明。

1. 卢岩之深。他从5个方面描述卢岩之深。①声音，为铿然之声。"**寺外数武，即有流铿然，下坠石峡中**"，有流即瀑布，下坠石峡发出铿然之声。铿然是金属之声，多么清脆！②颜色，为彩霞之色。"**两旁峡色，氤氲成霞**"，深水在阳光照射下，变成彩霞充满了峡谷。这种景象用"氤氲成霞"，多美呀。霞使我们想到无比壮丽的朝霞和诗情画意的晚霞。③背景，为上覆下削。"**峡底矗崖，环如半规，上覆下削**"，瀑布下坠是没有依靠的。这12个字，描述了一个内凹的洞的形象，为下面的描述作铺垫。④形状，为水帘之形。"**飞泉堕空而下，舞绡曳练，霏微散满一谷，可当武夷之水帘**"，正因为岩壁是内凹的，使瀑布能够飞，像飞泉，飞起来就如同美女舒彩练当空舞，瀑布之水宛如灿烂的珠帘，使徐霞客想起了武夷山中的水帘瀑。⑤石峡，为霏微之谷。卢岩之深是在峡谷之中，从开始下坠石峡，两帝峡色，峡底矗崖，一直到霏微散满一谷，始终有峡。没有峡就没有瀑。峡色、峡貌、峡景都写了。正因为卢岩深，峡这么美丽，才"**余心艳卢岩**"。

2. 太室山的浓云之景。他用了3个比喻①泼墨。"**浓云如泼墨**"。泼墨是画中国画的技法，把墨汁泼洒在纸上。形容浓云用泼墨，太绝妙了；这云真是浓到了极致。②丝绸和玉石。**稍开，则下瞰绝壁重崖，如列绡削玉**，浓云稍稍散开一些，往下看太室山的山崖像一幅幅挂着的丝绸或一块块削去外层的莹洁的玉石。读者可能会发出疑问，山崖怎么会如丝似玉？确实如此，嵩山是由很白的石英岩组成的。笔者2004年去嵩山考察，和霞客先生的感觉是一样的。③大海。"**合则如行大海中**"。这就是云海啊！你看，为了描述太室山的三景，霞客先生用了3个比喻，让我们深深折服。

3. 人的感情的流露和表述。①见到妍丽的石淙之景，用了"**顿令人一洗尘目也**"！即仿佛看到了仙境，洗出了人间尘世。②对卢岩之景，用"**余心艳卢岩**"，从内心美慕。③听到太室下山"**然路极险峻**"时，"**余色喜**"表示出高兴和兴奋，这3处无意之笔都是写心情的高兴、愉快，用了3个不同的动词——洗、艳、喜，3个不同的名词——洗目、心艳、色喜。

品读《游嵩山日记》，告诉我们从《游记》中，不仅可以学习到地学、

陈胜大禹

嵩山所在的登封市东的告成镇，古为阳城县。这里有中国第一个即最早的天文台或天文观察站，即测景台又叫周公测景台。此处『景』即『影』的意思。这里测日影确定一天的时间，一年的季节，一年的长短等。徐霞客是从东部进入嵩山了这个天文台，写道：『登陇，西行十里，为告成县地。测景台在其北。』当时，由于时间已晚，他又心艳卢岩，没有考察测景台。但他对测景台是向往的，在游记当中特别提到测景台在告成镇的北面，告诉游人不要漏掉了。笔者2004年考察嵩山时，专程去了测景台，今我印象深刻的是『古阳城遗址文物展览馆』的墙上有四位阳城名人的照片。他们是大禹、陈胜、郭守敬，僧一行。现把这四人简介如下：

大禹，大禹建夏朝，都阳成，即告成镇，夏禹源于此。大禹是中华民族夏禹王。中华民族的『华夏』之称即源于此。启继承父亲禹的职位，开始了『家天下』局面，建立了世袭制的夏王朝，中国从此从原始社会转变为阶级社会。神话故事虽然不可信，但反映出人们对统治者的神化。徐霞客在《游记》中写了嵩山启母石。

陈胜是秦代末年农民起义领袖，其故乡也是阳城。

中国元代著名天文学家，推算出一个回归年的长度为365.2425，仅比今天的测定每年慢26秒！据此，制订了『授时历』。他在全国建立了27个观测站，对中国的经纬度做了精确的测量。为了纪念他，今天登封市政府前的大街命名为『郭守敬大街』。僧一行，又名张遂，今河南南乐县人，唐代著名的天文学家和佛学家，他和告成有关的事是他主持完成今天河南省四个地方（一告成为其中之一）进行天文大地测量，取得了划时代的成就。挂这四人的照片说明嵩山地区是个英雄辈出的地方。图片中右边的为大禹，左边为陈胜。

生物学等自然科学方面的知识，也可以学习到历史、宗教等人文科学方面的知识，还可以学习到徐霞客先生的伟大精神。有人说，《游记》是一部17世纪中国的百科全书，笔者是赞成的。说实话，由于这篇文章限于篇幅，《游记》中还有不少内容未品，可见《游记》像一个深海，您潜的越深，看到的景象就越奇妙、越美丽。

十景荟萃的鸡山

云南省鸡山全景图

一九三二年编

鸡山全图

徐霞客万里遐征大西南的途中，住的时间最长的地方就是云南的鸡山；这也是他一生考察中最后的地方即终点站。我们一定要介绍一下徐霞客笔下的鸡山。

鸡山十景

鸡山原名鸡足山，或鸡爪山，位于云南省大理市的东面的宾川县的西北约30公里处，与鹤庆、洱源交界。鸡山主峰天柱峰为中枢，前面有三峰，后面有一峰，形若鸡足而得名。有人简单描述"前伸三爪，后支一距"；大画家徐悲鸿先生还为其画了一支向东独立的大公鸡。

徐霞客首次抵达鸡山是在1638年12月22日，居住了一个月，于1639年正月

22日离鸡足山到丽江。第二次返鸡山是在1639年8月22日，此后即居鸡山修志，1640年正月离此东归返家。《游记》到1639年的9月14日止。

现在就根据徐霞客第一次和第二次游鸡山的日记，以及他撰写的《鸡山志略一》、《鸡山十景的17首诗》，来解读品味徐霞客先生笔下的鸡山。

鸡山十景是徐霞客描述鸡山的总结和核心内容。这十景如下：

绝顶四观，华首重门，太子玄关，罗汉绝壁，狮林灵泉，放光瑞影，浮屠缩胜，瀑布腾空，传衣古松，古洞别天。

这十景可以归纳为6方面。①地理位置：绝顶四观；②岩石地貌：华首重门、太子玄关、罗汉绝壁、古洞别天；③泉水瀑布：狮林灵泉、瀑布腾空；④植物奇观：传衣古松；⑤气象奇观：放光瑞影；⑥宗教建筑：浮屠缩胜；这样，自然景观占9景，人文景观占1景。

鸡山之所以有名，根本还在于它是佛教圣地；是与五台山、普陀山、峨眉山、九华山四大佛教名山齐名的"第五大佛教名山"。徐霞客在解释这鸡山十景中的5景——华首重门、太子玄关、罗汉绝壁、狮林灵泉、放光瑞影时都抹上了浓浓的宗教色彩。这也不奇怪，正如十五的月亮，在小孩眼中是月饼，在商人眼中是银元，在情人眼中是嫦娥与吴刚。下面就具体看看这美丽的鸡山十景。

鸡山四观，海内第一

清初思想家、地理学家潘未说，霞客之游，峰极危者，必跃而踞其巅。1638年12月27日，来鸡山后第5天，他就登海拔3248米的鸡山之顶。他"屡悬峻梯空，从崖石间作猿猴升"；在快到山顶，"其北崖雪痕皑皑，不知何日所积也"，可见山道难走。他登上绝顶，这里正在建筑张按君捐资的迦叶殿。"殿亭四周，筑城环之，复四面架楼为门：南曰云观，指云南县昔有彩云之异也；东曰日观，则泰山日观之义；北曰雪观，指丽江雪山也；西曰海观，则苍山洱海所在也"。徐霞客还在山顶附近的土主庙中过了一夜，感到十分寒冷，写道"寒甚"。徐霞客对鸡山绝顶四观大加赞叹，说："四之中，海内得其一，已为奇绝，而况乎全备者耶？此不特首鸡山，实首海内矣。"

壮观的日山，无垠的大海，万年的冰雪，飘浮的白云是大自然中最壮观、最吸引人、最激动人心的四种景观；人们能看到一种就是奇绝，就是幸福；但在鸡山上全部能看到，在中国只有鸡山能做到，实为中国第一啊！

笔者在云南看高原日出，深深感到太阳比在平原近了很多很多，仿佛能感到日出时巨大的光和热；日欲出时，朝霞使高原红成一片，让人热血沸腾；没有海水的承担，太阳自己奋力一跃，升上蓝天，太精彩了！12月27日，徐霞客登顶鸡山。28日，霞客"晨起寒甚，披衣从南楼观日出，已皎然上升矣"。他还是有些失望的。西边的洱海是一个湖，但其面积达到250平方公里；笔者看2.1平方公里的北京颐和园中的昆明湖，感到是个大湖；看5.6平方公里的杭州西湖时，就感到有点苍茫了；再看家乡武汉33平方公里的东湖，真感到一眼看不到边，有点海的感觉，250平方公里的洱海在鸡山顶更是有海的感觉。云只有在蓝天之下看才有味道，而云南海拔高，日光充足，天大多数时候是那么蓝，蓝蓝的天上白云飘，有白云才有诗情，才有画意。云南地处亚热带和热带，大多数地方是看不到那雪白、晶莹的冰雪，在鸡山看丽江之雪也是种享受。而这四观说到底是鸡山的海拔高度为3248米所决定的。徐霞客现存诗28首，其中17首是写鸡山十景，而绝顶四观写了5首，现把第一首"绝顶四观"引在下面：

> 芙蓉万仞削中天，搏挖乾坤面面悬。
> 势压东溟日半夜，天连北极雪千年。
> 晴光西洱摇金镜，瑞色南云列绮筵。
> 奇观尽收今古胜，帝庭呼吸独为偏。

在鸡山之顶，使人觉得山外有山，天外有天，绵亘无尽；远处随时可见的"苍山积雪"、"洱海廻岗"，令人神往。这3248米，可能是徐霞客一生中所能登到的最高之处！

岩石四景，佛教文化与地学

徐霞客选定的四个岩石景观，都抹上了浓浓的佛教光环和传奇色彩。华首重门，实际上是岩石中的一线天景观。《游记》中写道："崖势上飞，高穹如檐，覆行其下，如户阈形，其内壁立如掩扉，盖其石齿齿，皆堕而不尽堕之余，所谓华首门也。"华首门和一个佛教神话故事有关。相传佛祖释迦牟尼升天前把他的衣钵传交给其大弟子伽叶尊者，然后第六十百千岁后传弥勒佛。后

火山石柱

火山石柱是火山地貌中最具观赏性的景观。这些石柱的横剖面多为五边形或六边形，直径为15～30厘米（一般家庭用的炒菜锅的锅盖多为28厘米），有的直径大于一米，石柱高不等，大多高20～50米，十分壮观。鸡山是一座佛教名山，把这些火山石柱称为『袈裟石』。由此想到，有什么样的文化背景，这些火山石柱就有什么样的名称。在中国福建漳州称为『鱼鳞石』，因为火山石柱分布在南碇岛上，这里渔民出海捕鱼，看见其断面如鱼的鳞片，故有此名。图片上的火山石柱是浙江省临海市桃渚镇的古火山石柱。临海离徐霞客老家不远，被称为徐霞客『石友』（即『海枯石烂不变心』之意）的陈函辉就是临海人，明代另一位地理学家王士性也是临海人。

来，印度一个僧人来到了鸡山，走到今天山顶附近由岩石断裂形成的华首门时，被其地形所震撼，就断定这个地方就是伽叶等弥勒佛的守衣入定处。附近的玄武岩柱状节理，说是佛的袈裟化成，名为"袈裟石"；石上面后人刻有许多符箓。20世纪60年代，一位老僧还说看到华首门内灯火辉煌，听到念经声，只是没有福气进不去。这纯属臆造的神话。华首重门现定为迦叶守衣处。华首门外的饮光双塔，还有伽叶寺、传衣寺也和这个神话有关。

太子玄关。这是一处岩壁景观，但徐霞客称为"群玉峰头，瑶池月下，仿佛在此"，即西王母生活的仙境。在这里"脱尽人间滓，两腋风生胃欲苏"。

罗汉绝壁。这是一个陡峭石壁，崩云叠翠，宛然诗中之画也。但徐霞客称其为面壁石，并说"崖霭层层露法象"。

这三景是和鸡山地质有关。鸡山是由厚达3000余米的距今大约2.9亿至2.5亿年的二叠纪的玄武岩构成的。玄武岩是火山喷发到地表的一种岩石。鸡山原来是一座古火山啊！山顶上的"裂裘石"，地学上称为"柱状节理"（我们在许多火山地貌地方，如山东昌乐、南京六合、福建漳浦等地都能看到雄伟、壮观的柱状节理）。在鸡山，你还能看到当地被称为"豆沙石"的杏仁状构造；你还可以看到火山喷发的紫红色的凝灰岩夹层和熔岩角砾岩（即岩石中含有大的砾石，看起来就像芝麻饼一样）。

鸡山实际上是一个向北倾的盆状构造，无挺拔的山峰，不像华山、黄山等以挺拔峻峭见长。鸡山内部只有断层形成的陡崖，如罗汉壁、大舍身崖、小舍身崖、九重崖等。这些陡崖也是十分险峻。

这岩石中的第四景——古洞别天中的古洞是一个火山洞穴。徐霞客明确指出不像喀斯特溶洞"洞无奥室"，但把其称为"神境"，是因为"山脉至此将尽，更出一番胚胎"。

鸡山这四景，使笔者想到同是古火山的雁荡山；雁荡山中的灵峰景区的观音洞应该和华首重门相当，碧霞嶂应该和罗汉壁相似；龙鼻穴应该和古洞相仿。鸡山这四景都抹上了浓重的宗教色彩，这就是中国山水，这就是中国山水的人文特色。本文既讲宗教，又讲科学，读者的理解会更全面，更有兴趣！

泉瀑两景，天花与醍醐及玉龙

1638年12月22日，徐霞客走到鸡山之麓时，兴奋写道："于是冈两旁皆洞水泠泠，乔松落落。……逾岭者，西峡上二里有瀑布。随峡者，东峡上二里有龙潭。瀑之北即为大觉，潭之北即为悉檀。"你看，鸡山是一个有溪、有瀑、有潭的山，而且山中的寺庙都是临水而建的。没有水，或者水不好，水源地远，恐怕是僧人，也很难生存下去。鸡山上的溪、瀑、泉众多，最有代表性的就是狮林灵泉和玉龙瀑布两景。

　　狮林灵泉位于鸡山念佛堂，是狮林最中、最高处。先是大力师者，苦行清修，与兰宗先结静其下，后白云在此结庐同栖。这个地方原来没有泉水，忽有一天，白云从神龛后的山背中，凿石得泉。徐霞客在《鸡山志略一》中把其作为鸡山十景之一，写道："山下出泉，有渟有流，皆不为异，乃泉不出于麓而出于峦，峦不出于坳而出于脊，脊不出于外泻而出于中垂，中垂不出于旁溢而出于顶灌。此惟狮林念佛堂见之。欲不谓之灵不得也"。徐霞客认为这泉水是二师积行通神的结果。实际上，可能挖到泉水的地方正是岩石中的含水层。在徐霞客写的鸡山十景的17首诗中，有两首写狮林灵泉。

　　第一首诗的最后一句写道"洒作天花润法昙"，即泉水好比天花一样，似天上仙女洒给静室各位僧人的天花，来检验各位的道行，所以叫"润法昙"。在第二首诗的第5句，又写道"只道醍醐天上落"，把泉水比作从天上掉下来的醍醐。醍醐是指纯酥油，是从牛奶里提炼出来的精华，是一种渗透力极强的油脂。佛教用它来比喻最高的佛法。在《涅槃经》中就说："譬如从牛出乳，从乳出酪，从酪出生酥，从生酥出熟酥，从熟酥出醍醐，醍醐最上……从佛出12部经，从12部经出修多罗经，从修多罗经出方等经，从方等经出般若波罗密多经，从般若波罗经出大涅槃经，犹如醍醐"。"醍醐灌顶"是佛教中表示向人灌输最高的佛法，使人彻底觉悟。把泉水比喻为醍醐，认为这是上天给道行高深的僧人的最好礼物。

　　玉龙瀑布是鸡山最有名的瀑布。徐霞客来鸡山的第12天，1639年正月初四，专程去考察，他写道："瀑布从西南透峡，玉龙阁跨之。由观瀑亭对崖瞰瀑布从玉龙阁下陨，坠崖悬练，深百余丈，直注峡底，峡逼箐深，俯视不能及其麓。然踞亭俯仰，绝顶浮岚，中悬九天，绝崖陨雪，下嵌九地，兼之雾色澄映，花光浮动，觉此身非复人间"。徐霞客感觉自己不在人间，进入仙界了。他又来到玉龙阁，看清楚瀑布水从罗汉岩来，而玉龙阁跨瀑布的上游，正如同天台山的"石梁之横翠，鹊桥之飞空"。这么好的风景没人居住，有花落水流之想。徐霞客在鸡山十景中认为玉龙瀑布"领挈诸胜"。他在诗中发出感叹："我欲倒骑玉龙背，峰巅群鹤共翩翩。"鸡山有瀑布多处，徐霞客在现存的整个游记停笔前5天，即1639年9月初九日，又写了鸡山一瀑，摘引如下：

　　"又半里，即见墅东危崖盘耸，其上一瀑，垂空倒峡，飞喷迢遥，下及墅底，高百余丈，摇岚曳石，浮动烟云；虽其势小于玉龙阁前峡口瀑，而峡口内嵌于两崖之胁，观者不能对峡直眺，而旁觑倒瞰，不能竟其全体，此瀑高飞于穹崖之首，观者隔峡平揖，而自颡及趾，靡有所遗，故其跌宕之势，飘摇之形，宛转若有余，腾跃若不及，为粉碎于空虚，为贯珠于掌上，舞霓裳而骨节皆灵，掩鲛绡而丰神独迥。不由此几失山中第一胜矣！"

你看，这段文字多美啊！徐霞客认为此瀑像一个美女跳舞，舞霓裳骨节皆灵，掩鲛绡丰神独迥，不禁使人想起了唐代的杨贵妃！最后认为此瀑是鸡山"第一胜"，后面加了"矣"和感叹号。

狮林灵泉是天花、是醍醐，玉龙瀑布是"领契诸胜"，后面又写了一个瀑布是鸡山"第一胜矣"。可见鸡山之水之重要、之美丽。确实，山没有水，就没有了生机，也就没有了一切。

传衣古松护法龙，树影花枝美鸡山

有利的气候条件，火山土地风化形成的肥沃土壤，加上宗教的神圣保护，使鸡山植物资源丰富。这里高等植物达500多种，低等植物如木耳、冷菌、鸡棕等山珍也很有名，僧人常用以来招待贵客，庙里还加工干酸菜、蜜饯等，很是美味。1639年正月11日，徐霞客写道："上午赴复吾招，出茶果、皆异品，有本山参，以蜜炙为脯；又有孩儿参，颇具人形，皆山中产。又有桂子、又有海棠子、皆所未见者。……松子、胡桃、花椒、皆其所出，惟龙眼、荔枝市中亦无。菌之类，鸡棕之外，有白生香草。……兰品最多，有所谓雪兰、花白、玉兰、花绿、最上；虎头兰、最大；……悉檀无山茶而多牡丹，元宵前，蕊已大如鸡卵矣。"你看，鸡山的植物多么丰富啊。招待客人，一下子能拿出这么多的山珍。鸡山还有奇树异木，如传衣寺的五针罗汉松、华严寺的大茶花树、兰宗静室旁的"庙树"。徐霞客把传衣寺古松列为鸡山十景之一。

传衣寺的古松有四个特点：树大，称巨松；为五针；高，耸干参天；枝粗而多。1639年正月初九日的《游记》写道："干丈五以上，辄四面横枝而出，枝大侔于干，其端又倒垂斜攫，尾大不掉，干几分裂。今筑台拥干，高六七尺，又植木支其横枝，仅免干裂，亦幸矣。"由于其生长在传衣寺前，徐霞客认为是"不意众美之外，又独出此一老"。并认为是佛教的"护法龙"。

鸡山之花更令徐霞客写下了赞美文字。1639年正月初三日，写道："树影花枝，俱飞魂濯魄，极晷映之妙"。初六日，写道："宛转翠微间，天气清媚，茶花鲜娇，云开翠隙，无所不到"。11日，写道："其地亦重牡丹，悉檀无山茶而多牡丹，元宵前，蕊已大如鸡卵矣"。1639年8月27日，写道："观丁香花。其花娇艳，在秋海棠、西府海棠之间，滇中甚多，而鸡山为甚。"

鸡山真是一座树影花枝之山，令人飞魂濯魄！

佛塔和佛光，万山深处露神工

浮屠缩胜和放光瑞影是鸡山十景中直接与讲佛教有关的两景，但却抓住了佛教的核心——佛塔和佛光。

鸡山建寺始于唐代，但随建随废，多毁于火；至元朝始盛明、清大盛明末有寺庵60余座，如徐霞客主要活动和住宿地悉檀寺和大觉寺，以及迎祥寺、华严寺、传衣寺等，皇室赐有圣谕、藏经、佛像等。清朝鸡山有36寺、72庵，总数达到了108座！一座山上有108座寺庵是何等的壮观啊！

徐霞客到鸡山时，鸡山处于全盛时期。他上山时，看到三个牌坊。第一个牌坊为"广甸流芳"；走了5里，又见到第二个牌坊为"炼法龙潭"，知道其地有蛰龙，有炼师。这就是此炼洞地名的由来；又走了15里，见到第三个牌坊"灵山一会坊"，这是一个大牌坊，是宋按君所建。现在，"灵山一会坊"经过整修，异常雄伟，两边的墙上写有"初登云路"。

浮屠缩胜。浮屠就是佛塔，鸡山的佛寺多，佛塔也就多了。在《鸡山十景》"浮屠缩胜"两首诗中的第二首的最后两句为"漫向慈恩诗作赋，滇南此日壮登封"。徐霞客认为鸡山的佛塔比西安的大雁塔（即慈恩塔）还要好，比登封的少林寺的塔还要壮观！在第一首诗的前两句，写道："阿育当年愿力雄，万山深处露神工"。阿育是指古印度摩揭陀国"孔雀王朝"的第三代国王。他要依靠佛法力量征服世界，立佛教为国教，广建塔寺（浮屠），起立佛柱。在他的统治下，小孩子做游戏，都用沙子堆成佛塔，产生了"聚沙成塔"成语。

鸡山有两个塔很有名。一为尊胜院的缅甸式塔，在造型及修建时间上与北京北海公园的白塔相当；因中秋晴空时，塔下无影，又叫无影塔，可惜20世纪70年代被炸毁。另一座为金顶的楞严塔，高40余米，外13层，内7层，为全国海拔最高的塔。

放光瑞影。放光是指位于山顶东南山谷中的放光寺。嘉靖年间，古德无

鼓吹填街

1638年12月22日，徐霞客走到鸡山第二个牌坊所在地，炼洞村时，写道：「其村有亲迎者，鼓吹填街。余不顾而过。」这两句表明了徐霞客要尽快抵达鸡山大觉寺的急迫心情，连有结婚亲迎的队伍，哪怕鼓吹填街，也未停下来看热闹。但另一方面，徐霞客又把这件事写在《游记》中，说明其对当地人民的世俗生活仍然是感兴趣的。鼓吹说明当时是有吹号、吹笙等，填街说明前呼后拥的人很多。现在当地农村的迎亲如何，不得而知。这张图片不是云南的是笔者拍摄于贵州高原的天柱县的迎亲队伍，没有鼓吹填街，但也充满了喜气洋洋的气氛，尤其是红灯、红伞、新郎的红披肩，新娘的红鞋、红裙、红花、红围巾。放这张照片说明，徐霞客旅游，不是「不顾」的。您说是吗？

穷禅师，河南人，创建该寺。无穷后嗣，有归空禅师，建藏经阁，阁成，神宗赐藏。瑞影就是佛光，如圆形的彩虹，人可出现在彩虹中心，即**玉镜中天独摄身**，为吉瑞之兆，实为水气形成的天象。放光寺是观佛光最好的地点，故名。徐霞客认为放光寺的佛光可与峨眉、五台、九华、普陀回大佛教名山相比美，而且还在九华、普陀之上。

"奇观尽收今古胜，帝庭呼吸独为偏"。徐霞客认为鸡山把今古奇观都收全了，原因就在于这里是天帝的首都，是其居住的地方，所以偏爱这个地方。在徐霞客内心深处，鸡山才是第一山，其份量远远大于包括黄山在内的任何一座山。

后记

缘分·机遇·理想·奋斗

书写完了。最后写一些切身的、深刻的感受、感想，与读者共享。

能有放在您面前的这本书，或这本书的诞生，可以归纳为8个字、4个词：缘分·机遇·理想·奋斗；也可简化成4个字：缘·机·想·斗。现在，我回想一下，至今我个人做成功的所有事，都符合这8个字或4个词；没做成功的或不太成功的，总是缺少了其一或其二；哪怕是都具备了，但您"度"不到也不行，如您奋斗了99%，1%放弃了也不行。这个经验或感受，对所有人做任何事，哪怕如找工作，找对象，都有参考的意义。

缘分与机遇

我与《徐霞客游记》有缘，表现在以下4方面。

徐霞客先生是伟大的旅行家和地学家。从学历、资历上来讲，笔者也是地学家、旅行家，和先辈徐霞客先生是同行、同专业啊！

徐霞客先生是杰出的科普作家，其代表作《游记》是一部中华文化的经典地学科普著作。笔者也是一位科普作家，其代表作有《中国最美的地质公园》、《瑰丽的地下艺术宫殿：中国溶洞之旅》等等，是先辈徐霞客事业的继承和传承者。

丁文江先生是中国地质学的奠基人，著名地质学家，也是20世纪研究《游记》的泰斗。笔者在中国地质博物馆《地球》杂志工作时，其主编就是中国科学院院士，著名地质学家高振西。高院士就是丁文江先生在北京大学当教授时的助教。

中国地质学家、中国地质科学事业奠基人之一。1913年与章鸿钊、翁文灏一起创办并主持了中国第一个地质研究所，为中国地质科学事业培养了第一批骨干。除任北大教授外，长期在地质调查所主持古生物的研究工作。1922年，参与发起成立中国地质学会（并两度担任该会会长）。是年，与翁文灏合写的《第一次中国矿业纪要》出版。著有《中国之造山运动》、《科学与玄学》等。

Chinese geologist, one of the founders of contemporary geology in China. He joined hands with Zhang and Wong to set up the Geological Society of China, and became its president twice. His main field was paleontology when he was a professor in Peking University and Geological Survey of China. He published 《Outlined report on chinese mining industry》 (First issue) 《Orogenic movement in China》 "The science and metaphysics".

丁文江
Ding Wenjiang
1887—1936

地质泰斗

丁文江（1887年—1936年），中国著名地质学家，中国地质科学的奠基人之一。1913年（距今整整100年），他与章鸿钊、翁文灏一起创办并主持了中国第一个地质研究所，为中国地质科学事业培养了第一批骨干。1922年，参与发起成立中国地质学会，并两度出任学会会长。丁文江先生是20世纪中国地质学最有成就的学者。表现在以下三个方面：1身体力行。1911年，24岁从英国学成回国后，就考察了徐霞客在云南考察过的一些地方，实地学习《游记》、《附图》；2研究《游记》。本书不仅本文字部分通畅，而且还有地图，方便了广大读者。这个版本在中国影响很大。因为丁文江是地少著名的地学家都阅读过此版，得到很大的启发和收获，直到1986年，商务印书馆还再版了。3首编《徐霞客先生年谱》，付出了巨大的精力，为所有学习、研究《游记》的人，提供了科学、翔实的记录，也是徐霞客的老乡，也是丁文江是学地质、研究地质的是徐霞客的同行，更为巧合的是丁文江先生是在徐霞客300年后出生的，徐生于1587年，丁生于1887年。丁文江的图片是笔者在福建泰宁世界地质公园内的地质苑内拍摄的，该苑内，以这种石碑形式，为数十位世界著名地质学家树碑立传。丁文江先生就位列其中。丁文江先生在北京大学当教授时的助教为高振西先生。他是中国著名地质学家、中国科学院院士、中国地质博物馆馆长，笔者在中国地质博物馆工作时是把高先生作为榜样来学习的。

　　竺可桢先生是中国地理学的奠基人，著名地理学家，也是地理学界研究《游记》的先驱。笔者在中国科学院地理研究所作研究生时，其导师就是中国干旱地区研究权威，著名地理学家赵松乔先生。赵先生就是竺可桢先生的学生。

　　笔者从高、赵两位先生那里也能间接地受到徐霞客的影响。高先生当着我们的面说出了"地球杂志要与地球共存亡"，这和徐霞客先生那种无峰不攀的大无畏气概不是一脉相承的吗？赵先生公开说，"在学术问题上要说服，不要压服"，这和徐霞客先生探求真理的态度是一样不可动摇的。

　　能够得到《游记》，笔者还要感谢两位朋友。一位是著名地理学家、北京大学教授林超先生的研究生、地矿部原人事司李树棠司长；另一位是现中国徐霞客研究会副会长，地矿部原宣传部部长姚秉忠先生。

　　1993年7月的一天，姚秉忠先生来到我在中国地质博物馆的办公室（部和博物馆在同一个大院）。他告诉我三件事：中国徐霞客研究会即将成立，挂靠在地矿部，具体筹备工作由他负责；后天在部会议室开筹备会议；部人事司李树棠司长推荐我代表部惟一专家做一个有关徐霞客的发言。这让我感到十分喜悦。这是笔者第一次在众多的领导和专家面前，独立地阐述了徐霞客在地热、火山、喀斯特等3个地质学方面的贡献，认为仅称徐为地理学家是片面的，也是不够的，应称徐为"地学家"较合适。不久，在北京民族宫举行的成立大会上，我得到了礼物：上海古籍出版社出版的1987年版的《游记》一套两本。我十分喜爱这件礼物。

　　这些缘分和机遇，不是天上掉下来的，它有各方面的原因、因素，包括国家的、社会的，但主要还是建立在个人的理想与奋斗的基础上。这中间最为关键的是两步：一是考上赵先生的研究生；二是在地矿部的发言。下面简述这两步是如何走的。

　　我在西北大学地理系念到三年级结束时，就规划了毕业的道路，第一考研，第二留校当助教。1963年考研何其难啊？这时，中国刚刚从困难时期苏醒，人们勉勉强强能吃饱肚子，国家一切都在复苏，人民渴望新的、美好的生活。这一年是国家第一次正式、公开招考研究生，人生能够得到很好发展的机会放在眼前，这就是理想啊！当年，考研地点设在学校大礼堂，整个大学考研的考生约好几百人，十分壮观，前所未见。这还是通过了"资格证"的，如我们系规定大学期间，所有课程成绩最多一个4分以下才行。至今，我记得，我的水文地质考试为79分，换算成5分制，竟然只给我3分，至今我还愤愤不平，幸亏，我其他成绩多为5分，俄文教授评卷时，发现全年级只有两位学生能得5分，但我的成绩远远超第2名，评为5+。拿到入场券，走进考场，啊！教我们课的老师也来考了，座位就在我前面。结果，整个大礼堂的考生包括我在内，仅仅只有3人考上了！我们成为时代的幸运儿！但我在大学时，对学习的付出，对学习方法的钻研等等有谁知道？一直追求理想的阳光心态，也是必不可少的。

我在地矿部徐霞客筹备会上的发言是获得与会者赞赏的，是成功的。我至今记得，姚部长会后就说，推荐我为该会学术委员，征求我的意见。为什么我敢接受这次发言的任务？实际上我做了两年的功课和准备。1991年是霞客先生逝世350周年，我在《地球》杂志上组发了两文：一为中国登山协会主席李致新所撰写的，一为东北林大的刘国城先生所撰写的。刘先生还赠送给笔者《徐霞客评传》一书，请笔者雅正。此书收到后，不少章节学习多遍；另外，我阅读学习了不少杂志和报刊上介绍《游记》的精彩手文章。看似一个20分钟左右的发言，实际上至少"奋斗"了两年啊！我相信"台上一分钟，台下十年功"；只有少数官员，并且是有秘书的官员，才是例外。

理想与奋斗

1993年7月开始，《游记》成了我的枕边书。笔者从2002年春天开始从事旅游地学和中国的国家地质公园的调查和研究。为此，我不仅深入学习，而且深入研究《游记》。我每次去国家地质公园考察前，以及考察完后，我都要看看《游记》对这个地方或者这类风景的描写，逐句逐字的阅读、琢磨、理解，把其掰碎了，融入到我的思想和文字之中。我毫不夸张地说，《游记》的大部分文字阅读不下百遍！但仍感觉越读越有味，越读越有趣，越读越放不下。有时对《游记》中的一个句子，一个词哪怕一个字，有了新的理解和收获，不禁喜上眉梢，从内心发出笑声。久而久之，一个清晰的想法，那就是要写一本书，把自己的收获与大家共享。这是一个不大不小的理想。

《游记》是一部实践出来的著作，著作中的不少章节和内容，你不到实地去考察，去观察，是体会不深的，是读不懂《游记》的。在《游记》的召唤下，笔者自费考察了许多地方，这个"奋斗"的过程是相当艰苦的。这中间既有经济的付出，更有体力的付出，还有脑力的付出。如2010年，我去天台山考察，为了考察天台山的赤城山，我凌晨5时从宾馆出发打了个的，很快就到达了赤城山下。我就沿着登山台阶一步一步往上走，走6步停一下，看看周围的环境。这是一座丹霞山，山中有洞穴，我不仅进洞看了看，还拍了照。上山时，正值当地的百姓晨练，很热闹。不知不觉到顶了，由于自己一个人行动，感觉很好。到山下7时，整整两个小时。到山下准备打个的返回宾馆，等了半天，左望右望，不要说的，连来往的汽车都很少，只有几辆摩托车，但这些车都是上山的，没有下山的。等20分钟，不见车踪影，又渴又饿又急，今天就要离天台返京啊！问路人，说此地有公交车，又等10分钟，只遇到一辆上山的，没有一辆下山的。半个小时过去了，怎么办？喊天天不应啊！步行走回去，6-7公里，体力不行啊，爬2个小时山，又饥又渴，走不动啊！只好在树荫下继续等，晨练的大军，大都是附近的，骑自行车或步行回家了。赤城山下静悄悄，静得听见了树林中的鸟鸣。望着山顶的浮屠即佛塔沐浴在阳光中，新的一天开始了。等啊等，时间一分钟一分钟过去，时间既快又慢，一下到7时50了！步行吧，走2分钟又走回来，不能往这条不现实的路走。7时51分过去了，55分过去了，57分过去了，8时过去了，整整一个小时了。平时你为了等人等一个小时，也不至于这么急，这么烦，因为有目标啊；现在不知等到什么时候，就在绝望之时，一位中年人骑摩托车从山上向山下驶来，赶快上前拦住他，说明情况，请他把我带到宾馆，他爽快地答应了，并说坐好。这是我近十年考察中第2次坐摩托车（第1次在广东西樵山），一看表8时15分整整75分钟！20分钟后，我们顺利、安全抵达我住的宾馆。此时正是早餐时间，我请他在宾馆吃早餐，他不同意；我给他钱，表谢意，他拒收；他说没什么，我只好再三致谢，他很快就消失在人群之中。多好的天台人啊！这也是"滴水之恩"吧，我在这10年之中，受到的"滴水之恩"是很多的。中国人说"滴水之恩，涌泉相报"。我这本书就是对这些善良、朴实人们的报答。像这种困难，过去了，你可能觉得这没有什么，但一个人孤立无援，确实是困难啊！这时我突然想起了苏东坡的"寂寞沙洲冷"。回想起来是十分值得的，我前前后后虽然用了近4个小时登赤城山，但我对《游记》中，徐霞客先生描写赤城山的每一句话、每一个字、每一个标点符号都读懂了，读透了！虽然笔者是地学专家，但毕竟是无官无职的平民，奋斗中遇到困难、挫折是难免的，比起霞客来，今天的社会，今天的人民，今天的条件，根本不算什么，我心中充满了感恩之心！这类事情还是很多的，奋斗就不会一帆风顺。我们心中有了理想，一切困难都可克服。理想只有在奋斗中闪光，在奋斗中成功！您说，对吗？

我在奋斗中，还深深体会到四句话，那就是在《瑰丽的地下艺术殿堂——中国溶洞之旅》（第二版）后记中所写的：读万卷书、行万里路、思万般里、拜万人师。前两句话是古人所说所总结，后两句话则是我实践中总结出来的。但愿这四句话，对您有所参考。2014年3月，美国总统奥巴马夫人米歇尔访华，特别强调行万里路比读万卷书更重要。我同意她的看法。

2011年，国务院规定每年的5月19日为"中国旅游日"。这个日子正是根据《游记》的开篇之作《游天台山日记》的日子——1613年的5月19日而规定的。这个规定的出台，进一步激发我的热情和精力，这两年，我无假日，无节日，无休息日，日夜劳作，终于在《游记》开篇之作之后的整整400周年的2013年，完成了本书的创作、写作，感到无比的高兴；就好像辛勤劳作的农民，盼来了一个好的收成一样高兴！

最后，用《游记》开篇之作的一句话，作为本书的结尾。

"自宁海出西门，云散日朗，人意山光，俱有喜态"。

《游记》开篇点出了"云散日朗"，没有雾霾，没有阴霾，没有雨雪；"人意山光，俱有喜志"。多么喜庆啊！多么令人向往，普普通通的一句话，使我想起了许多耳熟能详的歌和曲。太阳出来哟嗬，喜洋洋哦！《沙家浜》中郭建光唱的："等到那，云开日出，家家都把红旗挂，再来看望你革命的老妈妈。"《林海雪原》中，少政委唱的："望窗外，巍巍群山披霞光，好一派北国风光。"

我希望，读者读完我这本书，也是喜洋洋的，看生活，看自己，看事业，看爱情，看社会，看国家，看山川大地都是阳光灿烂，充满喜态的。

写完这本书，正值"立秋"时节，金灿灿的秋季来临了；但夏日的草木繁盛的景象却仍在，行道树的槐花怒放，公园的栾树花盛开，还有那"接天莲叶无穷碧，映日荷花分外红"。紫竹院公园的宏声合唱中，那男人、女人，那老人、年轻人，那汉子、美女唱出的"呼伦贝尔"大草原，"长长的头发，黑黑

乌兰托娅

2012年的春天，我在贵州高原的一个偏僻之县——中国最美溶洞织金洞所在地织金县，亲眼见到了年轻而又漂亮的青年女歌手乌兰托娅并听她演唱了其成名作《套马杆》。歌中唱道，威武雄壮的汉子，飞驰的骏马，一片白云，一限清风，心海，大地，流浪，蓝天，太阳，绿草……不就是《游记》吗，这不就是生活吗，望着眼前的笑脸，看看蓝蓝的白云天，生活是这般美好！徐霞客也是热爱音乐的，1639年二月二十日」在云贵高原的茈碧湖上写道：「西风甚急，何长君抱琴向风而行，以风韵弦」，其声泠泠，山水之调，更出自然也」。《游记》何妨不是徐霞客写的一曲宏大的《山水交响曲》，阅读者就像欣赏乌兰托亚的歌曲一样在欣赏《游记》。

的眼睛"、"高原红"，"鸿雁"、"遇上你是我的缘"、"荷塘月色"等等的旋律在身边响起，心中荡漾起无名的激动。2012年，我在贵州高原的一个偏僻之县——中国最美溶洞织金洞所在地织金县亲眼见到了年轻而又俊美的青年女歌手乌蓝托娅演唱《套马杆》，歌中唱道，威武雄壮的汉子，飞驰的骏马，一片白云，一限清风，心海，大地，流浪，……这不就是《游记》吗，这不就是生活吗？望着眼前的笑脸，看蓝蓝的白云天，生活是这般美好！在前两天，北京大学出版社的编辑告诉我，我写的《中国最美的地质公园》获奖了！我希望这本书能够获奖并得到您的喜欢，给您的生活增加一点点知识的乐趣。

2014年春

于国家图书馆西边，北京舞蹈学院南边，紫竹院公园北面的家中

致谢

　　从1993年，中国徐霞客研究会成立后，笔者开始系统学习《游记》原著。本书就是20年来，学习、理解、研究《游记》的成果。在本书完成之时，我要对20年中在室内撰写、野外考察、编辑出版过程中，给予支持、帮助、鼓励的朋友们表示衷心的感谢。我按先北京后外地的顺序把他们的名字列在下面。

　　中国科学院院士、南昌大学名誉校长、清华大学教授潘际銮，中国徐霞客研究会副会长姚秉忠，中国科学院地理科学与资源研究所研究员、博导郭来喜，《中国科学报》副刊主编麻晓东、李芸，《中国国土资源报》原副主编刘承国，《地质通报》主任刘志刚，《化石》主编郭建崴、黄新燕，《地球》主编姚鹏飞，《中国国家地理》资深编辑李志华，《中国少年报》编辑王刘威，中国地质科学院地质公园推广研究中心主任郑元，西北大学校友会副主席俞行，中国科学院研究员陈诗才。

　　中国地质学会洞穴专业委员会名誉会长朱学稳，副会长兼秘书长陈伟海，广西桂林海洲旅游研究院韦海洲院长，广西机电工业学校傅中平教授，桂林七星岩总经理刘学，桂林芦笛岩副总经理石柱奎，桂林冠岩总经理马云，广西巴马长寿地质公园开发公司总经理陈新隆，广西百色市乐业县世界地质公园管理局局长汪平勇，广西河池市凤山县世界地质公园管理局局长贺继聪，中国地质科学院岩溶地质研究所研究员林玉石、副研究员张远海、助理研究员罗书文、朱静波，广西桂林地震局李耀襄先生，广西国土资源厅汪海处长，广西资源县国土蒋凤辉局长。云南师范大学李玉辉教授，云南九乡风景名胜管理局李燕娟经理。广东清新县金龙洞赖福全经理，广东郴州市国土局王朝阳局长。广东省湛江市原副市长何均发。

　　贵州省地矿局原局长吴道生、办公室主任赵应江，贵州省水利电力学校教师秦刚，贵州山水旅游资源勘察开发设计院院长陈跃康，贵州织金洞管理局局长何正芳、原局长周百智，办公室主任杨庆东，贵州大方九洞天管理局王成中局长，杜兴政主任。

浙江省国土资源厅高工陈良富，金华市国土资源局办公室姚、余两位主任，兰溪六洞山管理处副主任童三虎，浙江富春江旅游股份有限公司总经理助理姚朝军，浙江古籍出版社编辑裘和峰，浙江天台县国土局办公室张主任和小陈。浙江省衢州市国土局王寿法主任，浙江省临海市国土局朱汝滔局长，浙江省常山县旅游局毕建国局长、向文峰主任，江苏省宜兴市旅游局钟子增，江西龙虎山风景区国土局局长谭天明，办公室主任吴胜才。

河南省国土资源厅陈湘波先生。石昆山处长，河南内乡县衙博物馆原馆长李茗公、书记徐向升、副书记王燕玪、刘鹏九先生，河南邓洲花洲书院管理处主任许满贵、副主任吕中田，河南省嵖岈山国家地质管理局尚新民局长，河南省登封市国土局刘瑞峰副局长。

湖北大学资源环境学院副院长王新生教授、朱俊林副教授，胡道华副教授、梅惠老师，黄冈师范学院文学院副院长李桂生，湖北省通山县大畈镇隐水洞总经理余俊、副总经理陈永益、叶总，中国地质大学谢延淦教授，江西省庐山风景管理局李延国副局长，中国徐霞客研究会副秘书长、江阴市徐霞客研究会副会长唐汉章、上海社会科学研究院研究员郑祖安和夏咸淳，江西省国土资源厅巢志众处长，福建将乐玉华洞管理处书记陈朝芳，原主任谢朝阳，重庆雪玉洞陈炳清总经理。

辽宁本溪国家地质公园刘洋主任，本溪水洞的孟照福主任，河北涞水县国土局陈递刚先生，野三坡风景区办公室丁主任，山东鲁能泰山酒业有限责任公司的李顺元总经理，山东龙岗旅游集团张善久董事长，山东国土资源厅刘彦博处长。

福建省武夷山风景管理局余泽岚局长十分爽快地提供了他所摄的武夷山水帘洞照片作为本书封面。该照片精彩、壮观，为本书增色不少，向他表示感谢。

在野外考察中，近百名的导游给予了笔者很大的帮助。如在雁荡山，金芳导游就专门带我去看了"天聪洞"和"龙鼻洞"，这两个一般游客不看的景观。如果未看这两个洞，我会后悔、遗憾、懊恼不止。在天台山，裘莹莹导游带我不仅看了石梁飞瀑，还有国清寺，讲了与之有关的知识。福建玉华洞的导游小吴，陪笔者攀登了一上午的天阶山，边上山边讲解，她很辛苦，却使我增长了不少知识。以上的雁荡山、天台山、玉华洞都是徐霞客旅游和考察的重要地方。说句实话，笔者是在《游记》的感召和指引下，专程并费了很大的精力（脑力、体力、财力等）去这三个地方考察的。笔者十分幸运的遇到了这么好的导游。在这20年中，这样的好导游太多了，感人的事太多了，就不一一列名。但在此，我要深情地说一声，谢谢所有接待、帮助过笔者的导游，祝你们幸福、健康！从我的切身体会来看，所有游人在第一次到该景区旅游时，一定要请导游。导游让你节时，节力，并且更加全面、生动有趣地了解景区的自然和人文景观。别的钱可以省，请导游的钱绝不要省。再说，伟大的旅行家，本书的主角、男一号徐霞客先生就是在野外坚持请导游。他当时要"觅"，今天就方便多了，不要"觅"，在不少景区入口处就有专门机构。

最后，要特别感谢中国建筑工业出版社的社领导，尤其是艺术设计图书中心李东禧主任、唐旭副主任有眼光、有魄力、有胆识力挺本书的出版；李东禧主任，在讨论、审定本书期间，刚刚大病出院，为了使本书更加完美、更加有市场，一而再，再而三的和笔者沟通，提出了关键性的意见，付出了很大的辛劳，在此笔者向他表示敬意和感谢。责任编辑李成成，从提纲的修改一直到文字和图片的审核，付出了大量的精力；尤其是笔者交的是手写稿，不是电子文档，更增加了她的工作量，对她表示感谢。这段感谢应该放在本文的开头，但中国人讲究"压轴"，所以放在最后。一句话，没有中国建筑工业出版和艺术设计图书中心就没有本书；她们是"本书之母"。

本书是一本宣传正能量的通俗读物，也是一本宣传中国经典文化著作的大众读物。我们每个人都可以从徐霞客的成就中，吸取许多有用的营养和知识，丰富和壮大自己，为实现"中国梦"，为国家，为民族，为人民去建功立业。徐霞客的精神和中国梦是一脉相通的。

2013年8月23日正值处暑，秋高气爽，蓝天白云，正如1613年《游记》开篇之作所写：云散日朗，人意山光，俱有喜态！